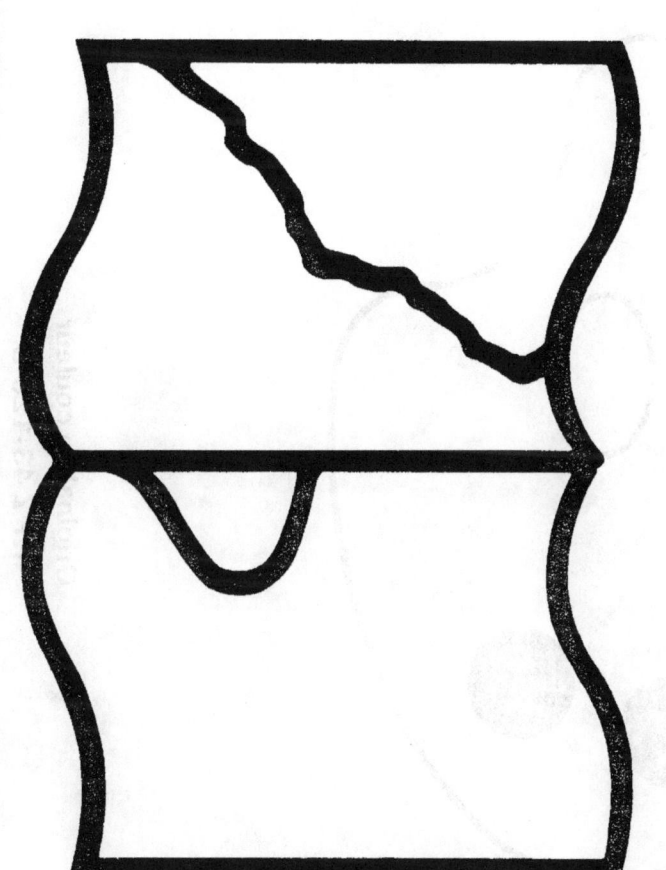

Texte détérioré — reliure défectueuse

NF Z 43-120-11

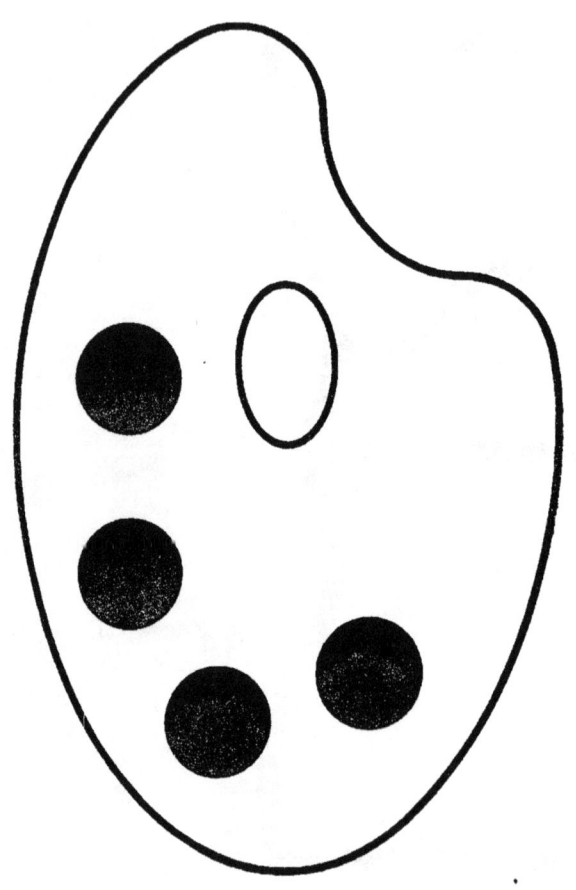

Original en couleur
NF Z 43-120-8

Le Baron de VAUX

LE SPORT EN FRANCE
& À L'ÉTRANGER

SILHOUETTES SPORTIVES

TOME PREMIER
ORNÉ
de 84 Portraits et de 200 Illustrations

J. ROTHSCHILD, ÉDITEUR, 13, rue des Saints-Pères, PARIS

LE SPORT EN FRANCE
ET A L'ÉTRANGER

TOURS. — IMPRIMERIE E. ARRAULT ET Cie

NOTE DE L'ÉDITEUR

Le tome premier de cet ouvrage, qui est en deux volumes, est divisé en trois Parties.

La première partie est consacrée aux Souverains Sportsmen, la seconde au Tir et la troisième à l'Escrime.

Le second volume, qui paraîtra en décembre prochain, comprendra la Vénerie, la Fauconnerie, l'Équitation et l'Athlétisme, avec des Préfaces de MM. le vicomte E. de la Besge, Pierre-Amédée Pichot et Joseph Montel.

A MON AMI

HERMANN SPAHLINGER

Ce livre est dédié,

EN SOUVENIR DE MON SÉJOUR A GENÈVE

BARON DE VAUX

Dieppe, septembre 1898.

A MON AMI

HERMANN SPAHLINGER

Ce livre est dédié,

EN SOUVENIR DE MON SÉJOUR A GENÈVE

BARON DE VAUX

Dieppe, septembre 1898.

LE BARON DE VAUX

LE SPORT EN FRANCE
ET
A L'ÉTRANGER

SILHOUETTES SPORTIVES

INTRODUCTION	PRÉFACE
PAR	PAR
ARMAND SILVESTRE	A. CROABBON

TOME PREMIER
ORNÉ

De 84 Portraits et de 200 Illustrations
PAR

LOUISE ABBÉMA, BAC, BERNE-BELLECOUR, BOMBLED, CARAN-D'ACHE
CHARTRAN, CHENNEVIÈRES, DE CONDAMY, CRAFTY
DETAILLE, DUPRAY, JULES GELIBERT, GRAMMONT, GRIDEL, GUIGNARD
STÉPHEN JACOB, JAZET, JEANNIOT, JOB, O. DE PENNE
PILLE, POILPOT, RALLI, RÉGAMEY, ROCHEGROSSE, UZÈS, VALLET

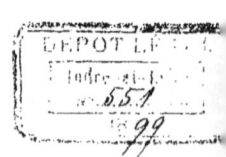

PARIS
J. ROTHSCHILD, ÉDITEUR
13, RUE DES SAINTS-PÈRES, 13

1899

AU BARON DE VAUX

Mon cher Ami,

Vous me permettez de vous donner, à propos de votre nouveau livre, un témoignage de ma vieille et fidèle affection et, avant tout, je vous en remercie.

Il y aura bientôt vingt ans que nous avons été, côte à côte, les premiers ouvriers de cet étonnant Gil Blas dont l'éclat fut si rapide, et, de ce temps, il vous est resté comme à moi, j'en suis sûr, les plus chers souvenirs de travail et de bonne confraternité. Combien de nos amis ont disparu ! Que de noms, oubliés de tous, sauf de nous, nous viennent aux lèvres quand nous nous serrons la main !

Notre camaraderie à l'un et à l'autre devint vite une amitié. Outre le joyeux *compagnon que vous étiez, dans ce vrai temple de la belle humeur, j'admirais en vous, moi vieil homme d'épée déjà, et qui en suis demeuré à la leçon de M. Jourdain, laquelle nous prescrit de tâcher de toucher notre adversaire sans en être touché, l'homme le plus merveilleusement habile que j'aie connu à tous les exercices du corps. A Paris, sur la planche où je vous voyais intrépide, au Bois où je vous rencontrais sur les chevaux les plus fougueux, à Dieppe où vous épouvantiez la plage par l'audace de vos nages en pleine mer par delà les voiles blanches toutes petites par l'éloignement, vous m'apparaissiez comme l'héroïque champion de tous ces nobles délassements, et je vous enviais cette universalité des connaissances utiles et pratiques qui seules maintiennent la beauté des races.*

C'est cette expérience générale, et cependant approfondie, de tous les sports qui vous a permis d'être un des artisans les plus actifs de l'œuvre qui fera peut-être le plus d'honneur à la fin de ce siècle dont toutes les gloires se sont épuisées : un retour marqué du goût mondain aux exercices physiques trop longtemps délaissés. A en juger par les générations qui ont immédiatement précédé ce travail de relèvement, il était temps vraiment qu'il rendît, à la patrie française, des citoyens valides et de solides soldats. Oui, mon cher de Vaux, vous avez été un des premiers et des plus vaillants, prêchant à la fois par le livre et par l'exemple, dans cette propagande utile en faveur de tous les sports s'accommodant à notre tempérament national.

Vous y avez fait toujours — et ce n'est pas mon moindre motif de reconnaissance — à la noble science de l'épée la place qu'elle mérite au premier rang, celui que lui avaient assigné nos aïeux dans la belle légende de l'escrime nationale. A la défendre contre les fantaisies des novateurs, vous avez mis une patience consciente et un sentiment parfait d'équité. Tout en accordant son importance à la leçon de combat, qu'on voudrait inutilement substituer à toutes les autres, vous êtes de ceux qui pensez que l'enseignement solide du fleuret, qui seul pose son homme et lui apprend les ressources du doigté, en doit demeurer la préface nécessaire, et vous soutenez, comme il convient, cet art merveilleux des Jean Louis et des Mérignac où seulement trouvent leur compte les vrais dilettantes de la pointe. Car, en escrime comme dans tout le reste, l'art commence où finit l'utilité simplement pratique, et tout exercice qui ne tend pas, avant tout, à la beauté abdique son aristocratie. Tous les vrais tireurs, tous ceux qui estiment qu'aucune méthode hâtive ne saurait prévaloir contre une science vraie et patiemment acquise de l'escrime, vous savent un gré infini de cette fermeté dans la tradition et d'avoir consacré votre autorité à la maintenir.

Mais ce qui rend deux fois patriotique et utile votre nouveau livre, mon cher ami, c'est la part que vous y faites aux étrangers. Le culte des exercices du corps n'est pas seulement un élément de vitalité et de virilité pour une nation ; il entre, pour une part, dans cette série de liens qui rapprochent les nations entre elles, par la communauté de certains goûts élevés. Il crée une façon de franc-maçonnerie — ou mieux de chevalerie — entre les hommes de différentes races qui s'y adonnent. Les récents championnats internationaux ont rendu un vrai service en rapprochant les tireurs de différents pays, en les faisant se connaître, en leur permettant d'apprécier les avantages et les inconvénients des écoles qui les ont instruits. Notre belle escrime française est sortie de l'épreuve avec son prestige légendaire, et nous voyons déjà l'escrime italienne, si différente de la nôtre en principe, puisque le doigté y est complètement supprimé, incliner vers nos méthodes, et se former, autour de l'école magistrale, des écoles où notre influence est manifeste aujourd'hui. Vous avez donc grand'raison de faire une place aux escrimeurs étrangers dans votre vaillante étude, et ce vous est une occasion, aussi naturelle qu'heureuse, d'y affirmer cette courtoisie vraiment française qui est une caractéristique de votre nature personnelle et de notre hospitalité.

Tel je vous retrouve encore, et dans la même aristocratie de sentiments, parlant comme il convient, et avec la galanterie attendue, des femmes qui honorent nos sports en mettant leurs qualités de grâce au service d'exercices où nous recherchons surtout la force. Vous avez été frappé comme moi des prodigieuses qualités qu'apportent nos belles adversaires à l'étude de l'escrime et comme elles suppléent à la vigueur par une finesse de jeu qui nous déconcerte. Où nous résistons au fer elles le trompent ; elles le dérobent là où nous le cherchons. C'est pour elles que le fleuret demeure l'arme idéale, héroïque et souple que manient, sans fatigue, avec d'adorables crâneries d'attitude, leurs petites mains. Les médaillons qui vous en tracez sont pour en immortaliser justement l'image dans la mémoire de tous les fervents de notre sport préféré.

Et que vous avez raison encore, mon cher ami, de consacrer aux femmes qui excellent dans l'équitation quelques pages enthousiastes et justes ! Il ne faudrait vraiment pas que la mode envahissante du sport nouveau, où nos mondaines ont suivi leurs devancières naturelles que le laisser aller du costume à demi masculin ne pouvait manquer de tenter, effaçât de nos mémoires la légende toujours savante de la centauresse antique penchée sur la noble crinière des coursiers, d'une autre beauté d'attitude et d'une grâce bien supérieure de mouvements, merveilleusement symbolique à l'occasion comme en cette belle statue de Frémiet où Jeanne d'Arc, sur son lourd cheval, nous montre l'esprit victorieux de la matière.

Mais je m'aperçois, mon cher ami, que je retarde terriblement, *par la longueur de ma lettre, le plaisir qui attend les lecteurs de votre livre. Il ne faut vous en prendre qu'à vous qui m'avez donné l'occasion de vous dire tout ce que j'en pense d'affectueux, en traitant un des sujets qui m'ont le plus passionné dans la vie. Vous y apportez une autorité dans tous les genres qui me fait absolument défaut, et croyez bien que l'idée ridicule ne m'est pas venue, un seul moment, de patronner votre beau livre. Mais il m'a été agréable d'écrire mon nom à la première page, à côté du vôtre, et de me rappeler avec vous, et de vous donner, ailleurs que dans la rue, une franche, loyale et vigoureuse poignée de main !*

ARMAND SILVESTRE.

15 mai 1897.

PREMIÈRE PARTIE

M. LE PRÉSIDENT DE LA RÉPUBLIQUE FRANÇAISE

Grand, bien découplé, taillé à la manière des premiers Francs, solide sur des jambes un peu arquées par l'habitude du cheval, le teint rougi au grand air, au vrai soleil, la figure coupée d'une moustache grisonnante, les yeux clairs, énergiques et moqueurs, la redingote flottante, la mine haute, le chapeau fièrement campé sur l'oreille, tel est M. Félix Faure, le président de la République française. Son allure générale est le flegme, l'impassibilité d'un homme que le sport a fait maître de ses nerfs.

En effet, M. Félix Faure est un homme de *sports*, qui a concentré à leur service toutes les facultés d'un esprit supérieur, toute l'activité, toute la vigueur d'une organisation d'élite.

Une telle nature ne devait pas rester indifférente à nos désastres de 1870. Aussi, après avoir enlevé son fusil de la crémaillère, où il dormait, et fait jouer ses batteries, pour s'assurer qu'elles étaient en bon état, il vint se mettre à la disposition du Gouvernement qui le nomma commandant des *mobiles* de la Seine-Inférieure. Ignorant des choses de la guerre, il sut y suppléer par son implacable assurance, sa ponctualité et sa chevaleresque bravoure. Et tenant à conserver le prestige que lui donnait sa situation de commandant, voulant surtout inspirer confiance à son jeune bataillon, il vécut constamment au milieu de ses hommes, partageant leurs fatigues et leurs périls aux avant-postes. Aussi devant cette superbe attitude, durant toute la campagne, chacun dut s'incliner. Et sur la proposition de l'amiral Mouchez et du général Loisel, M. Félix Faure est nommé chevalier de la Légion d'honneur pour faits de guerre.

Bien avant la guerre, M. le Président de la République s'était déjà fait un nom dans le monde du sport. Fervent adepte de l'aviron, il fonda, avec M. Albert May, le vice-président actuel de la Basse-Seine, une société de rameurs qui devint rapidement célèbre en enlevant tous les prix aux régates auxquelles elle prit part. L'équipe, dont faisait partie M. Félix Faure, fut une des premières qui porta le pavillon parisien à l'étranger et se distingua tout particulièrement aux régates de Rotterdam.

Tout en menant la vie active du rowingman, M. le Président de la République ne délaissait pas les autres sports : dans le monde de l'escrime, il était cité comme un tireur de tempérament, d'une ténacité et d'une énergie peu communes ; et aux Mirlitons — qui est devenu « l'Épatant » aujourd'hui, — où les réputations ne se font pas facilement, il était considéré comme une des meilleures lames de ce cercle, qui compte certainement les plus forts escrimeurs de Paris. Il assistait du reste à tous les assauts sensationnels, et, récemment encore, sans s'inquiéter si le protocole trouverait la chose bien ou mal, il honorait de sa présence la séance d'escrime donnée en l'honneur du chevalier Pini. Dans la salle d'armes, installée à l'Élysée, on voit encore souvent le Président prenant la leçon comme au beau temps de sa prime jeunesse. Et pour bien montrer qu'il s'intéresse toujours aux choses de l'escrime, il a convié, à plusieurs reprises, les meilleurs fleurets de Paris aux fêtes d'escrime données à l'Élysée.

Des autres sports il n'en est pas un seul que M. Félix Faure n'ait abordé, pas un dans lequel il n'ait excellé.

Si, au point de vue de l'équitation, il n'a pas beaucoup pratiqué le manège, il n'en est pas moins pour cela un cavalier entreprenant. De bonne heure il a été familiarisé avec le cheval; il est dans sa selle.

Dans le temps, M. Félix Faure était un intrépide nageur, et, parmi les exploits qu'il a accomplis dans ce genre de sport, il convient de citer le pari fait et gagné par lui d'aller, *tout habillé*, en nageant, d'une rive à l'autre de la Loire. Mais ce qui est beaucoup plus intéressant, c'est d'avoir sauvé, comme il l'a fait, par une mer fort mauvaise, une jeune fillette qui, tombée accidentellement du bateau de plaisance où elle se trouvait, en compagnie de M. Félix Faure, se serait infailliblement noyée sans l'aide du Président, alors un gros négociant du Havre. N'écoutant que son courage, et sans calculer le danger qui était cependant très grand, M. Félix

Faure se jeta aussitôt à l'eau et parvint à ramener saine et sauve la pauvre fillette.

Si M. Faure a abandonné l'aviron, il n'en est pas moins un fervent du Yachting, et toutes les fois que l'occasion se présente de faire une excursion en mer, il la saisit avec empressement. C'est ainsi qu'il s'en est allé au bord du *Pothuau* rendre à l'Empereur de Russie la visite que ce souverain lui avait faite à Paris. Et, à son retour, il n'a eu rien de plus pressé, malgré les fatigues énormes qu'il avait endurées, que de s'en aller à sept heures du matin faire l'ouverture de la chasse, ce qui atteste sa passion pour ce sport mieux que tout ce que l'on pourrait écrire.

M. Félix Faure chasse souvent chez des amis, entre autres chez le comte Nicolas Potocki, à la Croix-Saint-Jacques, où il lui arrive souvent de faire des doublés de faisans à des hauteurs véritablement prodigieuses. Le Président aime la chasse pour la chasse, aussi il délaisse volontiers les battues pour chasser au chien d'arrêt. Marcheur infatigable, son chien de chasse est généralement un chien à grande quête, et il s'amuse souvent plus dans une chasse où il ne tire que quelques cartouches que dans celles où l'on tue des centaines de pièces. Il est pour le sport et non pour le tableau.

S. M. L'EMPEREUR D'AUTRICHE

Fidèle aux traditions de la maison de Habsbourg, l'Empereur François-Joseph est un disciple zélé et intrépide de saint Hubert. Il a, à un haut degré, la passion de la chasse, et possède cet universel esprit d'observation, cette pénétration scientifique qui n'annoncent pas seulement l'amateur, mais encore le chasseur véritable, l'infatigable investigateur. On peut dire sans être taxé d'exagération que la chasse est l'unique passion de l'Empereur. Il la pratique aujourd'hui encore avec la même ardeur que dans sa jeunesse. Il y emploie tout le temps qu'il peut dérober aux affaires de l'État ; et si aujourd'hui l'Autriche-Hongrie est un Eldorado cynégétique, on peut dire que c'est l'œuvre de l'Empereur. A son avènement au trône, l'Autriche n'avait pas de législation forestière, les forêts étaient négligées, pour ainsi dire abandonnées, et la chasse était à l'état d'agonie. C'était une rude tâche, car une chasse à tir ne s'improvise pas, il faut non seulement du temps, mais encore une connaissance approfondie de tout ce qui s'y rapporte. Il fallait repeupler les forêts, les protéger contre le braconnage, y faire économiquement le plus d'élèves possible, tenir le bois à une hauteur convenable, enfin piéger et détruire à outrance les animaux nuisibles.

Les forêts, grâce aux conseils éclairés de l'Empereur, ne tardèrent pas à se repeupler et finirent par donner les résultats les plus satisfaisants. Aujourd'hui les chasses autrichiennes sont réputées dans le monde entier pour leur richesse ; et cette richesse est due entièrement à l'initiative de l'Empereur. Aussi, lors du cortège historique, les chasseurs reconnaissants, voulant rendre hommage à leur souverain, avaient tenu à être représentés et, disons-le, les groupes qu'ils formaient étaient les plus riches et les plus brillants.

Tout récemment encore, à l'occasion des fêtes du cinquantenaire, l'Empereur a été l'objet d'une autre ovation. Dans les beaux jardins de Schœnbrunn, au pied du palais, tous les gardes forestiers, tous les chasseurs d'Autriche, amateurs ou professionnels, et parmi eux beaucoup de grands propriétaires, tous les archiducs, étaient réunis pour présenter leur hommage à l'Empereur, le premier chasseur de la monarchie. Rien de gai comme cette réunion de fidèles de saint Hubert, aux costumes plus ou moins tyroliens, parmi lesquels se détachait en note claire la tenue pittoresque des forestiers de Galicie et de Bukovine.

Vers onze heures, une fanfare de cors se fait entendre, et l'Empereur paraît sur le perron du palais. Il est également en tenue de chasse : culotte et veste de feutre tyrolien, bottes molles et, avec cette grâce familière qui lui est propre, il lève son chapeau en souriant à l'assemblée qui l'acclame. L'archiduc François-Ferdinand — un Nemrod, comme l'on sait — s'avance alors, présente les vœux des chasseurs à Sa Majesté et lui remet, en signe d'hommage, un rameau de feuilles de chêne d'or que, suivant l'usage, il pique d'abord sur sa propre coiffure.

L'Empereur a répondu à l'archiduc par une jolie allocution qui se terminait par ces mots : « Je vous prie de croire que je conserverai précieusement ce don symbolique, non seulement comme un souvenir de cette fête, mais encore en souvenir des heures où j'ai cherché si souvent, après les soucis du travail quotidien, au cours de ce demi-siècle, la paix, le réconfort et le plaisir, sous le libre ciel du bon Dieu. »

L'Empereur François-Joseph possède d'immenses territoires de chasse dans le Tyrol, la Styrie et la haute Autriche, et dès que les premiers rayons de soleil mettent en amour le coq de bruyère et le petit tétras, il prend le chemin des Alpes styriennes. De longue date, exercé à cette chasse pénible, il réussit parfois à abattre deux ou trois coqs de bruyère, dans le peu de temps qu'il peut y consacrer, ce qui est rarissime.

Pour ces chasses, l'Empereur se rend en chemin de fer de Vienne, par Mürzzuschlay, à Neuberg, où il arrive vers minuit. Après deux heures environ de repos, l'Empereur se lève et s'en va faire l'ascension de la montagne. Rien ne l'arrête, ni l'obscurité de la nuit, ni la température, qui est quelquefois au-dessous de zéro, et lorsqu'il est arrivé au haut de la montagne, avec sa connaissance parfaite des habitudes du gibier qu'il chasse, il s'oriente et s'en va trouver le coq sur le sapin de l'abri, où il s'est réfugié pour dormir. Là, il attend patiemment l'aube, moment où le coq se réveille, s'allonge, se tourne, secouant vigoureusement son plumage afin d'être dans une toilette convenable pour aller faire sa cour. Un chant particulier se fait entendre, il part d'un pin échevelé, qui découpe sa silhouette bizarre sur le ton clair du ciel. Voyez, sur la cinquième branche, cette masse noire qui va et vient avec agitation: c'est le coq. Tenez, il fait la roue et allonge le cou, il va chanter de nouveau, il commence... Mais soudain une détonation retentit, les feuilles sèches sont froissées par la chute d'un corps pesant, celui du pauvre coq qui n'a pas achevé sa chanson.

Les difficultés, les fatigues qu'il faut surmonter pour s'emparer de ce gibier, rendent cette chasse des plus attrayantes ; aussi est-ce un jour mémorable lorsqu'on a le bonheur de rencontrer au bout de son fusil ce magnifique oiseau.

Lorsqu'on le lève le matin, et surtout si la montagne est enveloppée par le brouillard, il se remet à petite distance. Ce premier vol n'est quelquefois que d'une cinquantaine de mètres. Dans la journée, au contraire, il va chercher sa remise à un demi-kilomètre et plus, et encore ne l'approche-t-on que très difficilement.

Comme l'Empereur a peu de temps à lui, il chasse toujours le coq de bruyère à la première heure ; cela lui permet de revenir déjeuner à Vienne, qu'il s'empresse de regagner dès qu'il a fait son tableau.

Ces chasses ont lieu alternativement dans les varennes de Neuberg ou dans celles du Eisenerz.

Infatigable, très maître de son fusil, possédant une connaissance parfaite du gibier, dans les districts alpins, où il s'est réservé la chasse, l'Empereur ne redoute aucun rival, et, comme les moments qu'il donne à ce sport sont toujours mesurés, c'est grâce à son énergie et à son endurance qu'il arrive à accomplir de véritables prouesses cynégétiques. Du reste, en 1867, lors de son voyage en France, l'Empereur François-Joseph, qui avait été convié par l'Empereur Napoléon à deux chasses, à Saint-Germain et à Compiègne, avait fait preuve d'une adresse remarquable comme tireur. C'était déjà un des meilleurs fusils de l'Allemagne, tirant avec une grande élégance et toujours à belle portée.

Dans le premier tiré qui eut lieu à Saint-Germain, l'Empereur d'Autriche fut le premier au tableau avec 4 chevreuils, 10 lièvres, 38 lapins, 335 faisans, 23 perdrix, 7 coqs argentés, 2 divers, en tout 419 pièces. Après lui venait l'Empereur Napoléon avec 265 pièces.

Huit jours après, une autre chasse se fit à Compiègne dans le Buissonnet. Il n'y avait que neuf tireurs : l'Empereur d'Autriche, l'Empereur, Son Excellence l'ambassadeur d'Autriche, le comte Caroly, Son Excellence le comte Harrach, Son Excellence le comte Andreassy, Son Excellence le comte de Bellegarde, Son Excellence le comte de Kœnigseg, et le général Fleury.

L'ensemble du tableau était de 2.397 pièces. On y voyait figurer 69 chevreuils et 1.252 faisans. L'Empereur François-Joseph avait sur son bulletin 600 pièces et l'Empereur 402.

C'est après ce tiré que, s'adressant à Napoléon, l'Empereur d'Autriche lui dit : « J'ai vu de très belles chasses, je n'ai rien vu de pareil nulle part ; je ne croyais pas qu'il fût possible de concentrer autant de gibier sur une surface relativement aussi restreinte. »

Se souvient-on qu'à cette même époque l'Empereur François-Joseph reçut l'hommage des dames de la Halle.

Le souverain autrichien rendit leur visite à ces braves femmes ; dès que sa voiture fut signalée, tout le marché fut en l'air sur l'étendue des dix pavillons ; les marchandes, raconte une gazette de jadis, se pressaient, se bousculaient ; c'était à qui d'entre elles s'approcherait le plus près de la calèche pour dire un mot de bienvenue. L'Empereur saluait avec la plus affable bonne humeur, et les hourras retentissaient. Une vendeuse de poissons s'exprima ainsi le soir même :

« C'est un homme bien aimable, et il peut se vanter que toute la Pointe Saint-Eustache le porte dans son cœur. »

Une fois la chasse finie dans les montagnes de Styrie, l'Empereur vient giboyer dans la basse Autriche. Tantôt il chasse dans les prairies du Danube où le gros gibier ou les bêtes rousses, tantôt dans les forêts du Thiergarten, très riches en chevreuils et en gibier virginien.

Mais lorsque la cour impériale réside à Ischl, l'Empereur chasse, dans les varennes superbes des environs, le cerf et le chamois, et s'en va les chercher dans la montagne, de préférence du côté du lac de Longbath qui, à cette époque, a mis ses atours pour lui faire honneur. Elle est superbe vraiment! dans ce grand manteau de velours vert que les sapins ont jeté sur ses flancs, les gouttes de rosée étincellent partout aux feux du soleil levant et drapent de pierreries ce décor féerique. Tout se teint de couleurs vives, la brume a disparu; c'est à peine si quelques légers flocons restent suspendus par franges aux rameaux des arbres séculaires; on dirait des lambeaux de gaze arrachés aux voiles des ondines pendant leurs folles courses de nuit. L'Empereur adore cette chasse où tout est silence et mystère, et c'est toujours avec émotion qu'il pénètre dans ces grandes forêts, ces forêts merveilleuses qui sont le vrai temple de la nature. La mesquinerie humaine n'en a point profané la grandeur et elle a conservé intacte toute sa solennelle majesté. Rien ne vient troubler le calme qui y règne et le petit caillou qui roule sur le flanc de la montagne y a plus d'écho que la chute d'un ministre. Les seuls bruits qu'on y entende parfois sont encore en harmonie avec cette nature sauvage ; tantôt c'est un milan qui rase la cime des sapins, en poussant dans l'espace son miaulement plaintif, tantôt c'est le grand pic noir qui interrompt son travail de forçat, pour jeter aux échos les éclats de son rire de démon.

Mais attention ! voici le cerf qui s'approche ; son empaumure apparaît, il s'avance, c'est un beau dix-cors ; il s'arrête. Comme il est beau et majestueux ! il tourne lentement la tête vers les chiens, les oreilles pointées en avant, les naseaux largement ouverts, sa belle crinière pend en larges flocons sur son poitrail.

Allons, assez admiré comme cela, il est à belle portée. C'est le moment. Le coup résonne et s'en va, roulant d'écho en écho, se perdre dans les profondeurs du halbach.

Le cerf s'abat, puis se relève et d'un bond immense va retomber mourant contre un quartier de roche.

L'Empereur chasse encore le cerf à Godollo, en Hongrie. Il y a peu de temps, dans une excursion qu'il fit à Visegrad, l'Empereur fut assez heureux pour tuer le cerf le plus beau certainement de toute sa carrière de chasseur.

C'est à Neuberg qu'ont lieu les chasses de gala, auxquelles sont conviés les souverains des États amis, qui viennent en Autriche. L'Empereur remplit lui-même alors les fonctions de commandant des chasses à tir ; il s'assure si toutes les dispositions ont été bien prises, si rien n'a été omis, il veille à ce que les battues se fassent bien dans l'ordre indiqué et de manière à ne laisser place à aucune surprise ; l'Empereur distribue à chacun de ses hôtes le plan de la journée, de sorte que chaque invité est parfaitement au courant des dispositions prises.

Et maintenant, chasseurs mes amis, une recommandation d'ailleurs superflue. Lorsqu'au cours de vos parties cynégétiques dans les Alpes styriennes ou aux environs du Wienerwald, dans les prairies du Danube, dans les gorges transylvaines et sur les terres du Laxenbourg, dans les plaines de la basse Hongrie ou sur les hauteurs du Tyrol, il vous arrivera de rencontrer l'Empereur François-Joseph, le fusil sur l'épaule, précédé de sa meute de bêtes intelligentes et fidèles, saluez respectueusement ce frère d'armes : c'est un vaillant parmi les vaillants. Chasseur consommé autant que prince éclairé, c'est un homme moderne dans toute l'acception du mot ; je n'en veux pour preuves que les paroles qu'il prononça en prenant possession du trône : « Nous voulons que tous les citoyens soient égaux devant la loi : qu'ils aient les mêmes droits au point de vue de la représentation et de la législation. Ainsi le pays recouvrera son antique splendeur. » C'est à ces significatives et sages paroles que l'Autriche-Hongrie doit d'être restée un grand pays, et l'Empereur François-Joseph, la sympathie populaire, qu'il rencontre partout.

S. M. L'IMPÉRATRICE D'AUTRICHE

Quoique ne montant plus à cheval depuis quelque temps, l'Impératrice d'Autriche n'en restera pas moins pour tout le monde équestre la première écuyère de ce temps. Douée d'une tenue exceptionnelle, d'une témérité invraisemblable, l'arrière-petite-nièce de Marie-Thérèse s'en allait à travers tout, sans se soucier de ce qui pouvait en advenir. C'était une des plus hardies horsewomen qu'il soit donné de voir; cependant, il n'en manquait pas dans ses États, où on ne se faisait pas une réputation à bon marché. Mais l'Impératrice ne se contenta pas longtemps de cette manière de faire. Quand on a le sentiment inné du cheval, le dehors est plutôt un exercice qu'une équitation proprement dite. Il faut le connaître et le pratiquer, sans cela vous n'êtes jamais une véritable femme de cheval, et vous vous trouvez toujours enfermé dans un cercle limité, dont vous ne sortez jamais.

Toute l'équitation peut se résumer dans un mot : *équilibre*. En dehors de cette loi, il n'y a pas de salut ; vous tombez d'un côté dans le bourreaudage, de l'autre, dans les chiens savants. Seulement l'équilibre est différent suivant ce que vous désirez faire, et, pour connaître ses diverses variations, il faut pouvoir les pratiquer, sinon vous retombez dans des appréciations dont la naïveté fait sourire les gens d'expérience. Ce fut, je crois, je lui en demande pardon, si je me trompe, l'exemple d'Elisa Pezold qui donna à S. M. l'Impératrice l'idée d'étudier le cheval à un autre point de vue que la pratique usuelle du dehors et de fouiller dans les replis les plus subtils cette science si ardue et si attrayante du manège ; elle ne tarda pas à y retrouver la même supériorité transcendante. Après avoir tout expérimenté, elle en arriva promptement, comme les êtres naturellement doués d'une intuition particulière, à ne procéder de personne et à se faire une manière à elle.

Avant son mariage, l'Impératrice était déjà une femme de cheval accomplie ; ses poupées furent des poneys, ses bibelots de jeune princesse furent des pur-sang, des chiens et des fusils. Elle était de la race de Marie-Thérèse, de la race virile de cette souveraine que ses sujets, enthousiasmés par son courage au milieu des désastres, acclamèrent du titre de Roi, se serrant autour de cette femme admirable devant l'invasion ennemie, comme autour d'un

homme, non pour la protéger, mais pour être commandés par
Elle, immense témoignage d'amour et d'admiration !

La manière de procéder de l'Impératrice était la bonne et la
vraie, en ce sens qu'elle comprenait tout et n'était exclusive de
rien. Ses chevaux étaient toujours équilibrés et d'aplomb, jamais
écrasés à l'arrière-main, l'Impératrice pouvait faire faire à un
cheval un travail de cirque et chasser avec lui le lendemain. L'animal s'allongeait et se raccourcissait à son gré, parce qu'il était
dans un équilibre naturel.

Certes il est donné à peu, pour ne pas dire à personne, de
posséder l'instruction équestre au même degré que l'Impératrice,
aussi montait-elle à cheval dans la perfection. Son travail était une
œuvre de haut goût pour les *dilettanti* d'équitation. L'Impératrice
était dans sa selle fine et souple, élégante, le cheval équilibré
naturellement. Tout mouvement était obtenu sans effort appréciable chez l'écuyère comme chez l'animal ; on ne pouvait se
lasser de la regarder tant elle était savante et harmonieuse.

Être en selle, que ce fût au Prater, dans la plaine ou au manège,
tel avait été toujours le seul et vrai plaisir de la souveraine. Il
lui a donc fallu un vrai courage pour que, sur les conseils des
médecins du Burg, elle échangeât sa triomphante cravache contre
le pavillon d'un yacht.

Tout en étant une écuyère de grand style, Sa Majesté, qui avait
été élevée dans les sites montagneux de la Bavière, était une *hunts
woman* ayant une préférence marquée pour les chasses d'Angleterre et d'Irlande, qu'elle mettait au-dessus même de ses chasses
impériales de Hongrie.

Lorsque l'Impératrice avait suivi quarante chasses, avec son
équipage de Mégyer, et essayé un à un ses hunters, jeunement
dressés, de Godollo, elle avait coutume d'aller chercher un sport
un peu plus ardu, en Angleterre. Son premier déplacement date de

1876 ; elle chassa en mars avec l'équipage du duc de Grafton, mort, il y a quelques années, en laissant un grand vide dans le monde du sport ; elle occupait avec sa sœur, la reine de Naples, le pavillon d'Easton, près Towcester.

Le 7 mars, après le premier *run* auquel l'Impératrice Élisabeth assista sur la terre étrangère, les honneurs du *brush* lui furent faits par Frank Beers, le vieux piqueur du duc. L'Impératrice était rayonnante ; tous les sportsmen, lord Grafton à leur tête, s'étaient découverts pour rendre hommage autant à l'impériale visiteuse qu'à l'intrépide *huntress*, arrivée à la prise avant le maître d'équipage.

Son second déplacement eut lieu en décembre 1877, lorsqu'elle occupa, dans le même district, Cottes Brooke-Lodge ; chaque fois que la meute chassa, de décembre à mars, Sa Majesté fut présente, escortée des veneurs de sa suite et du capitaine Middleton, qu'elle avait prié de diriger son écurie de seize chevaux, amenés d'Autriche.

Depuis lors, l'Impératrice a chassé en Irlande, où elle a occupé le pavillon de Summerhill, qu'avait mis à sa disposition lord Langford ; en 1879 et en 1880, elle n'a guère manqué de rendez-vous des équipages fameux de Kildare, Ward et Meath.

En 1882, cédant aux sollicitations de l'Empereur, justement ému par les infâmes agissements des Landleaguers, qui, comme on le sait, sont les citoyens les plus anti-sportifs du monde, Sa Majesté, abandonnant l'Irlande, est revenue chasser en Angleterre, où elle a occupé l'abbaye de Combermere, le meilleur centre de chasse du Cheshire. Ce séjour, comme le précédent, fut entièrement consacré au sport ; une écurie admirablement montée, confiée aux soins de son premier palefrenier Tom Healy, lui permit de chasser tous les jours, tantôt avec les *fox-hounds* conduits par sir Watkin Wynn, tantôt avec sa propre meute de beagles.

Dès le lendemain de son arrivée, le 4 février 1882, l'Impératrice faisait sa première apparition au rendez-vous de chasse de sir Watkin Wynn, pilotée à travers champs par le major Rivers-Bulkeley, poste d'honneur si bien rempli, les années précédentes, par le capitaine Bay Middleton.

Lors du premier déplacement de Sa Majesté en Angleterre, elle arriva avec ses propres chevaux dressés à l'allemande, c'est-à-dire sautant peut-être très bien, mais n'ayant aucune habitude d'aborder l'obstacle grand train et en prenant leur mors.

Ce fut une révolution dans la manière de faire de l'auguste écuyère. Elle ne tarda pas à reconnaître que chaque spécialité avait des exigences, et, renvoyant ses chevaux en Autriche, elle les remplaça par des *hunters* de premier ordre qu'elle acheta dans le pays. L'Angleterre d'ailleurs est le pays où les races de chevaux de toutes espèces sont parvenues au plus haut degré de perfectionnement. Il est peu de pays aussi coupés d'obstacles de tous genres, présentant par conséquent autant d'attraits à un véritable sportsman. Aussi nulle part ailleurs ne trouve-t-on des chevaux plus aptes à cette spécialité. L'Impératrice était arrivée à une trop grande supériorité dans l'art de l'équitation, pour ne pas métamorphoser rapidement sa manière ordinaire de monter. Elle ne tarda pas à se placer du reste au premier rang des *ladies* les plus renommées pour leur audace et leur intrépidité derrière les chiens. C'était un tableau charmant de voir l'Impératrice avec son cheval, s'envoler gracieusement par-dessus les obstacles. Il faut connaître les chasses irlandaises pour se rendre compte de la valeur de cette performance, car l'Irlande n'est pas un pays où l'on se fait une réputation si on ne l'a pas vingt fois gagnée.

Le plus remarquable des hunters de Sa Majesté en 1882 était *Quickslow*, jument irlandaise d'une haute qualité ; il suffit à un homme de cheval de la regarder pour être certain que rien ne doit l'arrêter à travers pays. L'Impératrice d'Autriche est du reste merveilleusement faite pour cet exercice qui était devenu son passe-temps favori.

Aujourd'hui les renards de Mégyer, les cerfs de Godollo ont un « Merry Christmas »; l'Impératrice ne les chassera plus, et l'abbaye de Combermere ne reverra plus son impériale visiteuse, les médecins du Burg, l'antique château des Habsbourg, en ont décidé ainsi !

Ce portrait était fait et la mise en page commencée, lorsque m'est parvenue à Londres, au moment où j'y arrivais, la nouvelle abominable de l'assassinat de l'Impératrice Élisabeth. Je n'y change rien ; j'ajoute seulement que ce meurtre, qui met l'humanité tout entière en révolte et en deuil, a été commis par un Italien du nom de Luccheni.

Qu'un pareil forfait puisse s'exécuter encore, se concevoir même, c'est la faillite du xixe siècle dans ses revendications les plus émouvantes !

S. M. L'EMPEREUR DE RUSSIE

C'est en 1893, à Londres, où il était venu pour le mariage du duc d'York avec la princesse Marie de Teck, que je vis pour la première fois l'Empereur Nicolas. Il était alors Tsaréwitsch, et venait de faire, deux ans auparavant, un grand voyage en Orient, sur le *Pamiat-Azowa,* en compagnie de son frère et de son cousin le prince Georges de Grèce. Sa jeunesse avait de l'éclat, de la franchise et de la bonhomie, il plut beaucoup à la cour d'Angleterre; et, lorsqu'il fut question de son mariage avec la princesse Alice de Hesse, il trouva tout de suite une alliée dans la propre sœur de sa future femme, la princesse de Battenberg, qui, à cette époque, habitait une jolie et rustique villa à Walton, sur les bords de la Tamise.

Quelques années se sont écoulées depuis cette première rencontre, le Tsaréwitsch est devenu l'Empereur Nicolas. Si la situation a changé, l'homme n'a pas beaucoup varié. Tel je l'ai vu Tsaréwitsch à Londres, tel je l'ai retrouvé à Moscou autocrate de toutes les Russies. Sans avoir la carrure, l'apparence hautaine des Romanoff, l'Empereur Nicolas est de taille moyenne, bien pris dans son uniforme de colonel du régiment Préobrajensky, qu'il affectionne tout particulièrement et qu'il ne quitte que quand l'étiquette ne lui permet pas de faire autrement. Il ressemble bien, lui, au portrait qu'on voit partout, avec le plat et rond bonnet d'astrakan. La figure est restée douce; l'œil bleu est clair, quelque peu indécis avec je ne sais quoi de rêveur. L'ensemble, sans laisser dans l'esprit aucune impression bien arrêtée, est plutôt sympathique; et, lors de son voyage en France, son aspect a été, pour tous ceux qui l'ont approché ou vu, celui d'un homme de qui on n'a pas idée de se défier.

Quoique très pris par les affaires de l'État, l'Empereur est un fervent du sport et ses sports favoris sont l'équitation, la chasse à l'ours dans les forêts montagneuses de la Finlande, et le billard. Je sais bien que la bicyclette a ses grandes entrées au Palais d'hiver, mais elle est là comme intermède et non comme sport. Le cheval, ce piédestal des princes, passe avant tout, et l'Empereur le pratique en véritable homme de cheval, puisqu'il monte, lorsqu'il est au camp de Krasnoié-Selo, où il va chaque année passer un mois, jusqu'à trois chevaux par jour. Ses chevaux favoris sont ceux qui viennent de Kabarda. Il passe du reste pour un excellent cavalier. Sa tenue à cheval est élégante et correcte, exempte de raideur et de désinvolture. Ce n'est pas seulement par amour du cheval que l'Empereur s'est donné presque tout entier à l'équitation, c'est qu'il a compris qu'il était nécessaire, s'il voulait voir se développer chez ses sujets le goût des exercices équestres, qu'il devait payer de sa personne. On sait le rôle que joue la cavalerie dans la guerre moderne : il est donc de toute nécessité, si l'on ne veut pas se laisser distancer par ses voisins, de porter à leur maximum de puissance toutes les forces vives du pays, et le seul moyen d'arriver à ce résultat est d'encourager l'équitation, car les exercices équestres ne sont pas qu'affaire de luxe, de caprice ou de plaisir.

Avec l'équitation, on fait des hommes vigoureux, ne reculant devant aucun obstacle, des hommes aptes à faire le service si utile d'éclaireurs, dont les premières qualités sont l'audace, l'intelligence, pour aller le plus près possible de l'ennemi, pénétrer même dans ses lignes, afin de surprendre ses dispositions, savoir rendre un compte exact de ce qu'ils ont vu, ainsi que des terrains qu'ils ont parcouru ; car, qu'on le sache bien, dans le service d'éclaireurs d'où peut souvent, tout aussi bien que dans la mêlée après la charge, résulter le combat individuel, toutes choses égales d'ailleurs, la supériorité restera toujours à celui des cavaliers montant le mieux le cheval le mieux mis. Il en est de même pour les mouvements d'ensemble d'une troupe, qui seront exécutés avec d'autant plus de précision et de rapidité que chaque cavalier sera plus maître de son cheval ; sans cela, il n'y a plus de direction assurée, plus de « botte à botte », plus d'alignement, plus de cohésion ; la masse est disjointe, flottante et perd de sa puissance. Cela ne sera jamais le cas de la Russie ; car l'équitation, grâce au Souverain, y est trop en honneur. Du reste, la cavalerie russe a toujours été une cavalerie de premier ordre.

L'Empereur chasse beaucoup, — il a un parc à gibier à Gatchina, — le lièvre blanc avec ses lévriers russes. Il pratique le patinage, le menage et le jeu de quilles.

L'Empereur Nicolas est encore un bon marin, il est capitaine de vaisseau ; c'est le dernier grade que lui avait conféré Alexandre III quelques jours avant de mourir, et, pour l'auguste mémoire de son noble père, il n'a jamais voulu, même empereur, modifier ce grade, lui qui dispose de tous les grades.

Le yacht l'*Étoile Polaire*, qui a amené l'Empereur à Cherbourg, lors de son voyage en France, est le yacht d'Alexandre III, celui avec lequel il se rendait chaque année à Copenhague. C'est le plus grand bateau de plaisance qui ait jamais été construit, et l'Empereur Nicolas l'affectionne tout particulièrement. Rien n'a été changé, il est resté tel qu'il avait été aménagé pour le défunt Empereur.

L'*Étoile Polaire* (*Poliarnaya Zvesda*) est un bateau de trois cent dix pieds de longueur. Il tire dix-neuf pieds. Il jauge quatre mille neuf cents tonnes. L'équipage se compose de trois cents marins d'élite commandés par le prince Chakhovskoy. Les gens de service sont innombrables ; qu'on en juge par un seul chiffre : un orchestre de cinquante musiciens se tient toujours prêt à charmer les longueurs de la traversée.

Il faut dire tout de suite qu'elles sont singulièrement abrégées par la surprenante vitesse de ce beau navire. L'*Étoile Polaire* marche avec une vitesse de dix-huit nœuds ; à l'époque des essais dans la Manche, les machines ont donné jusqu'à dix-neuf nœuds et demi.

Les appartements de l'Empereur et de l'Impératrice sont naturellement placés à tribord, — qui est le bord d'honneur. Les deux chambres à coucher ouvrent l'une dans l'autre. Ce qui frappe d'abord, c'est la hauteur des plafonds, la largeur des fenêtres, puis l'incomparable éclat des boiseries. Dans le cabinet de travail du Tsar, il y a une table à écrire que l'on prendrait pour une belle coulée d'écaille : c'est de l'érable, un bois unique au monde et merveilleusement poli. Quelques photographies familiales, une image en cuivre de saint Alexandre, une image du Christ forment l'unique décoration de la chambre à coucher.

Même simplicité dans la chambre et dans le salon de la Tsarine.

Les murs et les meubles sont de molesquine : un dessin Empire sur fond clair, des bandes parallèles soutenant des couronnes.

L'Empereur est très modeste et n'aime pas à se faire accompagner par une suite nombreuse : un aide de camp général et quelques hauts dignitaires de la cour lui suffisent. Les déplacements à bord de l'*Étoile Polaire* ou du *Standarte* sont généralement sans aucun apparat. Du reste, son mariage avec la princesse Alice de Hesse, qui est un véritable roman d'amour, prouve toute la simplicité de ce souverain qui, venu à Londres pour les fêtes du mariage du duc d'York, préférait à tous les honneurs de la cour les visites qu'il faisait à la princesse de Battenberg, à Walton, où il rencontrait la princesse Alice.

C'étaient alors entre le jeune prince et la jeune princesse de longs et charmants entretiens dans le petit salon de la **princesse de Battenberg**, fleuri de roses maréchal Niel et de violettes de Parme, les fleurs préférées de la Tsarine ; ou de riantes promenades sur l'eau, à l'ombre des saules, parmi les nénuphars et les oseraies de la Tamise ; ou bien encore des excursions par les longs et tièdes crépuscules d'été, sous les cèdres vénérables et les chênes séculaires d'Oatlandes Park, qui, au temps jadis, avaient vu aussi se promener sous leur ombre Charles Ier et Henriette de France, devisant d'amour.

La princesse Alice, touchée par tant de soumission et de constance de la part de l'ataman des troupes cosaques, subissait, malgré elle, la douce influence du jeune prince tant que ce dernier était à ses côtés, mais, aussitôt le Tsaréwitsch parti, le charme était rompu. De son côté, Nicolas Alexandrovitch commençait à désespérer. En vain la Reine d'Angleterre lui témoignait la plus grande courtoisie et l'investissait, en une audience solennelle et mémorable à la cour de Windsor, de l'ordre de la Jarretière. Que lui importaient les honneurs, sans l'amour ?

Ce fut au printemps de 1894, lors du mariage du grand-duc de Hesse avec la princesse Melita d'Édimbourg, au château d'Ehrenberg, où le Tsaréwitsch s'était rendu malgré les instances de son père l'Empereur Alexandre III, que la princesse Alice, aujourd'hui Impératrice de Russie, mit sa main dans la main de Nicolas Alexandrovitch.

La résidence de l'Empereur à Pétersbourg est le palais d'Hiver.

Construit sur les bords de la Néva, le palais d'Hiver forme un monument grandiose. A l'endroit même où s'élève aujourd'hui le palais était autrefois la maison du grand amiral Apraxin, qui, léguée à Pierre II, fut habitée par la tsarine Anne. C'est celle-ci qui fit bâtir plus tard le château auquel travaillèrent Élisabeth et la Grande Catherine. Mais ce château fut en grande partie la proie des flammes en 1837. Les salles Saint-Georges, des Généraux et la salle Blanche, les appartements de l'Impératrice, avec les trésors accumulés, tout cela fut entièrement consumé. Les plans de Rastrelli servirent à la reconstruction, qui fut menée activement et dura deux ans.

Les salles les plus belles du palais d'Hiver sont la salle Alexandre, la salle Blanche, la galerie Pompéienne, la salle des Armoiries, la salle des Chevaliers de Saint-Georges.

La *Galerie de 1812* est surtout une galerie historique : on y a placé les portraits des amiraux et des princes qui se sont distingués pendant cette campagne : il y a deux cent cinquante portraits de généraux, des drapeaux également, entre autres de la Pologne et des grenadiers du Palais.

C'est au palais d'Hiver que sont déposés, dans une vitrine, les insignes de la couronne. On y voit le sceptre surmonté du fameux diamant connu sous le nom d'Orloff. La couronne de l'Empereur, celle de l'Impératrice, le globe impérial font partie du « trésor » ;

on ne les sort guère que pour les très grandes cérémonies officielles, et surtout pour le couronnement des Tsars au Kremlin.

Pénétrons maintenant — c'est la mode aujourd'hui — dans l'intérieur de l'Empereur Nicolas, nous y trouverons une intimité simple et toute bourgeoise qui rappelle celle d'Alexandre III et de Marie Féodorowna, avec l'esprit de domination en moins. Alexandre III fut toujours maître et seigneur à son foyer comme à sa cour, tandis que Nicolas II et Alexandra Feodorowna vivent sur un pied d'égalité, en vrais bons camarades ; nul ne commande ; chacun fait spontanément ce qu'il juge être le plus agréable à l'autre. Jamais relations plus faciles et plus gracieuses ne s'étaient vues à la cour de Saint-Pétersbourg.

Dans leurs promenades en voiture à travers la ville, on voit le Tsar et la Tsarine causer ensemble avec abandon. Tout le monde peut les aborder ; ils ne jouent pas aux demi-dieux, mais se donnent volontiers pour de simples mortels. « Je suis un Russe, comme le plus humble de mes sujets, » tel est le mot qu'à tort ou à raison on prête à Nicolas II, et, qu'il l'ait dit ou non, ce mot opère des merveilles. Le nihilisme décline à vue d'œil. Aux incitations des agents de la secte, le moujik se contente de répondre : « Petit Père est un Russe comme moi, pourquoi lui voudrais-je du mal ? »

On remarque surtout que le Tsar et la Tsarine sont inséparables. Sans doute, aux jours de cérémonie, l'étiquette officielle les tient à distance, et ne leur permet guère d'échanger un mot amical, sans que cent oreilles curieuses se dressent pour le saisir au passage. Mais dès que la chose est possible, leurs regards et leurs cœurs se cherchent et s'appellent, et volontiers ils jouent le *happy pair*.

Le Tsar, on le sait, travaille fort avant dans la nuit, et plus d'une fois reçoit, à des heures indues, quelque ministre ou quelque rapporteur. Rarement ces derniers le trouvent seul. A côté de son bureau se profile la forme élancée de la Tsarine, penchée sur un ouvrage de broderie ou de couture. Dès que le visiteur paraît, elle se lève sans bruit, plie son travail et s'apprête à s'éloigner en jetant sur son époux un dernier regard de tendresse candide, j'allais dire enfantine. — « Non, certes, » s'écrie le Tsar ; et s'emparant de sa main, il la retient avec une douce violence ; « tu ne nous déranges nullement, Sascha, reste avec nous. »

S. M. L'EMPEREUR D'ALLEMAGNE

Tout enfant et dès qu'il a été matériellement possible de le faire, l'Empereur Guillaume a été mis sur un poney, où tout d'abord on lui a appris à monter à cheval sans selle. Son éducation, dirigée par des hommes expérimentés et rendus fort habiles par une longue et constante habitude du cheval, se fit lentement et progressivement.

L'équitation allemande, comme toute chose ayant sa raison d'être, a ses principes et ses règles parfaitement définis et définissables. Évidemment la pratique y domine de beaucoup sur la théorie, mais il en est de même dans tout exercice du corps, étant admise cette vérité que nulle théorie ne saurait précéder la pratique, dont elle n'est, après tout, que l'expression.

C'est à la méthode Plinzner, et au rôle prépondérant qu'elle n'a pas tardé à prendre dans les règlements d'équitation de la cavalerie allemande, qu'est due cette manière de faire.

Jusqu'à cette époque, le principe de l'équitation allemande pouvait se résumer en un seul mot : « l'assujettissement ». Envisagée sous ce rapport, l'équitation allemande — on ne saurait le contester — présente un aspect essentiellement positif et pratique dont les avantages sont assez sérieux pour qu'il en soit tenu compte ; le point de vue militaire étant sa préoccupation exclusive, pour ne pas dire unique. Évidemment, un cheval « mécanisé » devient entre les mains de son cavalier un être passif, obéissant et exécutant tout ce qu'on lui demande avec la rigidité et la précision d'un instrument. Assurément c'est bien là quelque chose, mais, comme cette manière de procéder était exclusive du « train » pris dans la véritable acception du mot, car un cheval « enfermé » perd complètement la faculté de se mettre dans toute l'extension de son allure, qui exige qu'il galope le cou tendu en rasant le sol, il était indispensable, avec l'impatronisation des courses, de transformer l'ancienne méthode en se conformant aux enseignements et traditions qui font loi aujourd'hui dans le monde entier.

Les conditions de la vie allemande diffèrent essentiellement de celles qui président à notre *modus vivendi* et l'on ne saurait établir entre elles aucun point de comparaison. La hiérarchie aristocratique, la grande propriété territoriale ont constitué en Allemagne un ordre d'idées et une manière de vivre à peu près disparus chez nous, où ils n'existent plus qu'à l'état d'exception. Il en résulte forcément des habitudes dont il devient difficile de s'affranchir. L'enfant est mis à cheval tout jeune ; à peine adulte, il quitte le manège pour continuer les leçons en plein air. Réel et grand enseignement s'il en fût. C'est là, à travers champs, qu'il faut que le jeune cavalier se mette bon gré mal gré dans sa selle. Il prend ainsi la solidité, base première de toute équitation, la sûreté de main et surtout le sentiment du train, sans compter l'audace, le sang-froid nécessaire pour aborder franchement et prendre juste un obstacle sérieux.

C'est ainsi que s'est faite l'éducation équestre de l'Empereur Guillaume, qui est, sans contestation aucune, un homme de cheval et peut-être l'homme de cheval le plus complet de son pays et, j'ajouterai, le représentant le plus énergique et le plus élégant de l'équitation militaire allemande.

Très audacieux et ayant pleine confiance dans ses chevaux, l'Empereur ne redoute aucun obstacle. Il les aborde franchement et justement parce qu'il apprit qu'un ruisseau se passe avec du train et qu'au contraire une barrière fixe s'attaque sagement. Cette équitation est tellement affaire d'habitude chez l'Empereur qu'en 1882, lors de son voyage en Australie avec son frère Henri, il étonna les Australiens, qui sont cependant familiarisés avec les périlleux déduits du *full Ery*, par son habileté et son audace.

Dans sa jeunesse, l'Empereur a beaucoup monté au manège ; aujourd'hui il ne pratique plus que l'équitation du dehors et il monte par n'importe quel temps. Très dur pour lui, il exige beaucoup de ses officiers, et, aux manœuvres, il lui arrive souvent de se mettre à la tête d'un régiment qui charge et de charger avec lui, passant tous les obstacles qui se rencontrent sur sa route sans la moindre hésitation et avec une sûreté remarquable. Alors qu'il n'était encore que prince héritier et commandant les Hussards Rouges de la Garde, il lui est arrivé d'accomplir de vrais tours de force. Parmi ceux-là il en est un qui mérite d'être cité.

C'était aux manœuvres du corps d'armée badois, auxquelles le vieil Empereur Guillaume Ier assistait, je crois, pour la dernière fois. J'avais suivi ces manœuvres et aussitôt après je m'en retournais à Karlsruhe, en suivant le bord d'un chemin creux, que le passage de l'artillerie et du train avait rendu absolument impraticable. Je marchais donc sur le bord des champs, lorsque tout à coup je vis arriver un officier en uniforme des hussards rouges, sur un magnifique cheval blanc. Il allait ventre à terre, droit sur le chemin creux, qu'il franchit d'un seul bond et sans la moindre hésitation. La hauteur du talus, qui était à $1^m,50$ environ de hauteur du chemin, le mauvais état de ce chemin, tout me faisait croire que le cavalier et le cheval allaient faire un panache peu ordinaire. Il n'en fut rien et je ne pus m'empêcher d'admirer, en ma qualité de vieux saumurien, avec quelle facilité homme et cheval avaient pris un obstacle pareil, obstacle où certainement neuf cavaliers sur dix auraient fait la culbute. Ce cavalier n'était autre que l'Empereur actuel, à cette époque encore simple prince héritier.

Lorsque l'Empereur n'a pas d'occupations militaires qui le forcent à monter à cheval, il fait des promenades de plusieurs heures dans le Thiergarten (le bois berlinois) et surtout le Greenewald. Il est généralement accompagné dans ces promenades de son grand écuyer, le comte de Wedell, ou d'un ou deux adjudants.

Pratiquant l'équitation hardie, l'Empereur, malgré le peu de temps que lui laissent les affaires, trouve le moyen d'assister à quelques chasses à courre. En tous cas, il ne manque jamais la chasse de la Saint-Hubert, pour laquelle il revêt l'habit rouge, porté par tous les membres de l'équipage. Il est constamment à la queue des chiens, et un des premiers à l'hallali ; dès que l'animal tient les abois, il met pied à terre, et va bravement le servir comme un vieux veneur de profession.

Les écuries de l'Empereur sont parfaitement tenues, elles renferment toujours, à côté des autres chevaux, douze chevaux de selle

à son rang: demi-sang, trakehnen et pur sang. Lorsqu'il monte en tenue des gardes du corps, c'est *Extase*, son cheval favori, qui le porte. Pour le même service, il a encore un grand cheval gris, demi-sang anglais, du nom de *Curfürst*.

Autrefois, le haras de Trakehnen appartenait à la couronne,

mais les recettes de cet établissement étaient loin de couvrir les dépenses. Frédéric-Guillaume IV, qui n'avait pas la passion de l'élevage, conclut un marché des plus avantageux pour la liste civile. Le souverain fit abandon du domaine de Trakehnen à l'État, en se réservant le droit de prélever gratuitement chaque année trente chevaux pour le service des écuries royales.

Les attelages pesants et majestueux qui traînent les carrosses de Guillaume II proviennent du tribut annuel de Trakehnen, et l'on s'explique comment ces bêtes à la puissante encolure ressemblent bien moins à des animaux de trait qu'à des chevaux de guerre. Les traditions de la cour exigent que la voiture du souverain soit attelée de chevaux noirs ; toute autre couleur est rigoureusement proscrite, mais la même règle ne s'applique pas aux chevaux de selle, et l'Empereur est libre, si telle est sa fantaisie, de paraître en public monté sur un alezan ou un bai brun.

C'est dans la Prusse orientale, à l'extrémité de la langue de terre enclavée entre la Baltique et la Pologne russe, que se trouve le haras de Trakehnen.

Sous les ordres du comte de Wedell, plusieurs fonctionnaires veillent sur le bon état des chevaux qui sont au nombre de 400 ; un écuyer chef est attaché à l'Empereur, et trois écuyers ordinaires complètent le personnel des écuries, qui dispose d'un nombre considérable de cochers, palefreniers, etc.

Les chevaux favoris de l'Empereur sont :

Extase, jument Trakehnen ;

Hélios, hongre Trakehnen ;

Ramsès, hongre Trakehnen ;

Curfürst, cheval gris, demi-sang anglais.

Margraf, *Heros*, chevaux de différentes provenances.

Satrape, cheval blanc, demi-sang anglais, ressemblant, à s'y méprendre, à un cheval arabe.

L'Empereur conduit lui-même très volontiers un dog-cart et avec une assurance très grande. Il affectionne surtout les chevaux dont l'allure est rapide.

Son attelage préféré est composé de quatre chevaux achetés en Hongrie. C'est avec cet attelage qu'il parcourt la distance de Berlin à Postdam — 28 kilomètres — en 65 minutes.

Malgré ses qualités équestres, l'Empereur préfère de beaucoup la navigation à l'équitation ; et à vrai dire c'est plutôt un marin qu'un écuyer. Il possède des yachts de course avec lesquels il prend part chaque année aux grandes régates anglaises, commandant en personne le *Météor*, son propre yacht, avec lequel du reste il a remporté plusieurs prix.

L'Empereur s'intéresse du reste beaucoup à la navigation de plaisance. On se rappelle que, pour fêter la soixantième année du règne de sa royale grand-mère, il offrit une coupe dessinée par lui pour un match entre Douvres et Héligoland. Ce *great event* fut placé sous la présidence du prince de Galles.

On sait toute la satisfaction que le propriétaire de *Météor* a éprouvée de la parfaite réussite de cette longue course ; il l'a montrée à l'arrivée des yachts à Héligoland, en fêtant les coureurs de splendide manière. A chacun d'eux il a fait don d'un porte-cigarettes en argent massif. Sur une des faces est serti un magnifique émail représentant trois guidons célèbres : celui de course de *Météor* et ceux de l'Imperial Yacht-Club allemand et du Royal Yacht Squadron. Sur l'autre, une inscription : « *Jubilee Cup Commitee*. Juin 1897. »

L'Empereur, à côté de sa flottille de plaisance, possède un navire de haute mer, le *Hohenzollern*, avec lequel il fait chaque année un voyage en Suède et en Norvège et même en Palestine. C'est à peu près son seul voyage de repos et de récréation.

Le *Hohenzollern*, qui est classé dans la catégorie des avisos, mesure 121 mètres sur 14 mètres de large avec une profondeur de cale de 10^m,8 et un déplacement de 4.187 tonneaux. A l'avant de ce navire puissant, blanc comme la neige, brille la couronne impériale ; à l'arrière, l'écusson des Hohenzollern, non argenté et entouré de lauriers. Les salons et les cabines sont meublés avec beaucoup d'élégance : les appartements de l'Empereur sont à tribord ; ceux de l'Impératrice sont à bâbord ; en avant, les appartements des princes, et devant ceux-ci les chambres et le mess du commandant et des officiers. Viennent ensuite le logement de l'équipage, et tout à fait à l'avant, l'infirmerie et la pharmacie.

Guillaume II est encore un grand chasseur, c'est tout à fait un grand fusil. Il tire toujours à balle les grosses pièces et il est bien rare qu'il manque son coup. A la chasse au sanglier, lorsque l'animal n'est que blessé, il n'hésite pas, lorsqu'il est chargé par l'un d'eux, à l'attendre de pied ferme et à l'achever soit avec une nouvelle balle, soit avec l'épieu. Pareille chose lui est arrivée souvent et jamais il n'a été victime du moindre accident.

A peu de distance du haras de Trakehnen s'étend, à perte de vue, la forêt domaniale de Rominten, dont la superficie est de plus de dix mille hectares. C'est là que Guillaume II vient assez fréquemment se livrer aux plaisirs de la chasse. Autrefois, le gibier était rare dans cette région. Au dire des vieux forestiers, le nombre total des cerfs qui erraient il y a une trentaine d'années dans ces bois immenses et mal gardés ne dépassait pas le chiffre de quinze. On en compte plus de mille aujourd'hui.

C'est dans cette forêt où le gibier se multiplie, mais où la sécurité des personnes ne laisse guère moins à désirer que dans les maquis de l'île de Sardaigne, c'est sur ce champ de bataille où les gardes-chasse et les braconniers échangent chaque jour des coups de carabine à longue portée, que Guillaume II vient se distraire des soucis du gouvernement.

L'Empereur d'Allemagne, qui est également un grand marcheur et, par-dessus tout, aime beaucoup se mêler à ses sujets, est fréquemment le héros de scènes piquantes dont il n'a pas toujours à se féliciter.

Le souverain allemand, qui, au printemps de 1897, avait fait une très longue promenade, rentrait à Potsdam à pied ; il était harassé de fatigue et aurait voulu terminer le trajet en voiture. Mais pas le moindre véhicule à l'horizon.

Enfin, il entendit les grelots d'un cheval ; ce cheval était attelé à une mauvaise charrette dans laquelle se trouvait une jeune maraîchère que Guillaume II interpella au passage.

L'Empereur exprima à la jeune femme son désir d'être reconduit dans sa charrette jusqu'à Potsdam ; mais, pendant qu'il parlait, la paysanne l'avait longuement dévisagé, et elle refusa catégoriquement d'accepter auprès d'elle cet officier couvert de poussière et dont la physionomie ne lui plaisait pas.

Et elle repartit au petit trot de sa maigre haridelle, ajoutant en aparté :

— Je ne serais pas tranquille avec un pareil compagnon !

Elle avait à peine fait cent cinquante mètres, qu'elle fut arrêtée par un soldat qui, à brûle-pourpoint, l'interrogea :

— Que vous demandait l'Empereur ?

— Quel Empereur ?

— Mais l'officier qui vient de vous parler.

— Comment, c'était l'Empereur !

Affolée, la pauvre maraîchère, croyant que son dernier jour était arrivé, donna un vigoureux coup de fouet à Rossinante et détala aussi rapidement que le lui permettait son malheureux attelage.

Devons-nous ajouter que la jeune femme ne fut pas poursuivie pour ce crime de lèse-majesté.

Quand j'aurai dit que l'Empereur est un joueur passionné de lawn-tennis, tenant la raquette pendant des heures entières sans la moindre fatigue, je crois que j'aurai tout dit de ce souverain sportsman.

S. M. LE ROI D'ITALIE

Fils de Victor-Emmanuel, S. M. le Roi Humbert est né à Turin le 14 mars 1844. Son enfance s'écoula dans cette Italie du Nord, si merveilleusement belle, au milieu de ces hautes montagnes, à la fois agrestes et poétiques, qui semblent un décor dressé pour les sports de plein air. C'est dans ces campagnes lointaines et presques sauvage que s'est faite sa première éducation, et que ses goûts et ses forces se sont développés en même temps que ses profondes connaissances en tout ce qui concerne le sport. Et ces connaissances, lorsqu'elles sont basées, comme celles du Roi, sur les études les plus sérieuses de la reproduction chez les animaux, des croisements des différentes races, de la culture savante, démontrent clairement de quelle utilité vraie peut être à son pays un souverain sportsman.

C'est du reste à ces nobles goûts et à cette science que le Roi Humbert doit la belle race de chevaux qu'il entretient dans son haras de San-Rossore, près Florence. En homme de sport, dans le sens véritable de ce mot, il s'est livré de bonne heure à une étude consciencieuse de tout ce qui se rattache à la reproduction de la race chevaline et à son élevage. Ce haras lui coûte fort cher, deux millions environ par an. Mais qu'importe l'argent lorsque les résultats sont satisfaisants ! Et ils le sont, car il est arrivé par d'habiles croisements à produire une très belle race de chevaux, auxquels il a donné les qualités nécessaires au pays qu'il habite.

Ce sont de très belles bêtes, grandes et fortes, d'une magnifique conformation et de beaucoup de fonds. Mais, comme l'espèce a une propension constante à l'engraissement et qu'elle est sujette à l'empâtement des formes, l'exubérance des pâturages de cet admirable pays tendant toujours à empâter le cheval, il est indispensable de demander de temps à autre à des étalons énergiques et anguleux de corriger ce défaut. Le grand écuyer, prince Corsini, est chargé de ce soin. C'est lui qui va, chaque année, en Angleterre, choisir les étalons nécessaires. Grâce à ces étalons et aux efforts persévérants et intelligents du Roi, le haras de San-Rossore a produit nombre de chevaux de mérite, véritablement remarquables pour leurs allures et leur conformation. A ce titre, le nom du Roi Humbert s'impose à tous les hommes de cheval d'Italie, comme l'un des grands éleveurs de ce pays.

Le Roi Humbert n'est pas seulement un homme de cheval, c'est encore un intrépide et vaillant chasseur. Tireur élégant, épaulant avec beaucoup de calme, le Roi Humbert est ce qu'on est convenu d'appeler un grand fusil. Sa réputation de tireur remarquable ne date pas d'hier. En 1867, alors qu'il était prince héritier, il vint chasser en France, chez son beau-frère le prince Napoléon, en compagnie de son officier d'ordonnance le capitaine Brambilla, un bon fusil également ; il émerveilla, par la sûreté et la rapidité de son tir, les invités du prince ; et pendant les quelques jours qu'il chassa à Villefermoy il tint toujours la tête du tableau.

Avec son air franc et ouvert, sa rondeur de soldat, que tempère une grande affabilité, le prince Humbert eut vite conquis la sympathie de tous ses compagnons de chasse, et les invités du prince Napoléon ne tarissaient pas d'éloges sur son adresse, son coup d'œil et ses connaissances de la chasse et de nos différentes races de chiens.

Aujourd'hui ce n'est plus dans les tirés de Villefermoy que se montre le Roi Humbert, c'est à Castel-Porziano, propriété royale, près d'Ortie, c'est-à-dire à peu de distance de l'embouchure du Tibre, que le Roi Humbert se livre à son sport favori. Ce beau domaine renferme des animaux de tous genres ; cerfs, chevreuils, sangliers, daims, faisans, etc., se trouvent en abondance et le Roi en fait de vraies hécatombes, spécialement aux approches de Noël, pour en faire une large distribution aux ministres, fonctionnaires de la Cour, membres du corps diplomatique, etc., etc. C'est son cadeau de Christmas.

Aussi arrive-t-il parfois que le gibier royal, destiné à orner une table diplomatique, finit par aller au marché public ; quelques fonctionnaires ne sachant comment distribuer tous ces présents, qu'ils ne pourraient manger à eux seuls, préfèrent les vendre plutôt que de les voir perdre.

Cette belle résidence de Castel-Porziano a été achetée par le Roi Victor-Emmanuel ; le Roi Humbert l'a agrandie en louant pour vingt ans, au prince Chigi, la propriété voisine. Il lui a donné, avec un aspect de richesse et de bien-être qui réjouissent, un cachet, un caractère particulier qui dénotent son savoir et son expérience de la chasse à tir. La culture variée des plantes les plus recommandées, les soins apportés à l'entretien des mares, l'aménagement des bois, tout concourt en un mot à fournir un abondant gagnage au gibier, qui est d'une vigueur incontestable.

Aux approches de l'été, le Roi, qui est également un très habile chasseur de chamois et de bouquetins, s'en va à Valsavaranche, sur les hauts sommets des Alpes, de ces Alpes couronnées d'une auréole de neige éblouissante et où la nature est dans toute sa grâce et dans toute sa majesté, chercher de nouvelles sensations sportives. Cette chasse, qui demande beaucoup de patience et encore plus de fatigues, plait beaucoup au Roi Humbert, bien plus à cause des dangers qu'elle fait courir que des difficultés qu'elle présente. Le chamois est un animal d'une défiance excessive qui ne se laisse pas approcher facilement ; il faut pour ainsi dire ramper pour arriver à lui. Dès qu'on l'aperçoit, il faut lui envoyer son coup de fusil ; sans cela, il vous évente et alors, bonsoir, la chasse est à recommencer.

Le Roi Humbert est, comme son père, d'une bravoure et d'une intrépidité incontestables ; il en a fait preuve sur différents champs de bataille ; le courage du reste est un apanage de la maison de Savoie. Il a le type des hommes qui passent leur existence au milieu de cette vie de chasseurs toute de périls et de fatigues. Ses traits, vigoureusement accentués et hâlés par la bise, sa démarche ferme et majestueuse, sa forte moustache rappellent son père auquel il ressemble d'une manière étonnante à mesure qu'il vieillit.

Autant Victor-Emmanuel était débordant d'entrain et de gaieté, et semeur d'argent, autant Humbert Ier est froid, réservé, méthodique et économe. Il a réussi à payer toutes les dettes de son père, plus de vingt millions.

Humbert Ier ne porte l'uniforme que dans les réceptions officielles et les revues. A la chasse, il porte un costume qui est à peu près celui des chasseurs tyroliens : grandes bottes de cuir naturel, veston noisette et petit chapeau noir de feutre dur.

Très affable dans ses relations journalières, il jouit d'une popularité sans bornes, et cette popularité, il en jouit sans ivresse, parce qu'il a la modestie et le bon goût de la considérer bien plus comme un héritage de famille que comme une conquête personnelle. Sa main, toujours ouverte, distribue la plus grande partie de ses revenus, soit en œuvres de bienfaisance, soit comme encouragement à l'art et à l'industrie.

Le cheval et la chasse sont les deux sports de prédilection du Roi. Il les pratique par tous les temps et il recherche même les jours de pluie pour faire ses sorties à cheval, rien même ne lui est plus agréable que de se promener ces jours-là. Le pauvre marquis Drigo, qui fut grand veneur et qui n'avait pas les mêmes goûts que son souverain, voyait avec douleur les journées sombres et pluvieuses, quand il était avec la Cour à Monza, parce qu'il était sûr que le Roi ne manquerait pas de l'envoyer chercher pour faire sa promenade à cheval.

Le Roi d'Italie est le souverain du monde le plus riche en palais. Il possède à Turin le palais Royal, habité aujourd'hui par le comte de Turin, et le palais Madame, habité par la duchesse de Gênes. En Piémont, Moncalieri, habité par la princesse Clotilde ; Stupinigi, Racconigi, qui sont de magnifiques villas, et, dans la vallée d'Aoste, le château de Sarre et le chalet, rendez-vous de chasse, de Valsavaranche. En Lombardie, le palais de Milan, habité par le duc des Abruzzes, fils du défunt duc d'Aoste, et Monza. A Venise, le palais des doges, habité par le duc de Gênes. A Modène, à Parme, le palais ducal ; encore un palais à Bologne, à Mantoue, à Palerme. En Toscane, le palais Pitti, à Florence, habité aujourd'hui par le jeune duc d'Aoste, et le superbe domaine de San-Rossore. A Naples, le palais Royal et la villa de Capo di

Monte, habités tour à tour par le prince royal qui porte le titre de prince de Naples, et y tient une petite cour. Et encore le palais de Caserte, le plus beau du royaume. On a vendu la *Favorite*, près d'Herculanum, qu'avait habitée le khédive Ismaïl, avec son harem. Nous oublions quelques palais, châteaux ou villas. Mentionnons encore Castel Porziano, dans la campagne romaine.

Le séjour préféré du Roi et de la Reine, c'est Monza, une maison sans caractère, ni château, ni palais, une grande villa confortable, rien de plus. En revanche, le parc est superbe, ombreux, frais et plein de gibier. Le Roi y vit en *gentleman-farmer*, avec une étiquette réduite à sa plus simple expression, et recevant simplement quelques invités privilégiés, ainsi que les ministres qui y viennent pour affaires importantes. D'ailleurs, le Roi est en communication constante avec eux, par le télégraphe, même lorsqu'il va chasser sur les sommets de la vallée d'Aoste.

S. M. LE ROI DE PORTUGAL

Charles 1er, Roi de Portugal et des Algraves, en deçà et au delà de la mer en Afrique, seigneur de la Guinée par la conquête, etc., pourrait encore ajouter à tous ces titres celui de grand maître du sport, car il est peu de souverains aussi habiles que lui dans tous les exercices du corps.

Trente-cinq ans, solidement bâti, d'un blond presque ardent, de fines moustaches relevées, la physionomie franche et ouverte, ferait, s'il n'était Roi, un superbe officier de cuirassiers.

Alors qu'il n'était que duc de Bragance, le Roi passait déjà pour un des plus grands sportsmen de son pays. Il excelle du reste dans tous les sports, car il les a pratiqués tous avec une égale passion.

Comme chasseur, le Roi est toujours le premier au tableau, sans courtisanerie, croyez-le bien, de la part de ses hôtes ou de ses compagnons de chasse. C'est ce qu'on nomme un grand fusil, et pendant son dernier séjour à Paris il a étonné bon nombre de nos grands tireurs. Un jour, à Cintra, tirant à la cible avec un diplomate étranger, il a fait passer ses dix balles par le trou que la première avait fait. On crut d'abord, en y regardant de loin, que la cible était intacte après avoir essuyé son feu. Une des plus belles chasses du Roi est celle qu'il fit aux environs de Chaumont chez le prince et la princesse Amédée de Broglie.

Reçu à la gare par le prince Amédée de Broglie, un brillant officier qui a épousé Mlle Say, sœur de la vicomtesse de Trédern, le Roi de Portugal a été conduit, en voiture attelée en poste, au château de Chaumont, où la princesse a reçu le souverain à l'entrée intérieure du château ; l'entrée extérieure étant précédée d'un pont-levis, comme les châteaux du moyen âge, l'on ne peut y attendre une voiture qui entre.

Chaumont est un des plus beaux et des plus imposants châteaux de France. D'autres, comme Chenonceaux, Azay-le-Rideau, ont plus de coquetterie ; d'autres encore sont plus vastes, comme Valençay, aucun n'a la majesté de Chaumont avec ses grosses tours trapues du côté de l'entrée, son orgueilleuse façade du côté de la plaine. On en aperçoit quelque chose, sur la gauche de la Loire, de la station d'Onzain qui est la troisième après Blois. On passe la Loire sur un pont suspendu, et, à deux kilomètres de là, Chaumont apparaît sur la hauteur, comme une floraison de roses poussées dans un nid d'aigle. Double, en effet, est l'aspect de Chaumont : pure merveille de la Renaissance vu de la plaine, vieux et terrible souvenir de la féodalité vu de l'entrée.

Chaumont est royal, comme Chambord, Blois, Amboise ; il comporte un luxe et un personnel qui semblent ne plus être de notre temps, et l'on y peut oublier un instant, dans la plus gracieuse hospitalité, le grand nivellement social de notre époque.

Certes, le Roi de Portugal a de beaux et immenses châteaux ; il a même le plus grand château du monde. Je doute qu'il ait trouvé mieux qu'à Chaumont la vie moderne unie à la majesté d'autrefois.

La chasse eut lieu l'après-midi ; elle fut véritablement royale.

Dès que le Roi a dit : « Allons, » la chasse commence ; la voilà avec ses clameurs, sa vie, son mouvement, ses bruits de voix et d'armes.

L'air se peuple, les faisans au vol lourd et pesant, les perdrix quelquefois séparées, plus souvent réunies en bandes nombreuses, se lèvent et partent avec le bruit de leurs ailes crépitantes ; elles cherchent une issue dans les airs ; elles volent d'un vol oblique, horizontal, perpendiculaire ; elles s'ascensionnent en tourbillonnant, et le vent qui souffle sur leurs plumes mouchetées les soulève en éventail et les fait chatoyer au soleil, en confondant leurs reflets douteux et changeants. Çà et là aussi une bécasse voyageuse qui dans sa course passagère avait fait halte dans les bois, où Mme de Staël, exilée de Paris par Napoléon, venait rêver à son ruisseau de la rue du Bac, part flèche rapide, fend l'air de son corps aigu ; mais elle aussi, malgré la sauvage énergie de son vol, tombe atteinte par le plomb qui tue tout sans miséricorde et sans distinction.

Tandis que le ciel se sillonne des évolutions multiples du gibier qui monte, tournoie et tombe, plus prompt peut-être encore, le chevreuil aux reins d'acier, aux jambes sèches et déliées, le lièvre qui semble rouler dans sa course, cherchent pêle-mêle à éviter le danger qu'ils comprennent à mesure qu'ils entendent approcher la chasse.

Mais on est arrivé à la halte ; on sert le lunch! Qui n'a vu le

Roi de Portugal à une chasse ou à une réunion sportive ne peut se faire une idée juste de sa personne. C'est dans la vie intime qu'il faut le voir pour le bien juger. Personne ne résiste mieux que lui au crible de cette vie intime, à cet examen privé qui vous prend à l'improviste, qui s'empare de vous à votre lever, qui vous accompagne partout, ou bien qui vous saisit au hasard, qui interprète sans que vous le sachiez les mouvements de votre physionomie, vos gestes et votre silence, qui plane encore sur vous et vous épie pendant les solitaires heures de votre sommeil.

Loin d'avoir à redouter une semblable analyse, le Roi Charles Ier de Portugal gagne beaucoup quand il la subit, mais c'est à la chasse surtout qu'il faut le voir. Là, arraché aux soucis et aux tracasseries des affaires publiques, il est constamment et librement lui-même.

Mais la chasse recommence, le Roi s'est remis en ligne et attend, ainsi que les autres tireurs, le rabat d'usage qui a lieu pour la clôture.

C'est pour ce moment que les rabatteurs ont réservé tous leurs efforts : ils crient, ils hurlent, et frappent et furètent les buissons; c'est un tapage assourdissant auquel se mêle le bruit de la fusillade qui ne s'interrompt pas.

Le gibier se lève par nuées, l'air en est embarrassé ; il en monte, il en pleut, il en tombe surtout devant le Roi, qui excelle à tirer les coups de haut, les plus difficiles comme chacun sait.

— Coq au roi !

— Coq au roi !

C'est un magnifique faisan panaché du Japon au plumage d'or et d'albâtre. Exotique habitant de Chaumont, jeté par le luxe prévoyant du châtelain pour embellir une chasse, il s'enlevait d'un buisson où il sommeillait insoucieux dans son aristocratie.

Il est parti.

Le Roi, malgré son expérience, est un moment ému de sa magnificence ; il hésite presque : on tremble pour Sa Majesté que son émotion ne nuise à la précision de son tir. Cependant le Roi ne tarde pas à se remettre, il épaule son arme, laisse filer, puis tire. L'oiseau, malgré la distance, est atteint, il tombe suivi des regards surpris de tous les assistants.

Le coup est vraiment magnifique.

Le tiré est fini par ce coup d'éclat.

La voiture qui porte le gibier vient se ranger devant le château ; on fait le tableau. C'est merveilleux !

Le Roi Charles Ier n'est pas seulement un bon fusil, c'est encore un tireur au pistolet remarquable. Il excelle, du reste, dans tous les genres de tir ; et au tir Gastinne-Renette il a remporté toutes les médailles qu'il pouvait avoir. Lors de son dernier séjour à Paris, il venait aussi régulièrement qu'il le pouvait, presque toujours seul, au tir de l'avenue d'Antin, s'exercer à la carabine, au revolver, au pistolet, au visé et au commandement. Il a réussi des cartons superbes devant nous, que tout le monde peut voir dans la salle d'honneur du stand. — Très habile également dans le tir au commandement sur silhouettes noires, placées à 28 mètres, il aurait très sûrement été le vainqueur d'une poule organisée par la société « le Pistolet » s'il avait pu prolonger son séjour à Paris.

Tout en étant, par ses manières et par sa mise, le gentleman le plus accompli, en uniforme militaire, en toilette de promenade, ou, le soir, en habit noir et en cravate blanche, il lui plaît, quand il est dans ses terres, d'endosser le costume national de ses voisins de campagne qu'il connaît tous de leurs noms, et qui l'adorent. Dans son château de Vendas Novas il s'est installé dans une petite chambre du rez-de-chaussée, dont il ne ferme jamais les fenêtres quand il y dort en été. La nouvelle maison qu'il vient de faire bâtir dans une de ses fermes, à Vidigal, est la maison typique du fermier d'Alemtejo, modeste, pratique, bien rurale, sans aucun luxe. On y chasse, à cheval ou à pied, le lièvre, le lapin, le perdreau et la bécasse. On cultive la vigne, le blé et le liège, on engraisse le bétail, on fait du vin, et on s'y nourrit, en l'absence du chef parisien qui reste à Lisbonne, simplement et plantureusement, des mets du pays, à la bonne et vieille mode portugaise.

Très accueillant, très simple, adoré de tous ceux qui ont eu l'honneur de l'approcher, Charles Ier n'a qu'un désir : vivre en paix, en gentilhomme campagnard, passant son temps à chasser et à pratiquer tous les sports de force et d'adresse, pour lesquels il semble avoir été créé.

S. M. LE ROI DES BELGES

Le roi Léopold, qui, jusqu'à présent, n'était connu dans le monde du sport que comme chasseur, est devenu depuis ces dernières années un yachtman intrépide, un véritable loup de mer, et cette passion a failli même bouleverser de fond en comble toute la pacifique Belgique. Voici comment :

Le Roi, après s'être découvert cette vocation pour le yachting, battait les mers à bord du steam-yacht *Clementina, ex-Sultana*.

Ce n'est pas l'humeur voyageuse du Roi qui tourmentait ses sujets, mais *Clementina* naviguait sous pavillon anglais, monté par un équipage étranger. Froissés dans leurs sentiments patriotiques, les Belges ne parlaient rien moins que de faire faire une interpellation à la Chambre. Mais fort heureusement tout s'est arrangé, lorsqu'on a su que le steam-yacht, sur lequel se trouvait leur souverain, était la propriété de M. John William Johnston.

Le yacht étant en location, on n'avait plus rien à dire, et le royal yachtman a pu, depuis lors, constamment naviguer et même changer de yacht sans soulever la moindre colère et sans être menacé d'une interpellation, et, à l'instar de S. M. l'Empereur d'Allemagne, il assiste chaque année aux fameuses régates de Cowes. Son yacht se nomme aujourd'hui l'*Alberta*.

Clémentina était un magnifique steam-yacht de 625 tonneaux, construit à Leith en 1887, pour le prince de Sirigano. C'était un excellent navire en fer, à trois mâts, coté au Lloyd, avec une machine de 125 chevaux nominaux.

Le Roi des Belges est bien connu des Parisiens; à chaque instant il est notre hôte, et, lorsqu'il est à Paris, on le voit, quoique peu friand de spectacle, au Gymnase, au Théâtre-Français ou à l'Opéra.

Léopold II est grand, droit, solide, avec une grande barbe blanchissante. L'abord grave, simple, bienveillant, avec une petite inclinaison de la tête et un petit geste de la main droite, qui donnent une certaine onction à la parole, que souligne un œil fin et pas facile à saisir. Il traîne un peu la jambe gauche, que semble « travailler » la goutte. Son oncle, feu le duc d'Aumale, qui était goutteux aussi, prenait, il y a quelque dix ans, une certaine poudre de gentiane, je crois, dite poudre de Pistoia, — en Toscane, — qui lui faisait beaucoup de bien. Le Roi n'en est pas moins grand marcheur. Les Belges disent qu'il « détient », chez eux, le « record » de la marche.

On le rencontre dans Bruxelles, accompagné du fidèle baron Snoy ou du non moins fidèle baron Goffinet, se promenant comme un « bon bourgeois » qui fait « de l'exercice », entrant dans un bureau de tabac pour acheter un cigare ou pour l'allumer, et causant avec les gens du peuple. Il y a deux ou trois ans, à Liège, il s'était mêlé à la foule, après avoir présidé à l'inauguration d'une nouvelle salle du Conservatoire, s'il m'en souvient bien, et, abordant un garde civique — nous disions naguère chez nous un garde national — dont la figure « lui revenait » : « Eh bien ! garde, comment vont les affaires ? — Peuh ! Sire, elles vont mal. — Mais vous, êtes-vous content ? — Oh ! oui, Sire, très content, mes affaires vont très bien. — Alors, vous êtes dans les sucres ? — Non, Sire. — Dans la métallurgie ?... — Sire, je suis huissier. — Ah ! je comprends, fit le roi en souriant, si vous êtes huissier, et que vous soyez content, les affaires, en effet, ne doivent pas aller. »

Les « dames de la Halle » de Paris, qui ont bon bec, ont pu, pendant son séjour parmi nous, répondre à ses questions sur le prix du gibier, des huîtres, des fruits, de la volaille, des fleurs, des légumes, du beurre et des boudins. Un Bruxellois disait naguère à un de nos amis : « Je parierais que notre Roi sait le prix des œufs aux Batignolles et à Stamboul. » Il aurait pu ajouter que le Roi connaissait aussi toutes les célébrités de la capitale, car, un soir qu'il assistait à une représentation de gala des Folies-Bergère, il demanda au manager, M. Édouard Marchand, de lui faire connaître le pauvre Charles Desteuque, que j'avais baptisé autrefois, par ironie, après un dîner donné à Clotilde Charvet et à Fanny Robert, à la maison Dorée, par le comte Chérémetieff et le colonel Bravura, Charles D..., l'intrépide Vide-Bouteilles.

Aussi, le Roi Léopold, avec ses « enquêtes populaires », est-il connu de tous les Belges. Je me trouvais aux grandes manœuvres de l'armée belge, en 1881, à Namur : je n'entendais parler, dans tout le rayon, que de Léopold, « Liopol », disaient les gens du peuple.

Le Roi Léopold aime peu les fêtes et la vie de la cour.

Lorsque la cour est à Bruxelles, il irait volontiers à Laëken, et, lorsqu'elle est à Laëken, il resterait volontiers à Bruxelles. On le voit presque toujours seul à Spa et à Ostende. Il aime l'indépendance, la solitude, la simplicité et le travail. La géographie, les questions coloniales, la « bâtisse », l'industrie, le commerce, sont l'objet de sa sollicitude comme il convient au souverain d'un des pays les plus industriels et les plus commerçants du monde, et il est versé dans toutes ces questions non seulement en homme d'État et en économiste, mais en ingénieur, je pourrais dire en entrepreneur.

S. M. LA REINE DES BELGES

La souveraine de la Belgique, cette princesse si éminente par son esprit, son éducation et son goût pour les arts, n'est pas seulement la Reine des dilettantes, c'est aussi une sportswoman consommée et c'est le sport hippique qui est son sport favori. La Reine adore les chevaux et les connaît. Elle a un manège dans l'intérieur du palais, et en organise un partout où elle va : elle dresse elle-même ses chevaux de selle, et se complaît à donner des leçons d'équitation à la princesse Clémentine, la seule enfant qui demeure au palais maintenant. La Reine aime surtout le menage. Tous les jours elle attelle, à sa voiture, ses quatre poneys hongrois, lesquels brûlent le pavé.

La compétence de la Reine en matière chevaline fait loi et si, à l'exemple de Mme la duchesse de Fitz-James, Sa Majesté se décidait à publier le manuel précieux qu'elle a composé à l'intention de la princesse Clémentine, je suis persuadé que ce petit volume aurait un grand succès; ce serait pour tous un *vade-mecum* hippique.

Lorsque la Reine ne s'occupe pas de sport, elle fait de la musique.

Elle joue à merveille du piano, et depuis qu'elle prend des leçons du grand harpiste Hasselmans, le célèbre professeur du Conservatoire de Paris, qui se rend souvent à Bruxelles pour faire étudier son auguste élève, elle joue de la harpe d'une manière supérieure. Sa Majesté donne au palais des soirées intimes, qui commencent à huit heures et finissent à onze, et qui sont aussi recherchées, par la haute aristocratie belge, que les Marly de Louis XIV l'étaient par la noblesse française.

A Laëken et à Ostende, la Reine a l'habitude de faire de grandes excursions à pied. On raconte que, se trouvant, un jour, aux environs de cette dernière ville, Sa Majesté alla pêcher, sur le rivage, en compagnie de la princesse Clémentine. Elles gardaient, toutes deux, le plus strict incognito. La Reine et la princesse se divertirent si bien qu'elles se mouillèrent sans y prendre garde. Après avoir fait ample provision de coquillages, elles prirent le train à destination d'Ostende. Comme elles tenaient à ne pas être reconnues, elles entrèrent dans le premier wagon qui s'offrit à leurs yeux. Une vieille femme s'y trouvait qui, à la vue de ces deux voyageuses toutes trempées, fit la grimace la plus significative. Mais quand elle vit que les deux voyageuses, loin d'y faire attention, s'installaient commodément à ses côtés, elle se mit à grommeler. La mauvaise humeur de la vieille dura jusqu'à l'arrivée.

La Reine fut ravie de voir son incognito si bien couvert. En arrivant chez elle, elle raconta l'aventure avec une joie d'enfant. Cette simple anecdote donne une idée de la nature charmante dont est douée la Reine des Belges.

Voici une autre anecdote qui pourrait s'appeler : La Reine et la paralytique :

La Reine des Belges, qui, pendant plusieurs mois de l'année, habite Spa et fait quotidiennement de longues excursions en poney-chaise seule avec sa fille, la princesse Clémentine, a eu souvent des aventures bien amusantes.

Ainsi, l'été dernier, Sa Majesté et la princesse Clémentine, au cours d'une de ces promenades, s'étaient arrêtées dans une ferme avec l'intention de prendre une tasse de lait. Mais les gens étaient aux champs ; dans la grande salle commune se trouvait une vieille paysanne percluse de douleurs qui, à l'entrée des royales visiteuses, ne put quitter son fauteuil.

A la demande de la Reine, la bonne vieille répondit, moitié français, moitié patois : « Il n'y a plus de lait dans les cruches et il m'est impossible d'aller à la prairie traire une vache... mes pauvres jambes ne veulent plus me porter. — Qu'à cela ne tienne, fit la Reine, si vous me le permettez, j'irai à la prairie ; indiquez-moi seulement où se trouvent vos cruches... — Mais, ma bonne dame, vous êtes de la ville et vous ne saurez jamais traire une vache ! »

La fermière se trompait ; la Reine s'y prit fort bien et peu après elle rentrait à la salle commune avec un broc à demi rempli de lait mousseux. Cependant la princesse Clémentine avait ouvert l'armoire, en avait sorti trois bols, un pain immense et des couteaux, et elle avait dressé le couvert.

La « dînette » eut lieu, et la vieille fermière fut servie par la princesse Clémentine qui s'amusa beaucoup de cet incident, assurément peu banal.

A côté de ces vertus familiales, comment ne pas admirer le dévouement héroïque qu'elle déploie pour sa belle-sœur, la malheureuse Impératrice du Mexique? Chaque semaine, deux fois, la plupart du temps en compagnie du Roi, elle se rend au château de Bouschout, où la pauvre femme, en proie à une folie noire, traîne une vie que la mort ne veut pas dénouer. Le couple royal donne là un exemple qui fait, depuis près d'un quart de siècle, l'admiration du monde entier.

Pour revenir aux goûts sportifs de la Reine, je crois pouvoir dire que Sa Majesté est bien plus une femme de cheval qu'une écuyère, et cette qualité, elle l'a acquise au prix de longues études commencées dès l'enfance et par un travail permanent. Et comme toutes les femmes dignes de ce nom, la Reine sait que, pour se maintenir en forme, un labeur quotidien et presque scientifique est indispensable; et c'est pour cela qu'elle consacre de longues heures au manège.

S. M. LA REINE DE HOLLANDE

La reine Wilhelmine des Pays-Bas, charmante jeune fille blonde et rose, couronnée en septembre dernier à Amsterdam, est aujourd'hui âgée de dix-huit ans.

Jolie et gracieuse, la jeune Reine est une sportswoman dans toute l'acception du terme ; elle pratique tous les sports, le cheval et le patin ont ses préférences. Elle montre un goût éclairé pour les lettres et les arts et n'a rien négligé de ce qui pouvait ouvrir son esprit aux choses de son temps.

La jeune Reine Wilhelmine, en montant sur le trône, fut placée sous la tutelle de sa mère proclamée régente. Jamais mère et jamais régente ne remplirent mieux leur tâche. La Reine Emma est un modèle de haute sagesse et de vertu. Oubliant d'abord son origine germanique, elle a eu surtout pour but de développer, chez sa fille, le sentiment national hollandais, et de lui inculquer les idées d'une souveraine patriote. Jamais éducation ne fut plus soignée et dirigée avec plus de tact et d'intelligence. Une légende de grâce et de gaieté malicieuse s'établit. On racontait d'elle de jolis traits : par exemple cette vengeance contre sa gouvernante, une Anglaise sévère et dont elle se plaignait, à qui elle apporta un jour, comme devoir de géographie, la carte d'Europe toute remaniée où l'on voyait une Angleterre très réduite et une Hollande très agrandie. Gentille malice d'enfant! Crânerie prête à aller tout de suite jusqu'à la bravoure et qui est bien dans le caractère hollandais. La jeune Reine a été élevée sévèrement, on dirait presque avec rudesse. Dès son enfance, on lui a appris à ne reculer ni devant le travail, ni devant la fatigue, à braver les intempéries des saisons, à se distinguer dans les exercices du corps comme dans ceux de l'esprit, à s'occuper des pauvres, à les connaître, à les secourir, à faire l'aumône elle-même, à se préparer enfin de la manière la plus sérieuse au grand rôle que la Providence lui destine.

Tous les Hollandais aiment leur Reine Wilhelmine, comme le plus tendre père aime sa fille. Elle a poussé dernière, fleur inespérée, à ce vieux tronc séculaire qu'est la dynastie d'Orange-Nassau. Elle fut le recommencement de l'espoir. Toute petite le peuple s'intéressa à elle. Ils sentent que toutes leurs espérances sont concentrées sur cette tête et que sa couronne est le gage de la prospérité, de la grandeur, de la gloire nationales. Aussi, comme elle a été populaire dès sa plus tendre enfance ! comme tout le monde s'intéressait à ses progrès physiques et moraux ! comme on était heureux de la rencontrer à la promenade, montant un poney avec la hardiesse d'une précoce amazone ! A La Haye, la petite Reine recevait, chaque dimanche, des enfants de son âge. Elle goûtait, elle jouait avec eux, et chacun admirait déjà sa gentillesse, son amabilité. Ses études ont été très approfondies. Elle parle couramment bien le hollandais, le français, l'anglais et l'allemand. Elle sait aussi l'italien et le russe. On lui a appris à fond son métier de reine, et on l'a initiée aux choses les plus ardues : droit judiciaire, droit administratif, droit constitutionnel, théologie, économie politique. L'horticulture et l'agriculture ne lui sont pas étrangères. Tout enfant elle avait à elle un jardin et un potager qu'elle surveillait avec soin, et dont elle distribuait elle-même les légumes à d'anciens serviteurs.

La Reine Wilhelmine est aujourd'hui une horsewoman accomplie, c'est presque même une écuyère. Les écuries du château de Loo, très bien dirigées par le baron Berkinck, premier écuyer, sont magnifiques. La jeune souveraine s'en occupe beaucoup, elle connaît le nom de tous ses chevaux, et souvent elle donne à manger à son cheval favori. Elle affectionne particulièrement un superbe cheval qui lui a été donné par l'Empereur d'Autriche. Elle ne monte pour ainsi dire jamais en voiture fermée, et par tous les temps, qu'il pleuve, qu'il neige, qu'il vente, qu'il gèle, on la voit, lorsqu'elle ne sort pas à cheval, conduire elle-même les quatre chevaux de sa calèche découverte. Elle se distingue particulièrement dans le sport national : le patinage. Il lui arrive souvent de faire plusieurs lieues en patinant sur les canaux glacés. Elle préside les courses en patins des soldats armés et remet elle-même les prix aux vainqueurs. Elle tire à l'arc, joue au lawn-tennis et nage comme un poisson.

C'est cette éducation physique qui lui a donné ce goût très vif qu'elle montre pour la vie extérieure. Elle aime la vie libre, au loin, la vie des champs, les grandes étendues, la lande, les rivages, la mer. Oh! la mer, la mer et tous ses plaisirs : les bains, le canotage, la pêche. La raison en est toute simple. Le château de

Loo, où elle a passé son enfance, est voisin de Sheveningue, la plage célèbre de Hollande. Une avenue merveilleuse y conduit, une des plus belles avenues de l'Europe. Que de fois les touristes n'ont-ils pas assisté à des scènes charmantes : la petite Reine arrivant à cheval et, aussitôt descendue, s'informant auprès des personnes qui l'attendaient de son chien favori « Swell ».

— Où est « Swell », « Swell » est-il arrivé?

Le chien, en retard, ayant « flâné », arrivait en ouragan. Et c'était une fête pour la maîtresse.

— Bonjour, « Swell »!... A la mer, à la mer !

Et Wilhelmine et « Swell » de se jeter à la mer. C'est à qui nagerait le mieux. Et ce n'était pas toujours Swell.

« Swell » est resté le compagnon de la jeune Reine. C'est un « setter » irlandais au poil roux, d'une extraordinaire intelligence. Vous pouvez compter qu'Elle ne s'en séparera jamais, car la reine Wilhelmine garde un souvenir attendri de son passé, de son « cher » passé, fait de tant de sourires et de riens charmants.

La vie, l'hiver, à La Haye, dans le Palais Royal, dont l'entrée est quelque peu assombrie par la statue de Guillaume le Taciturne, n'est ni très gaie, ni très variée. Mais la jeune Reine prend sa revanche au palais du Loo : le parc aux ombrages larges et épais ; les étangs, semblables à des lacs ; les constructions rustiques et confortables, qui rappellent le « hameau » de Trianon, offrent à la Reine toutes les distractions qui conviennent à son âge et à ses goûts : elle monte à cheval accompagnée de *Swell*, parcourt en petite chaise, attelée de poneys, les allées du parc et des bruyères environnantes ; elle a des daims, des pigeons, des fleurs, des arbres fruitiers ; des bateaux sur l'étang.

Et elle goûte tous ces plaisirs avec cet admirable entrain de la jeunesse, cette joie de vivre, qui font briller les yeux, colorent les joues, ébouriffent les cheveux et montrent l'harmonie de la santé morale.

Les Hollandais ne sont guère démonstratifs ; il est cependant aisé de voir combien ils aiment leur jeune Reine : elle fait, pour ainsi dire, partie de chaque famille, et sa photographie se retrouve jusque dans les plus modestes foyers. Ils sentent qu'elle est bien de leur sang, ils sentent qu'elle est la suprême sauvegarde de leur indépendance, la garantie de leur sécurité, après toutes les morts qui ont si cruellement frappé la maison régnante, après le décès prématuré du prince d'Orange et du prince Alexandre. Si cette blonde jeune fille disparaissait, des convoitises connues s'éveilleraient aussitôt ; elles rencontreraient, sans nul doute, une résistance désespérée, mais ce sont là des éventualités qu'un peuple réfléchi n'envisage pas sans angoisse.

Les deux Reines ont chacune leur maison civile et militaire. Dans celle de la Reine Wilhelmine figurent un grand maréchal de la cour, un maître des cérémonies, des aides de camp, des officiers d'ordonnance, un premier écuyer, des chapelains, un directeur de la bienfaisance. Elle a été confirmée il y a deux ans, et, à cette occasion, elle a sérieusement médité sur les grandes questions religieuses. Elle a déjà beaucoup voyagé, et ses voyages ont été toujours instructifs. Elle a parcouru la Suisse, l'Italie, l'Autriche, l'Allemagne, l'Angleterre, et a montré partout son rare esprit d'observation.

La Reine Wilhelmine est maintenant une jeune fille accomplie, aussi jolie qu'intelligente. Elle a de beaux cheveux, d'un blond cendré, des yeux très expressifs, un teint d'une fraîcheur éclatante, le teint des Hollandaises, une physionomie avenante, éveillée, sympathique, où l'on devine la décision et l'énergie du caractère, une taille moyenne, une démarche gracieuse et des manières exquises.

Plus encore que le prestige de sa couronne, elle s'impose, cette jeune Reine, par l'indéniable séduction de l'adolescence féminine, un corps svelte, droit comme son cœur ; un visage régulier et doux, un regard clair et interrogateur qui vous déconcerte par sa limpidité ; les mouvements vifs et précis, telle elle nous apparaît dans sa personne et dans les photographies qui la représentent.

Le 31 août 1898, la reine a eu dix-huit ans. Ce jour-là a commencé son règne personnel. Après avoir prêté le serment constitutionnel devant les Chambres, à La Haye, elle a été couronnée le 10 septembre à Amsterdam.

La reine Victoria avait également dix-huit ans quand elle monta sur le trône d'Angleterre, le 29 juin 1837. Et quand, quelques jours plus tard, elle ouvrit pour la première fois le Parlement, Louis-Napoléon, qui se trouvait alors à Londres, venant des États-Unis, était parmi les spectateurs. Ce fut la première fois qu'il aperçut la souveraine anglaise.

Nous souhaitons à la reine Wilhelmine un règne aussi long, aussi prospère, aussi glorieux que celui de S. M. Britannique.

S. A. LE PRINCE NICOLAS DE MONTÉNÉGRO

Quoique rompu à tous les exercices violents, le Prince Nicolas de Monténégro, le duc vainqueur de Mouktar et de Mahmoud Pacha, est un homme de cheval, mais surtout un cavalier. Le chef de la Montagne Noire, dans les veines duquel coule le « sang de feu » de Mirko Petrowitch, est un intrépide cavalier qu'aucun obstacle n'arrête. Il se plaît à enlever son cheval par-dessus les barrières qu'il rencontre sur sa route et à disparaître au galop dans les gorges sauvages des montagnes.

Et cependant le Prince Nicolas, malgré sa stature géante, sa force herculéenne, sa passion des virils exercices, et bien que sa jeunesse guerrière ait été arrosée du sang des ennemis vaincus et trempée au feu des batailles, n'a que l'aspect extérieur de ces suzerains gothiques auxquels on l'a trop souvent comparé, sauvages rivaux de Barberousse, brutes héroïques, dont l'âme ne s'éveillait que dans l'âcre vapeur des carnages.

Ce Prince, qui ne sortit jamais l'épée du fourreau que pour défendre l'indépendance du Monténégro menacé, et qui depuis plus de trente ans n'use de sa puissance absolue que pour le bien de son peuple, rendant lui-même la justice en plein air, sous un arbre, comme saint Louis, est, en même temps qu'un guerrier terrible, un poète au cœur tendre, à l'imagination enflammée, celui peut-être de tous les poètes de race slave dont la voix est aujourd'hui la plus écoutée et dont les accents éveillent le plus d'espérances.

Il terminait ses études à Paris, au lycée Louis-le-Grand, lorsque mourut son oncle Danilo, auquel il succéda. C'était en 1860. Pendant son séjour dans le vieux lycée de la rue Saint-Jacques, il avait appris notre langue qu'il parle toujours avec la plus grande pureté, mais il avait appris aussi à aimer la France. Et il le prouve d'ailleurs, avec une joie bien sincère, aux Français qui gravissent la terrible montagne de pierre où se dresse son trône et au pied de laquelle tournoient, menaçantes, les aigles noires de l'Autriche.

Étant à Louis-le-Grand, il suivait les cours d'équitation du vieux et célèbre manège Marquis de la rue de Varenne, où il apprenait à monter et à connaître le cheval.

Son éducation équestre a été des plus simples, car la méthode qu'il suivait s'est réduite à adapter le cheval aux besoins de la vie. Ce qui ne l'a pas empêché de travailler et de pratiquer le manège, par où il faut passer forcément si l'on veut savoir rendre le cheval pratiquement commode et l'habituer graduellement au service auquel on le destine.

Le Prince Nicolas, qui aimait le cheval et le comprenait, ne s'attarda pas au manège, cependant il y passe encore quelques heures chaque jour, car, mettant lui-même ses chevaux, il ne peut arriver à ce résultat qu'en les assouplissant et les équilibrant, afin d'être bien porté sur leur rein, les faire légers à la main, obéissants aux jambes, de manière à parer à temps aux éventualités qui peuvent se produire soit en route, soit à celles plus compliquées et bien plus graves pouvant surgir sur un champ de bataille.

Tels sont, à peu de chose près, les principes du Prince, c'est-à-dire domination de l'homme sur l'animal, par conséquent renonciation absolue de son initiative privée vis-à-vis de son maître.

Grand, bien pris, portant haut, visage basané, physionomie énergique, les yeux d'un éclat bizarre quand il s'anime en parlant, superbe dans son costume national, qui ressemble au costume grec, il personnifie la force, le courage, la guerre.

Ce beau et fier costume, qui fait si bien ressortir sa physionomie de héros, faisait place, pendant les divers séjours qu'il a faits à Paris, où il est venu pour la dernière fois en 1889, à nos vêtements et à notre habit noir sous lequel le Prince avait encore fort grand air.

Le Prince de Monténégro va, dès son lever, au Sénat, où il travaille parfois au milieu du tapage, et souvent aussi prend part aux délibérations de ce tribunal suprême.

Si quelque cause criminelle vient à se présenter, il en suit attentivement les débats, interroge accusés et témoins, et se fait, à l'occasion, l'avocat des prévenus.

Le Prince, suivi de ses gardes, fait ensuite une promenade dans sa petite capitale, laissant un facile accès aux nombreux suppliants qui attendent cette occasion favorable pour lui présenter leurs requêtes.

Souvent le cortège s'arrête auprès du puits public; un vaste cercle se forme autour du Prince, qui, modestement assis sur une chaise, prête une oreille attentive et complaisante aux plaidoyers des réclamants.

Aujourd'hui, le Prince Nicolas, au milieu des doux loisirs que lui laisse une paix prolongée, vient de terminer une suite de poèmes guerriers, véritables hymnes tyrtéens, pour les troupes de chaque district. Chaque bataillon aura ses refrains de combat. Et, d'ici peu de jours, lorsqu'on inaugurera solennellement, sur le sommet du Lochven, au milieu des délégués accourus de toutes les régions de la patrie slave, le tombeau monumental du fondateur de la dynastie des Petrowitch, c'est en chantant les strophes enflammées du Prince que ceux de Cettinje, de Trebinje, de Rieka, d'Antivari, de Podgoritza, de Nicksic, de Danilograd, de toute la verte vallée de la Zeta, escaladeront en brandissant leurs armes la montagne sacrée, observatoire géant d'où l'on peut voir les montagnes arides d'Herzégovine, pleines de mystérieuses menaces, mais aussi de confuses espérances. Ce sera un beau spectacle que celui de ces milliers de guerriers superbes agenouillés, dans un ruissellement de rayons, autour du tombeau du héros.

S. M. LA REINE D'ESPAGNE

Avec S. M. la Reine Christine nous entrons dans le domaine d'Amphitrite, comme auraient dit, au siècle dernier, quelques poètes galants de la cour du régent. Fille de l'archiduc Charles-Ferdinand, la Reine témoigne que bon sang ne sait mentir et a hérité des goûts sportifs de son père : la natation est aujourd'hui son sport de prédilection.

La Régente était une amazone accomplie. Elle a abandonné ce sport depuis qu'une fleur, jetée sur son passage, effraya son cheval et faillit provoquer un accident des plus graves.

Marie-Christine-Henriette-Désirée-Félicité-Renière, archiduchesse d'Autriche, avait vingt et un ans quand elle épousa le Roi Alphonse XII d'Espagne. Élevée en Autriche, où les femmes reçoivent une éducation bien plus complète que chez nous, la Reine ne négligea aucun des sports en honneur dans son pays. Son premier professeur fut son père, et il a fait en elle une élève dont il peut être fier.

Si vous voulez savoir comment la Reine nage, vous n'avez qu'à vous rendre, pendant la saison des bains de mer, à Saint-Sébastien, où chaque année Sa Majesté vient se livrer à ses ébats aquatiques. Comme le dit le maître baigneur de Saint-Sébastien, que vous trouverez à la *Concha*, la Reine nage en « artiste ». Elle a la science et le style. Douée d'une force musculaire très grande, elle est insensible à la fatigue, et son intrépidité se joue des vagues même les plus mugissantes. Le gros temps au contraire est pour elle un attrait de plus, et sa hardiesse se plaît à dompter la mauvaise humeur des flots. Ainsi les bons cavaliers aiment mieux monter un cheval un peu ombrageux qu'une bête trop docile ou trop bien dressée.

Jeune, on ne lui donnerait pas même son âge, tant elle a la taille fine, la silhouette élégante, le sourire et le regard doucement attristés; elle s'habille avec beaucoup de goût et de simplicité, dans les nuances éteintes et délicates du demi-deuil qu'elle n'a pas quitté. Ce demi-deuil répand sur toute sa personne une ombre mélancolique, et dans ses beaux cheveux blonds quelques fils d'argent commencent à dénoncer les soucis naissants.

D'un caractère toujours égal et toujours aimable, ayant toujours le sourire aux lèvres et la main prête à rendre un service, la Reine est avant tout une femme d'intérieur, se donnant tout entière à l'éducation de ses enfants, fuyant, autant que la chose lui est possible, le monde et l'éclat des fêtes.

La Reine Christine, assez effacée pendant la durée du règne d'Alphonse XII, a montré tant de tact politique, tant de dignité et de vertus domestiques, depuis qu'elle est régente du royaume, que personne, même dans les partis radical, carliste ou républicain, ne songe à lui marchander son respect et ses sympathies. On ne discute pas ses qualités exceptionnelles, tout le monde les reconnaît et les admire.

C'est à Miramar que s'installe la Reine pendant toute la saison des bains. Une fois installée au palais de Miramar, bâtiment qui tient le milieu entre le château royal et le cottage anglais, tout en se rapprochant plus de ce dernier genre de bâtisse, la famille royale mène la vie simple et dépourvue de faste, qui fait le charme essentiel de sa villégiature. Deux jours seulement par semaine, l'étiquette reprend ses droits : le jeudi et le samedi.

Le samedi, d'après une tradition séculaire à la cour d'Espagne, la Reine, tantôt seule, tantôt accompagnée par le Roi et les Infantes ses filles, va entendre le salut à l'église de Sainte-Marie. Les grandes charges, le grand maître et le majordome mayor, ainsi que le premier gentilhomme, la dame d'honneur, le chef de la maison militaire et l'aide de camp de service, suivent, dans deux voitures découvertes, la calèche royale, précédée d'un courrier, escortée d'un écuyer-cavalcadour, attelée de quatre ou six chevaux et entourée par un détachement des gardes royales, superbes cavaliers aux cuirasses et aux casques resplendissants.

La Reine se baigne et voit se baigner ses enfants devant le kiosque, établi dans ce but à une extrémité de la belle plage de Saint-Sébastien, qu'on nomme *la Concha*. Les *miquelets*, robustes miliciens basques, célèbres par leurs exploits lors des guerres carlistes, gardent les cabines.

Alphonse XIII, bien qu'un peu grêle d'aspect, jouit d'une excellente santé, et, grâce aux soins assidus de sa mère, gagne chaque jour en vigueur. Il est adonné aux exercices du corps, parle plusieurs langues, monte déjà des poneys, et fait au dehors de longues promenades sans le moindre apparat. La princesse des Asturies et les Infantes reçoivent la même éducation. Quant à la Régente, une fois la matinée donnée à sa petite famille, elle reçoit le ministre de *jornada*, ou de service, et donne les signatures indispensables.

La lecture des journaux espagnols et étrangers, des revues et de quelques livres de choix occupe les après-midi de la Reine Christine. Après la lecture, les longues excursions en voiture, à pied ou en yacht, quelquefois avec les princesses, souvent seule avec une dame d'honneur, dont une des préférées est la charmante marquise de Comillas, très appréciée pour sa douceur, sa charité inépuisable et une beauté de caractère qu'on peut sans l'ombre de flatterie qualifier de séraphique.

Lors des excursions de la famille royale, celle-ci, suivant les traditions de la cour d'Espagne, aborde souvent les paysans et se familiarise avec eux, sans rien perdre de sa dignité. Les aumônes et les secours sont quotidiens, et ces procédés, unis à la piété bien connue de la Reine, ont conquis ce pays basque, jadis si intransigeant avec la dynastie constitutionnelle.

S. A. LE KHÉDIVE

C'est au Thérésianium, un célèbre collège, fondé à Vienne par l'Impératrice Marie-Thérèse, que tous les jeunes gens de l'aristocratie austro-hongroise font leurs études *et leurs académies*, selon la vieille expression française. C'est généralement dans cet établissement que sont envoyés les princes de maison souveraine, dont on veut faire des hommes accomplis en toutes choses, utiles au physique comme au moral. Non seulement on y travaille l'économie politique, mais on se perfectionne dans tous les exercices du corps qui servent de préparation à la vie militaire. La vie, la santé ont pour condition l'activité harmonique des facultés physiques et intellectuelles : *Mens sana in corpore sano*, suivant l'enseignement de l'École de Salerne. Le Thérésianium met les exercices du corps à la hauteur de ceux de l'intelligence, il exige une préparation solide aux luttes de la vie. Aussi, son autorité s'étend-elle sur toute l'Europe ; on vient solliciter la faveur d'être admis à suivre ses cours. Les princes du sang qui ont appartenu comme élèves au Thérésianium sont nombreux ; le feu roi d'Espagne Alphonse XII y avait été envoyé tout jeune. C'est là que le khédive actuel, Abbas-Himly II, a fait presque toutes ses études, c'est de là qu'il est parti pour succéder à son père. C'était un travailleur, cité pour son application à l'étude et sa vive intelligence. En sa qualité de « bon élève » et selon l'usage, il eut plusieurs fois l'honneur de figurer aux grandes cérémonies de la cour d'Autriche, vêtu d'un élégant uniforme. D'une nature assez méditative, il aimait fort à se promener seul dans les immenses jardins du collège. Très aimé de ses condisciples, dont il partageait avec beaucoup de bonne grâce les jeux et les plaisirs scolaires, le futur souverain d'Égypte s'était principalement adonné à l'étude des langues vivantes et du droit politique. Il avait une grande affection pour son professeur d'économie politique, M. Roulier, qu'il fit venir, plus tard, au Caire et à qui il décerna le titre de pacha.

Aujourd'hui Abbas-Himly II, qui gouverne l'Égypte depuis le 7 janvier 1892, est un des plus jeunes souverains qui sait mettre à profit les solides leçons qu'il a reçues au Thérésianium. Il s'est consacré tout entier à l'accomplissement de la haute et délicate tâche qui lui incombait. Placé, comme on dit vulgairement, entre le marteau et l'enclume, c'est-à-dire entre le Sultan, son suzerain, et l'Anglais, son maître, il a su faire preuve de grandes qualités politiques, d'infiniment de tact et de beaucoup de jugement. Comme son père, il est à la fois khédive d'Égypte, souverain de la Nubie, du Soudan, du Kordofan et du Darbour, mais ces derniers titres n'ont qu'une valeur toute platonique.

Sa mère, la Princesse Emineh, fille d'El-Hamy Pacha, fils d'Abbas Pacha, prédécesseur de Saïd Pacha, était une femme fort réputée pour sa grande beauté, le charme de son caractère, la grâce de son sourire et le caractère aimable de son accueil. Parlant admirablement le français, elle avait su exercer une bienfaisante influence sur l'esprit de son mari, Mehemed-Tewfik. Celui-ci était peu porté pour la civilisation européenne. Il avait, au contraire, une préférence marquée pour l'existence orientale, dont il suivait fidèlement les usages et les mœurs.

Abbas-Himly, qui parle couramment le français, l'anglais et l'allemand, est beaucoup plus moderne ; les réformes nombreuses qu'il a introduites dans l'administration, pour améliorer le sort de ses sujets, le prouvent d'une manière évidente. Sans avoir rompu entièrement avec la vie orientale, il sacrifie beaucoup à la vie européenne. Son intelligence très vive et son activité très déployée ont trouvé de quoi se satisfaire.

Toujours vêtu à la dernière mode, Abbas-Himly jouit d'une grande popularité en Égypte ; il est très aimé et, malgré sa sympathie très marquée pour la France, les Anglais ont pour lui un grand respect.

Au physique comme au moral, Abbas-Himly a des traits de concordance très accusés avec son oncle Ismaïl Pacha, qui, sous l'Empire, venait faire de fréquents séjours dans ce Paris qu'il adorait.

C'est un élégant cavalier, plutôt petit que grand, doué d'un léger embonpoint. L'œil, d'un bleu foncé, a un velouté, un je ne sais quoi de caressant qui atténue la gravité précoce de la physionomie. Abbas-Himly parle peu, mais il écoute beaucoup ; la voix est pleine de charme, avec des inflexions de commandement. A le voir, on le dirait très timide, il n'en est rien pourtant. Si son attitude est réservée, c'est qu'elle décèle un grand empire sur lui-même.

Le jeune Khédive, est un homme de cheval, il n'a qu'un désir : faire de la cavalerie égyptienne une cavalerie hors ligne.

L'élevage l'intéresse également beaucoup, et ses écuries sont superbes ; elles renferment les plus beaux types des chevaux orientaux. Le cheval turc, qui passe pour être presque pur arabe avec un croisement avec le persan et le turkoman, a toutes ses préférences. C'est du reste un cheval très beau, très vif et très élégant, qui peut lutter sans crainte avec les meilleurs chevaux anglais. Le cheval de course anglais descend de plusieurs chevaux turcs importés en Angleterre, tel que l'indique le nom de *Byerley turc Helmley turc*. Le Khédive possède également quelques beaux types de chevaux persans. Cette race est merveilleuse et de tout temps elle a été fort estimée. Le cheval persan se rapproche beaucoup du cheval arabe, auquel il est supérieur par la beauté et ses formes extérieures.

Le khédive monte beaucoup à cheval, surtout lorsqu'il est installé dans sa belle résidence de Koubbeh. C'est un cavalier du dehors, plein d'énergie et de vigueur. Il sait se servir largement de son cheval par tout pays ; il est à son aise dans sa selle qu'il ne quitte jamais, quelque mouvement que fasse le cheval.

C'est un brillant représentant de l'équitation autrichienne.

Abbas-Himly est un bon musicien adorant la musique : au Caire, il compose, et c'est M. Clémente, directeur des théâtres, qui note et écrit ses compositions.

S. A. S. LE PRINCE DE MONACO

Albert-Honoré-Charles, Prince de Monaco, Duc de Valentinois, est né à Paris le 13 novembre 1848. Sa sœur, la Princesse Florestine, née en 1833, épousa en 1863 le Prince Guillaume de Wurtemberg, dont elle est veuve depuis 1869. Après avoir servi aux Antilles comme aspirant de marine, il fut nommé capitaine de frégate de la marine espagnole en 1870, pendant la guerre franco-allemande; alors que la France malheureuse était abandonnée de tous, le Prince de Monaco vint la défendre, ce que les Allemands lui reprochent volontiers, d'autant plus que ses parents règnent encore en Wurtemberg. La famille de Monaco est une des plus antiques maisons d'Europe. Son chef, Grimaldus Ier, était seigneur d'Antibes en 950, et Guido Ier était seigneur de Monaco en 1000.

Charles III, le père du souverain actuel, a régné depuis 1866 sur la petite principauté monégasque, où il était très aimé de ses sujets. Le Prince Albert est populaire comme lui et marche dignement sur ses traces. Grand, le visage hâlé dans la barbe brune, les yeux au regard songeur, sérieux d'au delà, toute la physionomie empreinte de gravité, tel nous apparaît le Prince de Monaco. L'explorateur passionné des bas-fonds de l'Océan, l'écrivain de ces si jolis souvenirs de chasse publiés par la *Nouvelle Revue* et de ces nombreux rapports adressés à l'Académie des sciences à la suite de chaque expédition, est une figure sévère de marin et de savant; aussi, tout en parlant de l'homme de sport, je ne saurais oublier le savant.

Très énergique, le Prince de Monaco a su donner à son existence un but sérieux. Il aime la science d'un amour véritable, qui ne laisse pas de place pour une heure d'ennui.

D'ailleurs, son vrai royaume, ce n'est pas Monaco, c'est la mer; et son ancien yacht, *l'Hirondelle*, comme la *Princesse Alice* lui ont toujours servi à ses voyages d'études. La Méditerranée, l'Atlantique, la mer du Nord ou la Baltique ont été étudiées dans tous les coins et recoins.

C'est pendant qu'il naviguait sur l'*Hirondelle* qu'il se rendit compte de l'usage de l'huile à la mer. Cette étude, publiée à la fin du livre de l'Amiral Cloué sur ce sujet, est vraiment fort intéressante, tellement intéressante que nous croyons devoir la reproduire.

AMIRAL,

Avant de quitter l'Europe, sur ma goélette *l'Hirondelle*, pour accomplir une troisième campagne scientifique, je vous ai fait connaître mon intention d'essayer et d'observer attentivement le filage de l'huile pour calmer la grosse mer. Voici les constatations qu'il m'a été possible de faire sur cette importante question, durant mes deux traversées de l'Atlantique, durant celle du retour principalement, qui s'est opérée en douze jours.

L'*Hirondelle*, avec des mâts hauts et forts, un gréement et une voilure considérables, des formes très élancées, une longueur de 32 mètres entre perpendiculaires et un tirant d'eau de 3^m,70, déplace 200 tonnes. Prévoyant la rudesse de la mer au voisinage des bancs de Terre-Neuve, j'avais débarqué le petit mât de hune et deux vergues pour alléger la mâture. Une question de stabilité résultait de la surcharge que la présence du matériel de sondage et de dragage en eau profonde faisait subir au pont; elle se compliquait aussi de trois tonnes de flotteurs qui devaient être semés en route pour les expériences hydrographiques, et des quatre mois de vivres destinés également à disparaître.

Un matériel pour le filage de l'huile, préparé d'avance, comprenait ce qui suit :

Deux sacs en toile à voile mesurant quatorze litres.

Deux filets de très grosse ligne, à grandes mailles, pour contenir les sacs, les protéger contre les frottements, et aussi pour que la toile comprimée dans ces mailles par l'effet de la traction suintât l'huile plus finement, sans qu'il fût nécessaire de recourir aux piqûres d'aiguille.

Deux gargoussiers en fer-blanc, pour y mettre les sacs toujours prêts à servir immédiatement et pour les transporter sans gaspillage de leur contenu.

J'ai fait usage de l'huile une première fois dans la matinée du 29 juillet, vers latitude N. 43° 35′ et longitude O. 46° 25′ sur ma route pour Terre-Neuve. Le vent grand frais du S.-O. soulevait une grosse mer qui força l'*Hirondelle* à prendre la cape bâbord amures.

On mit dehors au vent, sous les porte-haubans de misaine, un sac bourré d'étoupes et rempli d'huile de marsouin. Les lames hautes et courtes menaçaient alors de balayer le pont et déjà le canot des bossoirs sous le vent avait été soulagé.

On put voir aussitôt l'huile s'étendre fort loin en nappe irisée, tandis que toute inquiétude tombait quant aux coups de mer.

Néanmoins, je ne voudrais pas, dans ce premier essai, attribuer exclusivement à l'huile une action modératrice sur la mer, car la période décroissante du vent commençait avec le début de l'expérience.

Huit litres d'huile s'écoulèrent en une heure et demie, parce que le sac tout neuf, qui venait de les recevoir, n'avait pas été mouillé au préalable.

Le 19 août, vers latitude N. 50° 35' et longitude O. 43° 34', le vent O.-N.-O., qui ramenait l'*Hirondelle* d'Amérique, devint une tempête violente et bientôt il fallut gouverner à la lame. Une très grosse mer, qui embarquait par l'arrière des grands haubans, submergeait le pont, et plusieurs marins furent ainsi dangereusement roulés. Vers trois heures, craignant pour la sécurité des hommes de barre, je fis mettre un sac d'huile à la traîne, et dès lors aucun incident fâcheux ne se produisit, le pont sécha même peu après. Et jusque fort loin derrière nous, la goélette fuyant à 12 nœuds de vitesse sous la fortune seule laissait un sillage étroit, aplani, d'aspect huileux.

Dans la soirée, une lame défonçait le pavois de tribord derrière, sur une longueur de 5 mètres, et la mer nous envahissait derechef. A ce moment, le sac oublié ne contenait plus rien. Chargé pour la deuxième fois, il sembla déterminer une nouvelle période de calme relatif qui nous mena jusqu'à la décroissance de la tempête.

La consommation d'huile atteignit environ 8 litres en trois heures.

Voici enfin une circonstance capitale. Dans la matinée du 23 août, vers 49° 10' de latitude N. et 28° 15' de longitude O., la petite goélette abordait le côté dangereux d'un cyclone parfaitement caractérisé. De midi à 9 heures du soir, le vent souffla en tempête, et spécialement de 4 à 8 heures; c'est la formule « ouragan » qui lui convient, il remontait vers le N.-E.

Vaguement averti par l'aspect étrange du ciel en coïncidence avec la chute du baromètre, j'avais fait route le plus longtemps possible tribord amures, mais à midi il fallut prendre la cape, et deux heures plus tard, la mer devenant très redoutable, un sac fut placé au vent sur l'arrière du bossoir. Pendant que l'huile s'écoulait, le navire sembla réellement protégé par une invisible barrière contre les lames furieuses qui roulaient avec fracas les unes sur les autres jusqu'auprès de lui. Mais, au plus fort de l'ouragan, de 4 à 8 heures, l'*Hirondelle* fut plusieurs fois couverte par la mer, un sac unique ne suffisait plus. D'autre part, j'hésitais à doubler la consommation d'huile, car notre approvisionnement était déjà bien diminué, alors que 900 milles nous restaient encore à faire, dans une saison très compromise.

On put tenir de la sorte jusqu'au lendemain matin avec une dépense moyenne de huit litres pour trois heures, sans faire d'avarie grave, les claires-voies et panneaux étant condamnés, des filières diversement tendues et une partie des hommes de quart amarrés.

Au jour, il ventait encore grand frais du O.-S.-O., avec une mer démontée. L'avant du navire paraissant avoir fatigué, je résolus de prendre l'allure de fuite, mais cette manœuvre était fort dangereuse pour la goélette, vu l'état de la mer, et toutes les dispositions furent prises pour restreindre sa durée. De plus, un sac nouvellement chargé fut sorti quelques minutes avant de laisser porter, et pendant qu'on hissait le grand foc pour abattre, une certaine quantité d'huile était librement répandue. L'*Hirondelle* sortit avec un bonheur complet de cette dernière difficulté, qui n'était pas la moins grave.

Dans deux circonstances sur trois, il semble donc possible de l'affirmer, l'huile, bien que parcimonieusement employée, atténuait la violence des coups de mer. Le 29 juillet, l'expérience n'est pas concluante pour être venue trop tard. Le 19 août, elle frappe chacun à bord. Le 23, l'équipage est unanime pour reconnaître qu'elle a bien servi l'*Hirondelle* dans une large mesure, que peut-être même elle a joué un rôle décisif dans le salut du navire.

En tout cas, les marins qui ont vu l'indescriptible scène d'un ouragan s'expliqueraient peu comment un yacht de 200 tonnes aurait pu traverser presque indemne le demi-cercle dangereux de ce météore.

Veuillez recevoir, Amiral, l'expression de mes sentiments bien affectueux.

Prince héréditaire de Monaco.

Jamais on n'avait fait sur un bateau d'aussi faible tonnage (200 tonnes) et à voiles des études aussi savantes.

Le Prince a raconté en anglais les campagnes de son ancien

navire *l'Hirondelle*. Il a résumé ses recherches sur les courants, les températures, la faune de l'Océan. Il a indiqué quelles étaient les espérances de sa nouvelle campagne. Il a donné lecture d'une carte des courants superficiels de l'Atlantique nord, qu'il construit à l'aide des indications fournies par de nombreux flotteurs.

Après la Société royale d'Édimbourg, c'est notre Société de géographie qui a fêté le Prince Albert.

Depuis des années, il navigue, il dit lui-même que jamais il ne s'est senti si maître, si heureux de vivre que sur son navire où il commande à des hommes choisis par lui-même.

Comme toute la terre est conquise et que les anciens n'ont rien laissé à glaner derrière eux aux découvreurs de mondes, le prince Albert s'est dit que l'abîme serait son royaume. Et vraiment il est un des plus ardents pionniers d'une science toute nouvelle, hier encore inconnue, l'« océanographie ».

Nous connaissons la géographie de la mer, mais quelles sont la figure, les formes, les profondeurs de ces gouffres qui portent les navires ? Quelles sont les lois secrètes des courants, ces fleuves de la mer ? A quelles chaînes de montagnes englouties appartiennent ces sommets qui forment les archipels et les îlots ?

Les travaux considérables que le Prince Albert a publiés sur cette science encore neuve lui ont tout dernièrement ouvert les portes de l'Institut, et pourtant le Prince ne considère ses anciens travaux que comme une préface de l'œuvre qu'il veut mener à bout.

Et c'est dans ce but qu'il a remplacé le yacht *l'Hirondelle* par la *Princesse Alice*, un yacht construit en Angleterre, aménagé d'après ses plans pour de nouvelles campagnes de sondages sous-marins.

Antérieurement aux expéditions maritimes du Prince de Monaco, les naturalistes classiques assuraient que les abîmes de la mer sont de noires et infécondes solitudes, que la vie végétale et animale y est rendue impossible par l'énorme pression des couches d'eau, par l'absence de lumière, par un ensemble de conditions jugées antivitales. Or, la nature a développé là tout un monde. Les profondeurs de la mer sont habitées par des myriades d'êtres de toutes formes et de toutes grandeurs, qui diffèrent peut-être plus de notre constitution organique que les habitants de Mars ou de Saturne. Une vie abondante, prodigieuse, d'une incroyable fécondité, se joue à toutes les profondeurs. La pression est énorme : plusieurs milliers de kilogrammes par centimètre carré : les êtres qui la supportent ne s'en aperçoivent pas, sont si délicats qu'on les écrase en les prenant entre deux doigts, brillants comme des fleurs, élégants comme des papillons. Il n'y a pas de chaleur ; il n'y a pas de lumière ; ils en créent, ils sont phosphorescents ; leurs yeux brillent souvent comme de petits flambeaux électriques, leurs corps s'allument dans l'ombre ; de la nuit éternelle ils font un jour éternel, ils se voient, se poursuivent, s'aiment, se reproduisent, et là où naguère on n'admettait qu'un élément infécond, tout un merveilleux système de vie se développe avec autant d'activité que celui dont nous sommes témoins à la surface de la planète.

Parmi les curieux spécimens des découvertes du Prince de Monaco et de ses laborieux compagnons dans les expéditions de l'*Hirondelle*, on peut citer des poissons, des crustacés et des mollusques de genres absolument nouveaux et de formes tout à fait imprévues, plus bizarres les unes que les autres. L'être étonnant auquel par exemple on a donné le nom de *Conchognatus Grimaldii* a une toute petite bouche, ronde, invisible de profil, faite pour sucer, une peau garnie de cellules à mucus qui rendent ce poisson glissant comme de la gélatine, et habite généralement à une profondeur de 2.000 mètres ! Deux mille mètres au-dessous du niveau de la mer ! Les nasses de l'*Hirondelle* en ont rapporté des centaines.

Également nouveau comme genre et comme espèce est le *Photosmias Guernei*, remarquable par deux taches lumineuses, phosphorescentes, situées près des yeux, qui sont très grands. Loin d'être aveugles comme la théorie semblait l'indiquer et comme le sont les poissons des lacs souterrains, un grand nombre de ces espèces sont douées d'une vue excellente.

Les uns, comme les *Notacanthus rostratus*, ont tout le corps hérissé d'épines courtes, fortes et nombreuses. D'autres portent de longs filaments tactiles qui leur servent de sens, suppléant à la vue dans le sondage des zones obscures : tel est le *Bathypteroïs dabius*. D'autres ouvrent des gueules plus grandes que tout leur corps ; d'autres portent des poches mobiles qui s'ouvrent et se ferment à volonté, et dissimulent la présence de l'animal. D'autres singuliers parasites naissent et vivent dans la bouche d'un poisson, sont satisfaits de cet habitacle, où ils trouvent toujours de quoi manger tranquillement, et y meurent après avoir assuré la perpétuité de leur espèce.

Le Prince a su faire choix, pour collaborateurs, d'esprits distingués et dévoués à la science, parmi lesquels on aime à trouver les noms de M. le baron de Guerne, de M. Richard.

Ces recherches ont montré aussi que la faune de la surface de la mer est très riche en petits poissons crustacés et organismes de toutes sortes, surtout après le coucher du soleil, heure à laquelle tous ces êtres paraissent remonter du fond vers la lumière qui va disparaître. Des naufragés pourraient s'en nourrir indéfiniment, semble-t-il.

Tous les amis de la science et du progrès remercieront le Prince Albert de Monaco de ses travaux : tous le salueront avec un sentiment d'estime et de reconnaissance. Il donne un bel exemple au monde, aux grands comme aux petits. La zoologie et la botanique océanique, la physique du globe, la climatologie, la météorologie, l'astronomie même, lui devront un nouveau pas fait dans la connaissance de notre planète. Son nom est désormais inscrit en caractères ineffaçables dans les annales de la science.

N'est-elle pas curieuse et intéressante cette vie active et périlleuse d'un prince, qui pourrait si bien vivre en un repos absolu, loin de tout souci, de tout danger, passant l'hiver au bord de la mer ensoleillée dans le vieux et pittoresque palais des Grimaldi, et l'été, sous les frais ombrages de son château de Marchais, que domine la croix de Lorraine, et où vit encore le souvenir des Guises. Les belles chasses ne manquent pas au Prince, et c'est à peine s'il consacre à ce plaisir de roi quelques semaines chaque année, de courtes vacances, plus courtes que celles des collégiens. Encore y cherche-t-il le danger et non le tranquille carnage des battues. C'est dans les Alpes rocheuses et périlleuses que le Prince va chercher le plaisir de la chasse.

Tout le reste de l'année est partagé en deux parts, l'une consacrée au gouvernement, aux moindres détails de l'administration, et surtout au bien-être et à la prospérité de la principauté ; l'autre dédiée à la science.

La *Princesse-Alice*, qui mesure 52^m,60 de longueur totale, 51^m,07 de longueur à la flottaison, 8^m,20 de largeur, 5^m,10 de creux sur quille au centre, dont le tirant d'eau est de 3^m,75 et qui déplace 600 tonnes, est un trois-mâts-goélette à voiles carrées, muni d'une machine auxiliaire de 350 chevaux et filant avec une vitesse de 9 milles à l'heure. Ce yacht, svelte et élégant, est avant tout un merveilleux laboratoire.

Là, durant les mois d'été, le Prince Albert vit au large, en plein infini, entouré d'une pléiade de jeunes savants auxiliaires et ne se préoccupant que de découvrir chaque jour un peu plus de cet inconnu infini dont, peu à peu, les intrépides se rendent vainqueurs.

Le Prince Albert est membre correspondant de l'Académie des sciences.

Après chaque campagne, il en fait rédiger le rapport par ses collaborateurs, dont le plus éminent est M. Jules Richard, qui dirige les travaux à bord de la *Princesse-Alice*.

Souverain d'un petit paradis, le Prince de Monaco est aussi le prince de la science, — cet autre État qui n'a pour limites que celles de l'insondable Infini.

S. A. R. MGR LE DUC DE CHARTRES

La vénerie, a dit avec raison, feu le marquis de Cherville, doit être considérée comme le caractère suprême de la vie élégante ; elle tient le haut bout dans la hiérarchie du sport.

Pour devenir veneur, il faut une vocation spéciale, la réunion d'aptitudes très diverses et de connaissances qui ne s'acquièrent que par des études moins fastidieuses sans doute, mais aussi laborieuses que celles dont le baccalauréat est le couronnement. Il ne suffit pas de se farcir la tête des leçons écrites de du Fouilloux, de Le Verrier de la Conterie, etc., etc. ; ce savoir d'emprunt ferait du néophyte un théoricien théorisant tout au plus, s'il n'avait pas usé force semelles sur le chemin de l'école. Cette école, c'est la forêt verdoyante, avec ses lignes qui s'allongent jusqu'à l'horizon, dans leur double encadrement de taillis. Il faut s'y rendre aux heures crépusculaires, où l'orient teinté de rose saupoudre de sa poussière nacrée les images qui enveloppent le massif, se livrer à l'observation des empreintes fugitives que les fauves, que les bêtes noires ont laissées, ici sur le revers du fossé, plus loin sur le gazon diamanté de rosée ; quand on est parvenu à juger avec sagacité, à déduire de l'examen du pied ou de la trace l'âge, le sexe, les connaissances de l'animal auquel ils appartiennent, on s'exerce à rembûcher avec prudence. Puis, vient l'action ; il faut travailler encore pour arriver à savoir placer ses relais aux bonnes refuites, à distinguer le change, à relever les défauts, à conduire la meute de l'attaque à l'hallali.

Alors, s'il est un cavalier solide et entreprenant, s'il sonne convenablement un *vol-ce-l'est*, s'il possède l'énergie et le coup d'œil, et, par-dessus tout, s'il est doué du feu sacré, l'apprenti passera maître, se détachera du groupe de ces brillants comparses qui font nombre dans un laisser-courre et occupera une des premières places dans la vénerie.

Sur cette terre, chacun a une passion prédominante, plus ou moins vive, selon sa nature et son tempérament. Les uns aiment les batailles, les autres préfèrent la paix et la tranquillité. Il n'y a pas à discuter.

L'important est de savoir maîtriser ses passions et de tirer le meilleur parti de la position dans laquelle on se trouve. Ce grand amour de la chasse de nos veneurs d'autrefois se calme un peu aujourd'hui ; aussi les fervents disciples de saint Hubert, les veneurs intrépides comme le Duc de Chartres, qui chasse en forêt de Chantilly, sont-ils rares. Et cependant quel théâtre que la forêt, quel terrain de bataille ! Après la Brisée, la Poursuite, la Prise. N'est-ce pas là, réunis dans un radieux tableau, le roman de l'amour et l'épopée de la guerre ! Au loin, à travers la clairière, l'animal passe comme une flèche, suivi par l'ouragan d'une meute enragée et la tourmente d'une troupe de cavaliers enfiévrés. La note variée des uniformes, plaquant crûment des tonalités dans les perspectives éclatantes des allées ou dans les pénombres indécises des hautes futaies, n'est-elle pas l'ornement naturel de ces laisser-courre émouvants où la forêt, vibrant au son des trompes, semble s'ouvrir et tendre ses bras, — en écartant les halliers — pour communiquer plus intimement avec les fervents du grand art! Ses secrets, ses saveurs, ses parfums vous entourent, vous imprègnent et vous magnétisent, et, comme une toute-puissante maîtresse qui aurait surpris le secret de vos sens, elle vous grise de voluptés infinies pour ensuite à tout jamais vous asservir.

L'équipage du Duc de Chartres a été formé en 1893 et, quoique de formation relativement récente, il n'en est pas moins un des meilleurs de France. Le Duc de Chartres a toujours aimé la chasse. Ni les chaleurs accablantes des étés, ni les intempéries engourdissantes des hivers n'apportent le moindre obstacle aux laisser-courre de cet équipage qui, pendant toute la durée de son séjour dans cette résidence, réunit deux fois par semaine tous les gentilshommes chasseurs de la contrée, qui viennent pour ainsi dire se perfectionner à l'école de Robert le Fort, qui est le type le plus accompli de ces hommes de plein air, de ces vaillants hommes de chasse, dont parle le marquis de Foudras.

Jamais veneur ne fut plus expert et plus pratiquant dans la science du naïf et savant du Fouilloux que le Duc de Chartres. Agilité et vigueur de corps, ténacité, patience, esprit d'observation, vue perçante, ouïe fine, rien ne lui manque à l'heure qu'il est pour guerroyer avec avantage contre les hôtes des forêts, tel alors qu'il commandait, à Rouen, le 12e chasseurs, tel nous le retrouvons aujourd'hui à la tête de son équipage.

C'est à Arc-en-Barrois, où se trouve le célèbre vautrait du

Prince de Joinville (1), que le Duc de Chartres fit sa première saison de chasse qui, en réalité, n'était qu'une reprise. Ses débuts furent des plus brillants et, à l'heure qu'il est, le livre de chasse mentionne autant de prises que d'attaques, c'est-à-dire quarante cerfs environ. Ce succès, étant donnée la récente formation de cet équipage, est sans contredit fort remarquable. L'équipage est composé de chiens anglais et de quelques bâtards, comme presque tous les équipages qui ont chassé à Chantilly depuis 1752. Comme maîtres d'école, le Duc de Chartres a acheté quelques bâtards français et principalement l'équipage si renommé du vicomte Henri d'Onsenbray, au décès de son propriétaire.

L'équipage se compose de 90 chiens, y compris les limiers anglais et français. Les plus remarquables sont, du côté français : *Boïard*, *Belair*, *Chicamour* et *Fleurissant;* du côté anglais : *Brisselair*, *Nobleman*, *Rubis*, *Turbulent Sans-Peur*, *Fanfaro*, *Robinson*, *Dictateur*, *Perlo*, *Forestère*, *Roquelaure*, *Volontaire*, *Triomphant*. L'élevage a commencé en 1897 avec deux lices anglaises *Timbey*, *Beatrix* des Heytrops et *Comtesse* venue de Vendée.

Le Duc de Chartres n'est pas seulement un grand veneur, c'est encore un cavalier d'une audace et d'une énergie sans limites, montant à cheval dans un style supérieur. D'une tenue exceptionnelle, d'une puissance de jambes hors ligne, d'une témérité invraisemblable, c'est un des plus brillants cavaliers d'extérieur que je connaisse. Les chevaux qu'il monte sont au nombre de huit : ils ne sont pas toujours commodes, mais, comme le Duc de Chartres aime la lutte, il les préfère à n'importe quelle monture.

Ces chevaux sont BALOCHARD, ROMÉO, GUZMANN, BLANCO, PHILIPPE.

Les rendez-vous de l'équipage de Chantilly ont lieu le mercredi

---

(1) *Les Grands Veneurs;* Rothschild, édit.

et le samedi, tantôt à la Muette, tantôt à la Vignette ou au carrefour Saint-Léonard, ou à la Baraque Nibert, ou à la Baraque des Grandes-Ventes, ou à la Baraque Blancs-Champs. Le rendez-vous de la Table est généralement consacré à l'ouverture aux habitants de Chantilly et des alentours.

Ce carrefour de la Table du Roi, qu'étoilent douze routes, offre alors un coup d'œil ravissant. Les voitures de maîtres, les cavaliers encombrent les abords de cette plaine de verdure, les femmes s'y montrent dans les plus jolies toilettes, — elles font assaut de jeunesse, de beauté et de falbalas : toute l'animation et le tohu-bohu d'une fête se trouvent là, passant au milieu du calme et de la solitude.

C'est presque toujours aux étangs de Commelle que le cerf se fait prendre ; mais souvent hallali sec de plus de moitié. C'est le point de ralliement des chasseurs égarés et des amateurs qui ne peuvent suivre tous les zigzags de la journée. Il est certain que ce lieu marque toujours dans l'itinéraire du cerf une étape obligée, lorsque, par exception, ce n'est pas le théâtre final de la lutte. Ces étangs sont situés à une lieue et demie de Chantilly, au cœur de la forêt. Ils sont tout à fait agrestes : des coteaux d'un aspect boisé et abrupt les dominent ; leurs ondes, toujours mobiles, bruissent poétiquement au pied du pavillon de la Reine Blanche, charmant débris d'un antique et royal manoir, sauvé par miracle du naufrage des ans.

L'équipage du Duc de Chartres comprend quatre hommes montés : Louis Fradin, premier piqueux ; Étienne Petiot, deuxième piqueux ; Gabriel Lefort, valet de chiens à cheval ; Auguste Fréquelin dit *Daguet*, aussi valet de chiens à cheval ; Alfred Desseules et Louis Tobequin, valets de chiens ; trois gardes de grands animaux et douze chevaux.

La famille seulement porte le bouton. Le Duc d'Aumale venait presque chaque fois, il y assistait trois jours encore avant son départ pour la Sicile. Les personnes qui suivent généralement sont : le Prince de Joinville, le Comte d'Eu, les Princes étrangers alliés, les Grands-Ducs de Russie, les amis de la famille et les officiers de Senlis. Le Duc de Chartres est très large dans ses invitations. Les entraîneurs, beaucoup de personnes du pays attestent par leur présence assidue l'intérêt que leur offre ce sport.

C'est Mgr le Duc de Chartres, comme maître d'équipage, qui dirige personnellement la chasse, et, en son absence, elle est conduite, avec une maëstria remarquable, par la Duchesse une de ces rares femmes du monde qui aiment véritablement la chasse. Toujours de belle humeur, jamais fatiguée, ne cherchant pas le cavalier servant *forcé* d'être galant et de rester près d'elle, ne permettant à personne de se déranger pour l'accompagner et exigeant même qu'on la laisse seule suivre la chasse comme les autres veneurs.

S. A. R. LA DUCHESSE DE CHARTRES

S. A. R. Mme la Duchesse de Chartres témoigne que bon sang ne sait mentir, et, comme toutes les princesses de la maison d'Orléans, c'est une horsewoman accomplie, dont l'ardeur, le courage et l'entrain ont fait l'admiration de tout le monde sportif. Les heureux élus des *Rallye-Paper* que le Duc de Chartres offrait, à l'époque de son commandement, au monde militaire et à la haute société de Normandie, ont pu apprécier sur ce point ses mérites.

Françoise-Marie-Amélie d'Orléans avait quatre ans, quand la Révolution de 1848 força le Prince et la Princesse de Joinville, sœur de l'Empereur du Brésil, à émigrer en Angleterre, cette terre par excellence de tous les exercices du corps, et où les femmes reçoivent sur ce point une éducation bien plus complète que chez nous.

Toute jeune, elle suivait les grandes chasses anglaises, et fort crânement ma foi ?

La pratique de ce sport violent a donné à la Princesse une santé qui lui permet d'affronter tous les temps et de supporter les plus grandes fatigues ; et les années succèdent aux années sans effleurer les formes suprêmement distinguées de sa stature.

Du caractère le plus avenant et le plus aimable, ayant toujours une bonne parole aux lèvres et la main prête à vous obliger, la duchesse a toujours préféré la simplicité de son foyer au bruit et au mouvement du monde.

De son père, elle ne tient pas que par les goûts sportifs dont je viens de parler, elle possède aussi un goût artistique très prononcé. Comme lui, elle dessine et peint d'une façon fort remarquable, et les divers séjours des princes d'Orléans sont embellis d'œuvres de sa main, qui présentent une réelle valeur.

Fanatique du grand air et du mouvement, la Princesse aimant la chasse pour la chasse en véritable « Femme des Bois » suit, tous les laisser-courre du Duc de Chartres son mari, et le remplace même quelquefois comme chef d'équipage, elle apporte alors dans cette tâche toute la fougue d'une belle santé et d'une âme impétueuse. Pour elle, le cheval n'est rien, l'acte de chasse et les chiens sont tout. Intrépide amazone, la Princesse est toujours aux chiens, n'épargnant ni ses peines, ni ses chevaux. Très fine et très remarquable femme de cheval, possédant dans les doigts un tact exquis, habile à paralyser les défenses d'un cheval ou à soulager les parties faibles, la Duchesse sait tirer mieux que quiconque la quintessence de sa monture, et sur la fin d'une chasse elle a le secret de lui faire donner ce reste de *vapeur* qui conduit à l'hallali.

Il existe un assez grand nombre de femmes qui ne vont à la chasse à courre que pour faire admirer l'élégante correction de leur toilette et la beauté de leur cheval. Bien qu'elles affectent en général une grande assurance, elles laissent souvent percer quelque inquiétude. Lorsqu'elles vont franchir une haie, elles ne manquent guère de demander, d'une voix émue, s'il n'y a pas un fossé de l'autre côté. Par une singulière fatalité, quand elles reviennent de la chasse, leur cheval se trouve toujours blessé au garrot, ce qui les dispense de se rendre trop fréquemment à ces parties de plaisir où d'ailleurs leur absence n'est guère regrettée.

Ces amazones insuffisantes deviennent chaque jour plus nombreuses, surtout depuis que dans l'éducation des jeunes filles *l'art de monter à bicyclette* a pris la plus large part de la place autrefois réservée à l'équitation. Toutefois, dans le milieu social, où l'on n'a pas renoncé à la chasse à courre, la plupart des jeunes femmes savent encore se tenir à cheval. Les chasseresses qui ne peuvent se défendre d'un frisson de terreur en franchissant une barrière ne représentent pour le moment qu'une minorité.

Ce n'est pas le cas de la Princesse qui, comme je le dis plus haut, est une véritable horsewoman à laquelle on peut hardiment appliquer, avec une légère variante, ce beau dicton des Arabes : « elle n'a pas seulement les éperons attachés au talon de sa botte, mais encore placés au milieu du cœur ! » La Princesse ne monte que des cobs de sang, ses chevaux se nomment *Hassam* et *Cobby*.

C'est pour un chasseur la bonne fortune la plus exceptionnelle et la plus inespérée de rencontrer une femme qui, au lieu d'être une cause perpétuelle d'anxiété, si elle ne sait pas bien se tenir à cheval, ou de semer le désordre parmi les chiens, en galopant à tort et à travers au milieu de la meute, n'ignore pas que la vénerie est une science et comprend l'importance du drame dont les péripéties se déroulent sous ses yeux. Combien elles sont rares les chasseresses vraiment dignes de ce nom qui, à l'inspection d'une empreinte presque imperceptible laissée sur le sol, savent reconnaître non seulement l'espèce, mais encore l'âge et le sexe du gibier ! Combien en existe-t-il en France, et même dans toute l'Europe, de ces femmes qui, comme Mme la Duchesse de Chartres, sont capables de relever un défaut et de mettre les chiens sur la voie ?

Elles sont rares les femmes qui sont initiées à ces mystères, et elles ne tarderont pas à disparaître ; bientôt les hommes eux-mêmes seront obligés, par les changements introduits dans le mode de culture et l'état social du pays, de renoncer à un plaisir hérissé de difficultés de toute nature.

Il restera, aux femmes de la génération prochaine, la ressource de chasser au chien d'arrêt, d'aller à la pêche, de jouer au golf ou au cricket et de prononcer des discours dans les réunions publiques, mais rien ne remplacera la chasse à courre !

S. A. R. L'INFANTE EULALIE

Lorsque la glace a fait son apparition à Paris, qu'elle est dure, solide et résistante, on est certain de voir apparaître sur le lac de Madrid, au Cercle des patineurs, S. A. R. l'Infante Eulalie.

Mariée toute jeune au Prince Antoine d'Orléans, le fils du Duc de Montpensier, l'Infante a toujours été une fervente des sports. Elle les pratique à peu près tous, mais celui qu'elle préfère est le sport du patin. Au surplus, le patinage fait valoir, mieux que nul autre sport, l'élégance et la grâce d'une jolie femme, surtout dans le poétique paysage d'hiver du Cercle des patineurs qui est, lorsque l'hiver est à glace, le rendez-vous de toutes les Parisiennes élégantes.

L'Infante excelle dans cet exercice, où elle apporte l'agilité et la grâce d'une Parisienne. Elle patine cependant avec des patins vieux système, ce qui ne l'empêche pas d'être d'une grande élégance et d'exécuter sur la glace de véritables exploits, tels que des pirouettes terminées par des pointes de danseuse, des changements de « carré », des dessins variés, avec toutes sortes de figures. Ces patins ont toute une histoire, et c'est sans doute pour cela que l'Infante y tient tant. Ils lui ont été donnés par le baron Tuscher, un patineur émérite qui l'accompagne souvent et qui évolue sur la glace avec la maëstria de Henri Cartier ou de Georges Frost.

Le patinage-sport a ses modes, ses exigences vestimentales dérivées le plus souvent des pays du Nord, que la patineuse parisienne sait s'approprier avec cet art et cette coquetterie qui lui sont propres.

L'Infante Eulalie ne copie aucune de ces modes ; elle s'habille à l'anglaise, de costumes de lainage fort simples ; quelquefois on la voit en velours émeraude foncé ; rien de plus. Du reste elle choisit toujours les heures où il y a moins de monde, car ce qu'elle aime par-dessus tout, c'est la tranquillité et, si elle avait à faire choix d'un royaume, je suis certain que c'est le royaume de la Glace qu'elle choisirait.

Blonde, fort jolie avec des yeux bleus très expressifs, on croirait voir, lorsqu'elle évolue sur la glace, une de ces jolies Dalécarliennes de la suite de Gustave Wasa. Elle patine souvent en compagnie de la jeune Duchesse de Morny. Son grand bonheur est de patiner en arrière. Tout ce qui se fait à l'étranger, elle l'exécute, et je suis convaincu que les plus forts amateurs du club des patineurs canadiens de Québec ne font pas mieux qu'elle. A l'imitation du légendaire Chevalier de Saint-Georges, on voit l'Infante traçant des figures avec la pointe de son patin, allant en arrière, évoluant sur un seul patin, faisant des changements de pied avec la plus parfaite aisance. Et tout en déployant cette étonnante habileté vous l'entendez parler espagnol avec son mari, français avec M. Blount, allemand avec le baron Tuscher ou anglais avec Georges Frost.

A Paris, on patinait fort peu avant la création du Palais de glace. Cependant le Parisien patine avec élégance, malgré le peu de temps qu'il peut consacrer à l'étude de cet art, qui exige une pratique assez longue. Il ne connaît guère de difficultés, tout ce qui se fait il l'exécute.

Ce sont les pays du Nord habituellement qui fournissent les plus habiles patineurs. L'Infante Eulalie nous prouve que cela n'est pas toujours vrai. Cependant il est indéniable que cet art compte en Allemagne, en Hollande, en Norvège de nombreux et fervents adeptes.

Gœthe était un patineur émérite, il parlait du patinage avec un enthousiasme sans pareil.

En Hollande, le goût du patin est encore plus développé qu'en Allemagne. L'hiver on voit des marchandes courir sur la glace pour porter leurs denrées à des distances considérables ; elles tricotent tout en patinant ; toutes portent sur la tête un vase ou un panier contenant leur marchandise. Jamais ces Perrettes hollandaises n'ont fait *de faux pas*, ni renversé leur lait sur la neige.

Dans une des provinces les plus curieuses du pays, en Frise, presque toutes les villes organisent des courses de patineurs. Ces courses sur la glace sont le carnaval des Hollandais, leurs fêtes, leurs opéras, leurs bals parés et masqués. Aussi, dans cette saison, où quantité de monde se ruine ailleurs, toute leur dépense se réduit à une paire de patins, dépense qu'ils font une ou deux fois dans leur vie.

Les courses où les femmes luttent entre elles de vitesse sont beaucoup plus curieuses que celles des hommes. Les jeunes gens de la localité se disputent l'honneur d'attacher les patins aux pieds de ces intrépides Frisonnes ; c'est une faveur très recherchée qui se paye par un baiser. Si la force manque à ces Atalantes du Nord, en revanche elles ont la grâce ; elles ne dévorent pas l'espace aussi rapidement que les hommes, mais elles le parcourent avec plus de légèreté.

S. A. R. l'Infante Eulalie ne patine guère qu'à Paris, mais si la fantaisie lui prenait d'aller en Allemagne, en Autriche, en Norvège, etc., je suis convaincu qu'elle arriverait à occuper la première place, et, dans les concours qui ont lieu chaque année à Davos, elle serait proclamée la Reine du Patin, car elle peut être considérée comme un des premiers « patins » de notre époque.

S. A. R. LE DUC D'YORK

    Le fils du Prince de Galles est un sportsman pratiquant un peu tous les sports. A peine ses parents lui avaient-ils donné la permission de se servir d'un fusil, que, par la sûreté de son coup d'œil, il étonnait les tireurs les plus expérimentés.

    Il n'avait pas encore atteint sa onzième année, et déjà il abattait les lapins par douzaines. Ses exploits précoces sont restés légendaires dans les environs de Sandringham. Ce genre de talent eût probablement suffi à occuper les loisirs et à faire la réputation d'un prince du sang de l'ancienne Angleterre, mais il fallait compter avec les exigences de la société moderne, et le futur Duc d'York fut obligé d'interrompre ses massacres de gibier pour préparer ses examens.

Une nouvelle vocation ne tarda pas à se déclarer chez le jeune Prince. Cet enfant, sans rival dans l'art d'exterminer les lapins, avait en lui l'étoffe d'un savant de premier ordre. Son professeur de mathématiques ne put se défendre d'un véritable désespoir, en apprenant que le mieux doué de ses élèves ne pousserait pas ses études dans cette science au delà des notions élémentaires exigées pour être admis dans la marine.

M. Labadie-Lagrave nous donne sur ce Prince quelques notes fort intéressantes que nous lui empruntons :

« Admis à l'âge de douze ans à l'école des cadets de la flotte, le futur Duc d'York est resté près de quatorze années sur mer et s'est toujours comporté avec une correction exempte du plus léger reproche. De tous les descendants du Prince Albert, il est celui qui ressemble le plus à son aïeul. On retrouve en lui toutes les qualités des Cobourgs, ces forts en thème des familles couronnées.

« Il n'a pas voulu être comme son oncle, le Duc d'Édimbourg, une sorte d'amiral par droit de naissance. On sait que le second fils de la reine Victoria s'est dispensé de passer par le grade de sous-lieutenant et qu'il a franchi à pieds joints le grade de capitaine de frégate. Le Prince Georges n'eût pas consenti à profiter de passe-droits aussi flagrants, il s'est fait un point d'honneur de respecter les prescriptions de la loi, et quand les règlements de l'amirauté ont exigé des examens, il les a passés avec des notes étincelantes. Son avancement a été assez rapide, c'est vrai, mais à son âge le Duc de Clarence, qui devait régner plus tard sous le nom de Guillaume IV, était déjà contre-amiral, et le Duc d'York, frère de Georges III, avait atteint l'échelon le plus élevé de la hiérarchie. Ce prince est mort, à vingt-neuf ans, amiral commandant en chef de l'escadre anglaise de la Méditerranée. »

Sans soulever aucune protestation dans le corps de la marine, les ministres de la Reine Victoria n'ont fait que leur devoir en récompensant les services d'un officier modèle. On aurait eu de la peine à découvrir dans toute la flotte un homme plus ponctuel, plus méthodique, plus attaché à son métier. Le commandant d'un navire se sentait exempt de toute inquiétude lorsque le Prince Georges était sur le banc de quart; les canons confiés à sa surveillance n'avaient pas un grain de poussière et les matelots placés sous ses ordres se distinguaient par leur zèle et leur discipline.

Toutefois, le jeune officier, qui pouvait passer à bord de son vaisseau pour un parfait modèle de Cobourg maritime, se déridait quelque peu de sa silencieuse austérité en descendant à terre. Le prince, ou plutôt le gentleman très moderne et très anglais, laissait percer le bout de l'oreille. Le marin absorbé naguère par les soucis de son métier se rappelait que pendant sa première enfance il avait eu la passion de tuer des lapins. A la chasse, il se comportait comme un tireur de premier ordre ; au cricket, au lawn-tennis, au polo il rencontrait peu d'adversaires capables de lui disputer le prix.

Depuis qu'il a cessé de vivre sur mer, le Prince Georges donne carrière à ses goûts pour les exercices du corps, et, comme la plupart des jeunes gens de l'aristocratie britannique, il prouve chaque jour qu'un sportsman émérite peut être doublé d'un parfait philanthrope. La première association dont il ait accepté la présidence était la Société protectrice des enfants.

D'ailleurs, à l'époque où il commandait le *Thrush*, il avait montré qu'il n'est pas impossible de concilier les exigences de la discipline avec une réelle bonté de cœur. Il avait été chargé de la garde d'un prisonnier ; cet homme était le plus mauvais matelot de l'escadre, les punitions s'étaient abattues sur lui sans relâche, et, loin de le corriger, l'avaient rendu plus indocile et plus disposé à la rébellion. Le Prince surveilla avec soin le captif et crut remarquer que le sentiment de l'honneur ne s'était pas entièrement éteint dans l'âme de ce malheureux.

Quand le prisonnier fut arrivé à l'expiration de sa peine, le Prince le fit appeler et lui dit : « Je devrais maintenant vous rendre à votre capitaine, mais j'ai obtenu de lui qu'il vous laissât à bord du *Thrush*. Maintenant, votre sort est entre vos mains, vos antécédents sont effacés et, à partir de ce jour, vous serez traité comme ceux de vos camarades dont la conduite a été constamment irréprochable. Depuis douze mois, votre solde a été suspendue, et vous n'avez pas eu une seule fois l'autorisation de descendre à terre. Voilà une livre sterling pour que vous ne soyez pas sans argent en allant aujourd'hui à terre avec les matelots de première classe. Je ne vous demande pas de prendre des engagements envers moi, je m'en rapporte à votre sentiment de l'honneur. »

L'expérience réussit ; touché par un procédé dont ses supérieurs ne lui avaient pas donné l'habitude, le matelot indiscipliné devint un autre homme et se comporta si bien dans la suite qu'il arriva au sommet de la hiérarchie des sous-officiers.

S. A. R. L'INFANT DON ALFONSO

L'Infant don Alfonso est un sportsman vigoureusement et élégamment découplé, d'un abord sympathique et d'une courtoisie parfaite ; la figure est intelligente et expressive. C'est en un mot un homme de *sports*, qui a concentré à leur service toute l'activité, toute la vigueur d'une organisation d'élite. L'équitation, le menage, la yachting sont ses sports de prédilection ; et si au point de vue de l'équitation il n'a pas pratiqué le manège, il n'en est pas moins pour cela un cavalier entreprenant. De bonne heure, il a été familiarisé avec le cheval. Dès son enfance il courait le lièvre. Sa façon de monter est nette ; il est calme et bien assis ; les mains sont bien placées, tenant le cheval énergiquement dans les jambes qui sont d'une puissance extraordinaire, il peut se mouvoir en tous sens sans s'inquiéter de sa monture. Cette faculté vient d'une grande expérience des *Touradas*, exercices portugais très pittoresques et assez difficiles qui se rapportent à la lutte de l'homme avec le taureau sauvage.

Ce sport, qui est fort dangereux et qui réclame chez ceux qui le pratiquent beaucoup de hardiesse et de sang-froid, comprend la *Tourada*, la *Ferra*, la *Apartaçao* et la *Tenta*.

La *Tourada* est la course ordinaire assez connue.

La *Ferra* est l'acte d'apposer solennellement le fer du propriétaire sur la cuisse du jeune taureau.

Pour y parvenir, on enferme pour la première fois les jeunes bêtes féroces, qu'on lâche ensuite l'une après l'autre dans la grande cour de la ferme. Un homme est tenu de prendre chaque bête par les cornes et de la terrasser afin de pouvoir lui appliquer le fer chauffé au rouge. La *Ferra*, ainsi que la *Tenta* et la *Apartaçao*, est une fête au château. Les invités du propriétaire, gens du monde, seuls y prennent part. Les domestiques et les paysans de l'endroit n'assistent à ces spectacles qu'en simples *dilettanti* fort commodément placés pour la circonstance et hors de tout danger.

La *Apartaçao* est l'acte de choisir et de séparer des autres, en rase campagne, les lauréats destinés au combat. Cette manœuvre très belle s'exécute à cheval en tenant en main un bâton mince et flexible, une espèce de bambou, de cinq mètres de longueur, garni en haut d'un tout petit aiguillon ; mais elle exige une très grande souplesse et une très grande habileté à cheval, sans cela on risque fort de se casser les reins sans profit. On attaque la bête de front. Il s'agit de la faire décamper de force, et de la mettre à part, tout en défendant son corps et son cheval, qui doit être à cet effet mis pour ainsi dire au bouton, car il doit évoluer en tous sens et avec une rapidité extrême. On revêt, pour cette cérémonie, le costume national : la veste courte, le chapeau noir à larges bords retroussés, garni d'un gros pompon. La selle est la selle portugaise, ayant à peu près la forme andalouse, à étriers couverts, en bois garni d'argent. Cet exercice est exclusivement portugais, très éclatant, très noble et très dangereux.

La *Tenta* est un essai de course destiné à faire juger de la férocité du taureau. Cela se fait en champ clos, dans l'arène du propriétaire. Un seul homme à cheval y attend la bête, séparée des autres, qu'on lui envoie et qui naturellement bondit sur lui. Le chevalier reçoit le taureau au bout d'une très solide lance, dont le fer ne mesure pas plus d'un centimètre de longueur. On apprécie le tempérament de la bête à sa façon plus ou moins superbe de recevoir le coup, de rebondir et de recharger le cheval.

Il faut pour tous ces exercices, à défaut d'une grande habitude, un grand sang-froid et un grand courage, car, tous ces exercices constituant des fêtes chez les propriétaires, on lance des invitations et les dames y viennent généralement en fort grand nombre, surtout lorsque ces réunions ont lieu dans les propriétés particulières du Roi.

Tout signe de peur déclasserait et déshonorerait à tout jamais le gentilhomme qui s'en serait rendu coupable.

Ce goût pour les combats de taureaux est, je crois, plus prononcé encore chez les Espagnols pour lesquels les courses ou combats de taureaux sont le plaisir par excellence. Lorsqu'une course de taureaux est annoncée, l'Espagne tout entière se précipite à ces fêtes avec la même furie que jadis Rome païenne aux jeux sanglants du cirque ; et l'Espagnol se passera plus volontiers de dîner que d'assister au seul spectacle qu'il comprenne, qu'il affectionne au delà de toute expression.

A Lima, l'annonce d'un combat de taureaux excite une joie universelle et les habitants des pays voisins viennent en habits de fête se joindre à ceux de la ville. Bien que, comme en Espagne, il s'agisse de mettre le taureau à mort après l'avoir rendu furieux, les choses se passent différemment et les moyens de harceler le taureau ne sont pas les mêmes. C'est à l'aide de mannequins en cuir gonflés de vent, ou bien d'hommes de paille pleins d'artifices, que l'on arrive à ce résultat.

Plusieurs fois en France on a tenté d'introduire ce genre d'amusement, mais l'autorité a toujours refusé d'autoriser autre chose que des simulacres de combat de taureaux.

En dehors des grandes manœuvres de son régiment, où il ne manque jamais de prendre part, le Prince est de première force au lawn-tennis et peu de forgerons travaillent le fer comme lui; il figure toujours dans les *Tornéios*, exercices de grande équitation très bien réglés, qui se pratiquent actuellement tels qu'ils ont été ordonnés au siècle dernier par le marquis de Marialva. Son Altesse, lieutenant-colonel d'artillerie et grand enseigne du Royaume, connaît comme un vrai marin tous les courants du Tage et de la mer dans la grande baie de Lisbonne, et il y conduit sous n'importe quel vent sa chaloupe et son petit canot de pêche avec une aisance et une dextérité toutes professionnelles.

L'Infant don Alfonso est, comme on voit, le sportsman le plus complet et le plus parfait qu'il y ait à Lisbonne.

S. A. R. LE COMTE DE TURIN

Homme de sport, mais plus homme de cheval que de sport, S. A. R. le Comte de Turin, en fanatique de grand air, n'est pas très partisan du manège, et l'équitation anglaise a toutes ses préférences. Doué d'aptitudes naturelles tout à fait exceptionnelles, ayant une solidité invraisemblable, jouissant d'une puissance de jambes extraordinaire, par-dessus tout d'une audace sans limite, le Comte de Turin devait préférer de beaucoup l'équitation « en avant » à l'inflexible rigidité de l'enseignement du manège. C'est en plein air pour ainsi dire que lui ont été donnés les premiers préceptes de l'équitation, et à peine adulte le jeune cavalier affrontait l'épreuve décisive du fox hunting, en suivant les laisser-courre de la *Caccia alla volpe* de Rome.

Cet enseignement fit bien vite du Comte de Turin un cavalier d'une grande endurance et d'une audace sans pareille.

L'équitation du Comte de Turin est, si vous le voulez, une équitation facile, mais elle n'en est pas moins hardie et appropriée aux exigences de son métier. C'est avec cette manière de procéder qu'on est arrivé à faire du Comte de Turin un cavalier conduisant avec habileté, et ne reculant pas plus devant une distance de quinze à vingt lieues à parcourir à cheval que vis-à-vis les obstacles que présente un terrain de chasse ou un champ de bataille. Cette équitation est parfaitement raisonnée ; et elle a, comme toute autre, ses principes.

Regardez un chasseur de renard montant dans le vrai style ; il est en arrière dans sa selle, les étriers courts, mais d'aplomb. Les genoux sont adhérents ; les jambes enveloppent le cheval derrière les sangles et le maintiennent droit sous son cavalier. Les coudes sont collés au corps ; les mains basses et juxtaposées sur les épaules offrent au cheval un point d'appui fixe, celui qui lui est indispensable pour l'équilibre où il doit se mettre. Alors le *racer* ou le *hunter* baisse la tête, s'appuie sur une embouchure inoffensive, et il s'embarque dans une allure cadencée et harmonieuse, bien que longue et étendue. Mais, remarquez-le bien, elle est aussi réglée que le galop le plus raccourci, puisque l'on peut, à son gré, sans déplacement de position chez l'homme ou le cheval, la modérer, la régler ou l'augmenter. Vous êtes donc aussi maître de votre cheval, dans cette manière de monter, qu'il est possible de l'être ; seulement, comme l'impulsion est plus développée, il lui faut nécessairement plus d'espace. Évidemment les jambes jouent ici un rôle beaucoup moins important que dans l'ancienne manière ; eur emploi se borne à tenir le cheval droit sous l'homme et à le pousser droit en avant. Ce n'est plus la même manière, mais il ne s'ensuit pas qu'elle soit mauvaise, loin de là, puisque le propre de l'équitation militaire, toute de hardiesse et de franchise, est d'aller « en avant ».

Le Comte de Turin est dans sa vingt-neuvième année, étant né à Turin le 24 novembre 1870. Il est le frère cadet du Duc d'Aoste, marié à la Princesse Hélène de France et neveu du Roi d'Italie. Le Prince est lieutenant-colonel au régiment de cavalerie « Caserta » en garnison à Turin.

Le Comte de Turin porte le costume militaire avec une rare élégance. Plus grand que son frère le Duc d'Aoste, à qui il ressemble beaucoup, de taille élancée et souple, le Prince est ce qu'il convient d'appeler un beau cavalier : de manières fines et avenantes, le visage d'une coupe très agréable, la moustache légère et blondissante, l'œil vif. Il y a trois ans, au mariage de son frère — le Duc d'Aoste — avec la Princesse Hélène de France, à Londres, le jeune Prince a fait la meilleure impression.

Comme ses frères, il a le droit de porter le titre d'Altesse Royale. Cette prérogative, qui ne devrait appartenir qu'à son frère aîné, le Duc d'Aoste, lui a été concédée, ainsi qu'au Duc des Abruzzes, par un décret du Roi d'Italie.

D'humeur enjouée, le Comte de Turin est le préféré du Roi Humbert et de la Reine Marguerite. C'est lui, d'ailleurs, qui a vécu le plus souvent à la cour d'Italie. Lorsque le régiment « Piémont-Royal », auquel il a appartenu longtemps, était en garnison à Rome, le Comte de Turin était le commensal presque quotidien du Quirinal où il apportait une note de jeunesse et de gaieté. Sa bonne humeur, son caractère facile, ont le don d'éclairer parfois la physionomie plutôt sévère du Roi d'Italie.

Par exemple, il n'a jamais montré une ardeur excessive pour les plaisirs réconfortants mais sévères de l'étude. C'est une nature aimant l'espace, le grand air, peu soucieuse de se cloîtrer dans le silence d'un cabinet de travail. Très mondain, très répandu dans la société de Rome, le Comte de Turin, dédaignant toute étiquette, se rend souvent chez des amis sans se faire préalablement annoncer. Il en est résulté parfois de piquants quiproquos et des rencontres imprévues, qui ne laissaient pas d'embarrasser les personnes qu'il daignait honorer de sa royale visite. Ses intimes l'appellent familièrement Tesorino.

Le Comte de Turin a été plusieurs fois l'hôte de la France ; sa dernière visite a été pour se battre en duel avec le Prince Henri d'Orléans. Cette rencontre sensationnelle avait provoqué une vive curiosité dans toutes les classes de la société, non seulement chez nous et en Italie, mais dans toutes les capitales du monde civilisé.

Pensez donc ! une rencontre entre deux princes, à Paris ! Et quels princes ! L'un appartenant à la Maison de France et l'autre à la Maison de Savoie ! Ajoutez à cela l'auréole de la jeunesse. Le Comte de Turin a vingt-huit ans ; le Prince Henri en a trente à peine.

Le motif du différend ? On l'avait oublié. On ne pensait qu'à l'ardeur juvénile, la belle vaillance qui mettait en présence l'un de l'autre les deux princes. Tous deux étaient sympathiques : l'un dans sa probité, sa loyauté, sa sincérité de voyageur et d'écrivain qui observe, pénètre, raconte ce qu'il a entendu, sans arrière-pensée, librement, en toute indépendance d'esprit ; l'autre, fier, ardent, jaloux de la réputation d'une armée dont il est un des représentants les plus illustres.

Et tout le monde souhaitait que cette joute fût une belle passe d'armes, montrant les qualités de hardiesse et de bravoure des deux jeunes princes, mais sans résultat fâcheux ni pour l'un, ni pour l'autre.

Le combat dura vingt-six minutes. En voici le récit détaillé jusqu'à la minutie dans le procès-verbal si clair, si net, si précis, rédigé par les quatre témoins sur le terrain même, à l'issue du combat :

« Conformément au procès-verbal du 14 août 1897, la rencontre décidée entre S. A. R. Mgr le Prince Henri d'Orléans et S. A. R. Mgr le Comte de Turin a eu lieu à cinq heures du matin, dans le bois de Vaucresson, au lieu dit le Bois des Maréchaux.

« La durée du combat a été de vingt-six minutes en cinq reprises, dirigées alternativement par M. le Comte Léontieff et M. le Comte Avogrado.

« Au premier engagement, S. A. R. le Prince d'Orléans a été atteint dans la région pectorale droite d'un coup d'épée ne paraissant pas dépasser le tissu cellulaire sous-cutané.

« Après avis des médecins, les témoins ont décidé de continuer le combat.

« Le deuxième engagement a dû être interrompu par suite d'un corps-à-corps.

« Au troisième engagement, S. A. R. Mgr le Comte de Turin a été atteint à la face dorsale de la main droite d'un coup d'épée ne dépassant pas le tissu cellulaire sous-cutané.

« A la reprise, le directeur du combat constatait que l'épée de Mgr le Prince d'Orléans était faussée. Il a arrêté l'engagement et remplacé l'arme.

« Au cinquième engagement, après un corps-à-corps immédiatement arrêté, dans un coup de riposte, Mgr le Prince d'Orléans ayant reçu dans la partie inférieure droite de l'abdomen un coup d'épée, le directeur du combat a arrêté l'engagement.

« Après vérification et examen de la blessure, les médecins des deux parties ayant reconnu que la plaie de Mgr le Prince Henri le mettait dans des conditions d'infériorité manifeste,

MM. de Léontieff et Mourichon proposent d'arrêter le combat.

« D'un commun accord, il fut arrêté.

« Après la rencontre et pendant le pansement de la blessure, Mgr le Prince Henri, se soulevant, tendit la main à S. A. R. le Comte de Turin, lui adressant ces paroles :

« — Permettez-moi, Monseigneur, de vous serrer la main.

« Le Comte de Turin la lui serra. »

Tel a été ce duel qui a mis face à face, fer contre fer, un prince italien qui s'est fait le champion de l'armée italienne et un prince français qui s'est fait le reporter des faiblesses de cette armée.

S. A. L'ARCHIDUC CHARLES-ÉTIENNE

En Autriche-Hongrie, le yachting est depuis longtemps déjà très en honneur.

Depuis plusieurs années, on voit sur les lacs de Corinthie et de la haute Autriche de fort jolies embarcations à voiles, dont quelques-unes pourraient facilement tenir la mer et ont droit, par conséquent, d'être considérées comme de véritables yachts ; il existe même, sur le lac Balaton, un Yacht-Club qui porte le nom de *Stefanie-Yacht-Egylet*, en l'honneur de S. A. I. l'Archiduchesse Stéphanie, sous le haut patronage de laquelle il est placé.

Cependant la navigation de plaisance maritime commence à prendre aussi, dans ce pays, une certaine extension, et le nombre des amateurs de yachting augmente sensiblement, grâce à l'exemple donné par de hauts personnages.

L'Archiduc Charles-Étienne — capitaine de frégate et l'un des meilleurs officiers de la marine impériale — est aussi un yachtsman de premier ordre. Lorsqu'il ne commande pas à la mer, il emploie ses loisirs à de nombreuses excursions faites en compagnie de sa femme l'Archiduchesse Marie-Thérèse, soit à bord de son beau schooner *Christa* (de 170 tonneaux), soit sur son joli cutter de 30 tonneaux, *le Nair*. L'Archiduc Jean rivalise avec lui et ne dédaigne pas de tenir la barre et l'écoute, comme un simple yachtsman, et de manœuvrer, avec une grande habileté, d'ailleurs, les bateaux du plus modeste tonnage ; c'est ainsi qu'il a parcouru il y a trois ou quatre ans la côte de Trieste à Fiume et les îles du Quarnero, sur un petit sloop de 4 tonneaux. Cela ne l'empêche pas de faire également de la grande navigation et l'on a pu le rencontrer, il y a deux ans, à Cannes et à Nice, où il vint à bord de son schooner mixte *le Bessie*, qu'il a remplacé par un yacht à voiles de fort tonnage.

S. M. LE ROI DE ROUMANIE

Fils de S. A. le Prince Antoine de Hohenzollern-Sigmaringen, chef de la seconde des lignes non régnantes de la maison princière de Hohenzollern, qui fut ministre des affaires étrangères de Prusse, et de la Princesse Joséphine, née Princesse de Bade, petite-fille de Napoléon 1er, le Roi de Roumanie est né le 20 avril 1839. Le Prince Charles entra de bonne heure dans l'armée prussienne, et il était sous-lieutenant au 3e régiment de dragons prussiens, lorsque, à la suite de l'expulsion du Prince Alexandre Jean de Roumanie, sa candidature au trône de Valachie fut posée : les Chambres adoptèrent le Prince Charles, qui fit son entrée solennelle à Bucharest le 22 mai 1866. Il a épousé en 1869 la Princesse Élisabeth de Wied, née le 17 décembre 1843.

Charles de Roumanie est donc un prince allemand, naturalisé roumain par le choix d'un peuple qui l'adore. C'est du reste un homme d'une intelligence remarquable et de beaucoup de cœur, d'un caractère bon et affable, mais très ferme et très énergique. La physionomie du Roi Charles est du reste complexe. Il coule dans ses veines du sang français et sa ressemblance avec son aïeule la Princesse Murat est très nette. Une femme d'une haute intelligence et d'un grand cœur, qui fut l'amie avisée, bien que peu écoutée, de Napoléon III, a été frappée de cette ressemblance ; et elle avait approché le Prince d'assez près pour le constater. Elle trouva même dans ses allures quelque chose qui rappelait, assagi sans doute par une autre hérédité, le diable au corps, la désinvolture brillante du chevaleresque et hardi beau-frère de Napoléon.

Cette appréciation n'a rien de fantaisiste. Le Roi de Roumanie est un cavalier accompli ; il faut l'avoir vu gravir à cheval, en des courses éperdues, les pentes abruptes des Carpathes, pour se rendre compte de l'impétuosité de son tempérament et de la bravoure de son caractère. Par sa manière élégante de monter à cheval, le Roi de Roumanie se rapproche beaucoup plus de l'école française que de l'école allemande, qui représente fidèlement « l'automatie équestre », seule définition que nous puissions lui appliquer pour la bien caractériser. Un cheval obéissant brusquement et mécaniquement sous un cavalier raide et immobile, telle est la suprême expression de cette école.

Chaque peuple a un caractère propre et distinctif qu'il tient de la nature de son tempérament, de ses aptitudes ; il appose cette marque indélébile sur tout ce qu'il entreprend comme sur tout ce qu'il exécute. Tel n'est pas le cas du Roi de Roumanie pour l'équitation. D'une tenue exceptionnelle, d'une très grande puissance de jambes, d'une audace invraisemblable, le Roi Charles est certainement un des plus brillants cavaliers du royaume ; il peut certainement être regardé comme le type de l'équitation contemporaine individuelle ; il en est la plus complète et la plus brillante personnification ; car, en même temps, sa manière échappe à toute critique, mais ne reflète aucune doctrine, aucune méthode quelconque ; elle est ce que la fait la valeur propre et individuelle de l'homme. Le Roi est un cavalier du dehors, hardi, entreprenant, doué de cette tenue, de cette témérité, de ce mépris du danger sans lesquels un homme de cheval ne saurait jamais être complet. Président d'honneur du Jockey-Club, il assiste et s'intéresse à presque toutes les courses de printemps et d'automne. Il connaît le cheval et tout ce qui a trait à l'élevage, et tout ce qui a été fait pour l'amélioration de la race chevaline en Roumanie est l'œuvre du Roi.

Grand chasseur, il y a quelques années encore, le Roi s'en allait chaque année faire la guerre au gros gibier depuis sa dernière indisposition, il a renoncé presque complètement à ce sport pour se donner tout entier au cheval.

D'ailleurs l'éducation de Charles de Hohenzollern a été — comme celle des princes prussiens — profondément marquée de l'empreinte du militarisme. On peut dire ce qu'on voudra de cette méthode — on ne niera pas qu'elle soit de nature à tremper fortement les corps — et aussi les caractères. Avant d'être appelé par le suffrage unanime des Roumains à réparer les désordres de l'administration du Prince Couza, Charles de Roumanie avait appris le métier des armes dans la garde et pris part à la guerre de Danemark. La discipline prussienne est de fer et courbe également, sous sa dure loi, le petit paysan poméranien et le prince de sang royal. A cette école, le prince tourmenté par le sang lointain d'un Murat devait être ce qu'il est, c'est-à-dire un honnête homme, soucieux de ses devoirs, et en 1877, lorsque la Russie promet l'autonomie, on vit alors l'armée roumaine, conduite par son Roi, combattre aux côtés de l'armée russe et donner l'assaut à Plevna. Le Roi Charles y commandait en personne des troupes dont la solidité et la vaillance firent l'admiration de l'état-major impérial.

Le Roi, qui est surtout un soldat, n'aime pas beaucoup les arts, cependant il s'intéresse à la peinture. Très facilement abordable, il reçoit avec une affabilité exquise. Tous les personnages marquants qui l'ont approché en ont gardé un souvenir parfait.

M. LE PRÉSIDENT DE LA RÉPUBLIQUE

Depuis que cet ouvrage est donné à la composition, M. Félix Faure est mort, emporté par une apoplexie foudroyante, et M. Loubet lui a succédé comme Président de la République.

Comme son prédécesseur, M. Loubet est un chasseur, et un chasseur dans le vrai sens du mot. C'est à Compiègne, dans la chasse des Beaux-Monts, où j'allais autrefois, en compagnie de mes amis Perivier, Franconi, de Rodays, Jules Mary, que j'ai rencontré, fusil en main, le Président. Il était alors, après avoir été président du Conseil, redevenu député de Montélimar. Très simple dans sa mise, il se montra très affable pour tout le monde et refusa

énergiquement le poste d'honneur qu'on lui avait réservé en disant :
« Nous sommes tous ici des chasseurs, la place d'honneur appartient au meilleur fusil et je veux être traité sur le même pied que tous mes compagnons. » La place qu'il avait refusée lui revint comme tireur, car il fut roi de la chasse.

Le nouveau Président, dit de Saint-Albin, est un chasseur rustique, comme M. Grévy. Il a débuté jeune et a pris ses chevrons dans un pays où la chasse n'a rien de commun avec ces élégantes parties de *shooting* où se confectionnent en quelques heures des tableaux de cinq ou six cents pièces. Le terrain est dur et le gibier n'y part pas en bouquet. Il y a, dans les environs de Montélimar, des coteaux pierreux et en pente raide où le soleil tape ferme jusqu'au milieu d'octobre et où les perdrix rouges, devenues rares et très sauvages, courent longtemps devant le chien et se laissent difficilement approcher. Le plus souvent, elles se lèvent hors de portée, passant d'un « travers » à l'autre, plongeant du sommet dans la combe pour regrimper de la combe au sommet. Et le chasseur, qui doit les suivre de remise en remise, est obligé de se livrer à une gymnastique des plus fatigantes. Sur les plateaux même, la marche est souvent rendue pénible par les galets ronds que durent polir, il y a des siècles, les eaux d'anciens lacs disparus. On y respire à pleins poumons le thym et la lavande, et les lièvres y sont exquis, mais trop clairsemés.

Tel est le pays où M. Loubet chasse tous les ans, pendant les vacances, avec la simplicité d'un bourgeois campagnard. Depuis que les cailles ne passent plus à Montélimar qu'en cages plombées, on n'y fait que des carniers modestes, et pour y tuer quelques pièces il faut avoir du jarret, le feu sacré, de la ténacité et un bon chien, robuste, prudent, coulant très bien les perdreaux.

On voit que le nouveau Président de la République a été à la rude école des vrais chasseurs. Il a de ceux-ci les goûts rustiques et l'amour de la simplicité. J'imagine que, dans ce beau parc de Marly, où il a déjà participé à plus d'une battue, les gardes le verront de temps en temps faire le coup de feu très bourgeoisement, en petit comité, comme jadis le maréchal de Mac-Mahon, en dehors de toute étiquette. Il y trouvera infiniment plus de gibier que dans la Drôme et il s'y fatiguera beaucoup moins ; mais ces déduits faciles ne lui feront pas dédaigner les chasses plus modestes et plus méritoires du pays natal ; il est probable que, chaque année, les paysans l'y verront en septembre, accueillant et pas fier, chasser les lièvres parfumés des coteaux pierreux, grillés par le soleil, et les perdreaux rouges sur les travers.

M. Loubet sera l'ami des chasseurs et il aura souci de leurs intérêts.

DEUXIÈME PARTIE

ESCRIME
DUEL ET SPORT

Lorsque, ouvrant un dictionnaire, on cherche la signification des termes sport et duel, on voit que l'un de ces termes est pris dans le sens de distraction, tandis que l'autre est pris dans le sens de combat singulier qui exclut toute apparence d'amusement. Il en résulte que les idées exprimées par ces mots, que les choses représentées par eux, offrent a priori un caractère d'incompatibilité absolue. Telle est bien, en effet, la conséquence logique de cette opposition, lorsque la question est envisagée sous son aspect général ; mais, si l'on rétrécit le champ de l'examen, et si l'on considère uniquement deux exercices particuliers, l'escrime et le tir au pistolet, tous deux rangés aujourd'hui parmi les sports, bien que le premier soit plutôt un art, on voit que leur incompatibilité avec le duel n'est pas aussi absolue qu'elle en a l'air, mais qu'il existe entre eux et ce dernier un point de contact, un trait d'union : La Technique.

Dans les pays où le duel est en vigueur, on étudie en effet l'es-

crime, on tire au pistolet, non seulement pour développer sa force ou son adresse, mais encore pour se préparer au combat. Du moment qu'on est exposé à se servir de l'épée ou du pistolet dans une rencontre véritable où l'existence peut être en jeu, n'est-il pas naturel qu'on cherche à acquérir d'avance l'habileté qui constitue le meilleur atout de la partie, et que, dans ce but, on fréquente la salle d'armes ou l'établissement de tir qui sont les écoles préparatoires du champ clos ?

Il semblerait d'après cela que, voulant m'occuper du sport et du duel, je dusse m'en tenir à leurs rapports techniques. Mais que n'a-t-on point écrit sur cette matière, notamment sur les différentes écoles, sur les différents jeux et leur application pratique au terrain ? Mieux vaut, je crois, montrer ce qui advient forcément, lorsque le sport et le duel cessent de se maintenir dans les limites de leurs domaines respectifs, et empiètent l'un sur l'autre.

Il n'est pas sans exemple qu'un phénomène social influe sur un autre phénomène social au point de le modifier insensiblement jusqu'au jour où il l'absorbe tout à fait. C'est l'histoire du sport en France, relativement à son action sur le duel. Personne ne niera que l'introduction à haute dose de l'élément sport dans les mœurs contemporaines n'ait exercé sur elles une influence profonde. Le sport a cessé d'être une distraction élégante, un hygiénique passe-temps, pour devenir une occupation exclusive, absorbante, lorsqu'elle n'est pas un moyen de gagner de l'argent, un vrai métier. De cet abus du sport, la race des professionnels *est née. Elle a grandi rapidement, surtout grâce au* cyclisme *qui envahissant toutes les classes de la société a fait pulluler le* snob, *cet être ridicule qui admire sottement ce qui fait tapage et vole à ce qui brille comme l'alouette vers le miroir.*

Au frottement du professionnel, le snob a gagné une maladie, conséquence de l'obligation où se trouve l'individu exerçant le sport comme métier de frapper l'attention pour tirer parti de ses succès. C'est la maladie de la réclame, maladie très contagieuse, et qui imprime une marque uniforme de cabotinage à ce que touchent les personnes qui en sont atteintes.

L'escrime étant un art auquel un petit nombre d'adeptes sut conserver longtemps certaines qualités de mesure, de tenue, d'élégance discrète, de respect de soi-même et des autres, l'escrime, souvenir lointain d'une époque raffinée, semblait devoir résister à la contagion. Il n'en fut rien. Le sportsnob, étant légion, finit par absorber l'homme d'épée, par le transformer en l'escrimeur que nous connaissons tous et par réduire les nobles armes à la condition des autres sports. Aujourd'hui, à Paris, le moindre assaut, le plus petit tournoi, sont lancés comme une journée de glace au cercle des patineurs, une représentation du cirque Molier, ou toute autre réunion du même genre. La rage de voir son nom figurer dans les journaux, rage qui saisit l'escrimeur, lorsqu'il tire devant une galerie, explique ses costumes bizarres et prétentieux, arborés pour frapper l'attention et sa volonté bien arrêtée de toucher coûte que coûte, même en « bricolant », lorsqu'il craint que les comptes rendus ne le citent pas ou ne le représentent comme battu. Que sera-ce lorsque l'usage des prix en argent se sera généralisé, ouvrant la porte à l'intérêt pécuniaire qui viendra brocher sur le tout ?

Jusqu'ici le tir au pistolet s'est maintenu dans une gamme plus modeste, expliquée, je crois, par le nombre plus restreint des gens qui s'y adonnent et par sa simplicité qui prête mal à la mise en scène.

Et le duel ? Le duel a éprouvé, lui aussi, le contre-coup des changements apportés dans nos mœurs par l'abus du sport. Comment le duel ancien, celui où l'affaire se réglait en présence des seuls témoins, sans intervention de la presse, sans comptes rendus, à petit bruit, et se terminait souvent par la mort, pouvait-il correspondre aux mœurs d'hommes uniquement assoiffés de réclame et de bruit ? Il en est résulté qu'ils ont fait pour le duel ce qu'ils avaient fait pour l'escrime. A peine y ont-ils touché, qu'ils lui ont imprimé le cachet du cabotinage sportif ! Ils l'ont transformé en un moyen nouveau de réclame lui enlevant ainsi sa raison d'être !

Je dis que le duel a été transformé en un moyen de réclame. Ce disant, je ne fais que répéter une chose déjà signalée à l'occasion de certaines rencontres dites bien parisiennes, dont on a fait ressortir très justement la mise en scène et le cabotinage éhontés. Heure et lieu du rendez-vous publiés à l'avance, escouades de reporters en mouvement dès l'aurore, multiples interviews, assistance nombreuse et sélect, photographes et cinématographes, comptes rendus de plusieurs colonnes où le costume des adversaires, le menu de leur déjeuner, leur état d'esprit, leur attitude avant, pendant, après le combat, leur jeu, et autres détails de pareille valeur, sont minutieusement rapportés ; tout cela est assez connu pour qu'il soit inutile d'y revenir. Ajoutons seulement qu'à raison du léger grain de gentilhommerie et de danger qui pimente le spectacle, le duel offre un attrait plus grand que les assauts et les tournois, et constitue un moyen de réclame encore plus puissant que l'escrime.

Je dis que le duel ainsi travesti n'a plus sa raison d'être. La seule raison d'être du duel est en effet l'offense, l'offense rentrant dans la catégorie de celles qui ressortissent au point d'honneur, l'offense présentant une gravité suffisante. Or, dans la majorité des cas, ou bien le point d'honneur n'est pas lésé, ou bien il l'est d'une manière insuffisante. Rien ne serait plus facile que de le montrer ; les exemples abondent ; mais je ne veux faire aucune personnalité. Je me bornerai à constater que le vrai motif de *la plupart de ces duels est le besoin de faire parler de soi. Donc au fond, rien de sérieux!*

L'absence de cause sérieuse dans la plupart des affaires contemporaines devait avoir et a eu pour corollaire l'absence de sérieux dans les conditions, l'absence de gravité dans l'issue du combat. La formule : « Le duel se terminera après l'échange de deux balles, » est devenue, notamment, celle de presque tous les procès-verbaux dans les rencontres au pistolet, d'ailleurs assez rares. Or, avec des armes inconnues, avec des détentes très dures, avec un commandement irrégulier et rapide, cet échange est presque toujours inoffensif. La formule : « Le duel finira lorsqu'un des adversaires se trouvera en état d'infériorité, » est devenue celle de presque tous les procès-verbaux dans les rencontres à l'épée. Or, cette condition permettant d'arrêter le duel à la suite d'une blessure insignifiante, peu à peu s'est établi l'usage de la piqûre dénouement. A cet usage correspondit le jeu dit de terrain, grâce auquel, l'interdiction du corps-à-corps aidant, celui qui veut y aller bon jeu bon argent risque d'être arrêté s'il franchit les avancées.

Tout le monde s'est accoutumé, surtout en ce qui concerne les duels à l'épée, à cette absence de gravité. Aujourd'hui, adversaires, témoins et public trouvent la chose fort naturelle.

Voyez l'attitude de la galerie lorsque la rencontre se termine par la mort d'un des combattants. Elle est tentée de regarder celui qui a piqué plus fort que d'habitude, ou à une place inusitée, comme un maladroit, un brutal qui a fait un acte du dernier mauvais goût, un joueur qui ne suit pas les règles. Que de lamentations dans la presse! Quelles tirades contre la stupidité et l'immoralité du duel! Que de remèdes proposés par des écrivains qui, si la rencontre s'était terminée par la piqûre traditionnelle, auraient trouvé la chose du meilleur goût et l'événement très pari-

sien! *Pour un peu, le public traiterait celui qui est allé au corps, au lieu de toucher la main ou le bras, comme les perdants traitent, dans un sport où on parie, l'homme qui use d'un moyen déloyal pour obtenir l'avantage.*

Telle est aujourd'hui la conséquence de l'empiètement du sport sur le duel. Si cet abus continue, on peut prédire que bientôt un sport nouveau remplacera l'ancien duel. Alors nous verrons la provocation n'être plus motivée même par un semblant d'offense. Elle se transformera en un simple défi entre sportsmen *dont l'un détient le* record *de l'épée que d'autres veulent essayer de lui enlever. Le* match *annoncé d'avance par la voie des journaux, par de vastes affiches et autres moyens de publicité suggestifs, a lieu sur un* turf ad hoc, *où chacun paie sa place : les champions se promènent sur le* paddock *escortés de leurs* trainers. *Le public les examine, cherche à deviner ceux qui sont* fit and well. *Les paris s'ouvrent dans le* betting-room. *Les* bookmakers *préparent leurs carnets. Au signal du* starter, *la lutte s'engage. Sera-ce le* crack *qui l'emportera, ou bien quelque* outsider *?*

Le match *se terminera-t-il par un* dead-heat *? Graves questions qui font palpiter l'assistance.* All right ! *une main est piquée, Le sang jaillit.* Hurrah ! *pour telle couleur. Les gagnants font au vainqueur une bruyante ovation. Demain il touchera la forte somme ; son portrait ornera la boutique des photographes et paraîtra dans tous les journaux.*

Heureuse trouvaille que ce sport duel *digne à tous égards des professionnels et snobs sport réunis ! Il offre en effet l'appat d'un triomphe où l'intérêt pécuniaire et la vanité sont également satisfaits. Il garde le reflet de crânerie qui s'attache à l'épée, tout en présentant moins de danger que certains exercices d'apparence plus pacifique, le* foot ball *par exemple, qui, d'après une statistique, a causé en Angleterre, pendant une période de six mois,* vingt accidents mortels et plusieurs centaines de lésions graves.

Que le sport parodie le duel si l'état de nos mœurs est tel que le bon vieil assaut qui a charmé nos pères semble fade au public blasé; mais sous condition que cet emprunt se borne à la technique et au cérémonial, que cette parodie ne prête à aucune équivoque, à aucune confusion avec le duel véritable. Séparation complète entre le sport et le duel.

Ce n'est du reste pas une chose nouvelle. En Allemagne, notamment, les universités ont en même temps la meusur d'cffice et le duel. La meusur affecte bien les apparences et prend bien les formes d'un combat singulier, mais elle en diffère sur plusieurs points essentiels. D'abord, et c'est la différence la plus importante, en ce qu'elle ne suppose pas d'offense préalable ; puis en ce qu'il lui manque le caractère obligatoire et quasi universel inhérent au duel; finalement en ce qu'elle ne présente ni ce danger de mort, ni cette quasi-certitude de blessure grave qui existent au plus haut degré dans le duel allemand.

Chez nos voisins, on regarde la meusur comme un sport, uniquement sport, destiné à servir d'exutoire pour la turbulence de la jeunesse, à entretenir chez elle le culte de l'exercice physique, le courage, l'habitude du sang et la résistance à la douleur.

Si cette séparation est incomplète ; si au lieu d'être précédées de la décision de personnes impartiales et qualifiées, jugeant après mûr examen que l'offense ressortit bien au point d'honneur, et qu'elle est trop grave pour comporter une solution amiable, les rencontres continuent à avoir lieu sans motifs suffisants, ou pour des motifs étrangers à l'honneur, avec la partie juge dans sa propre cause ; si, au lieu de proportionner la gravité des conditions à la valeur de l'offense, on conserve l'usage d'arrêter le combat sans blessure ou après une blessure insignifiante, même dans les cas les plus sérieux, quitte à dramatiser la moindre *piqûre au moyen de quelques termes scientifiques qui ne trompent personne, le duel y perdra bientôt le mince prestige qui lui reste.*

Cette institution, que sa nature semblait devoir condamner à finir tôt ou tard sous le poids de l'horreur publique et les coups de la loi, c'est-à-dire tragiquement, mais non sans une apparence de grandeur, s'éteindra au milieu de l'indifférence générale: ridiculement, piteusement.

A. CROABBON.

COMTE J. CLARY

Partisan de tous les sports, le comte Clary les aime tous et les pratique tous passionnément : l'escrime, le tir au pistolet et à la carabine, la chasse, le yachting et même..... la bicyclette. C'est encore un marcheur intrépide et amateur de grandes ascensions ; il y a certains sommets, certains cols et coins des Pyrénées qu'il connaît mieux que bien des guides.

Pour l'escrime, c'est le vieux Bertrand qui lui a mis le fleuret en main, et, quoique tout jeune alors, il a été son dernier élève. Le vieux maître, qui avait son disciple en grande estime, le prenait à part pour lui apprendre ce qu'il appelait la *théorie*. Puis, après Bertrand, c'est avec Vigeant qu'il a travaillé jusqu'au jour où celui-ci fut remplacé, aux Mirlitons, par Prévost, qui devint à son tour le professeur de M. Clary.

C'est un tireur infatigable et de tête, bien campé sur les jambes. Sa pointe est légère ; son coup favori est le coup droit paré septime, riposte foudroyante.

Quand le baron de San Malato passa à Tours en 1880, il tira avec le comte Clary dans un assaut public. L'assaut dura près d'une heure ; il fut de part et d'autre très brillant.

C'est la seule fois, je crois, que ce sportsman fit des armes en public.

Une vue particulièrement perçante, des nerfs bien équilibrés avec de bons muscles, et aussi une prédisposition naturelle l'ont fait réussir très rapidement à la chasse ; c'est tout à fait un grand fusil, et je crois qu'il peut être classé dans les cinq premiers tireurs de France (1).

Au pistolet et au revolver, il est également de première force, cependant il s'y est mis assez tard, car ce n'est guère que vers 1889 qu'il commença à se montrer au tir Gastinne-Renette, où il est arrivé de suite premier aux concours visé, commandement et excellence. Il a du reste gagné toutes les médailles d'or et d'argent de ce tir. Ces succès lui ont valu d'être handicapé dans des conditions qui lui ont rendu trop tôt tous concours impossibles.

Sa théorie sur le tir au pistolet ou au revolver se rapproche beaucoup de celle exposée par le prince Bibesco dans la préface de mon livre *les Tireurs au pistolet* (2). Comme beaucoup de grands tireurs, le comte Clary considère « la précision » au pistolet comme une erreur ; pour la précision, dit-il, on a la carabine avec laquelle ni pistolet, ni revolver ne peuvent rivaliser. Le pistolet et le revolver sont des armes de jet ; on doit *lancer* un coup de pistolet comme on lance un coup de poing ou un coup de sabre ; et c'est de cette *conception pratique* qu'est née la Société *le Pistolet*.

(1) *Les Grands Fusils*. Rothschild, éditeur.
(2) *Les Tireurs au pistolet*. Flammarion, éditeur.

C'est « le contre de quarte » et ses poules à l'épée qui ont donné à M. Clary l'idée, acceptée immédiatement par quelques camarades, de faire des poules au pistolet et sans avoir jamais eu la pensée d'en faire des écoles de duel. Je crois du reste que le comte Clary pense comme moi que les deux sociétés, complémentaires l'une de l'autre, sont deux écoles de défense personnelle aussi légitime qu'utile.

Autrefois Clary tirait beaucoup à la carabine aux grandes distances, et ses succès furent très brillants ; aujourd'hui il tire surtout à balle en plein air. Tous les ans sur mer, avec son ami le comte de Quelen, il s'amuse à fusiller au vol les goélands, les cormorans, etc. Un de ses sports favoris aussi, c'est la chasse aux corbeaux, au mois de mai, dans des corbeautières renommées. Dans le Vexin, à Boisdenemets, il a tué un jour avec deux de ses amis plus de 3.000 corbeaux avec un « Rook-Rifle ».

Comme chasseur, j'ai dit que le comte Clary était un de nos plus grands fusils de taille à lutter avec n'importe quel tireur anglais. Ne croyez pas cependant que toutes ses préférences soient acquises à la chasse en battue. Ce qu'il préfère par-dessus tout, c'est la chasse au chien d'arrêt, parce qu'il aime la chasse pour la chasse, et il aime toutes les chasses, et il s'amuse certainement beaucoup plus dans une chasse où il ne tire que quelques cartouches que dans celles où l'on tue des centaines de pièces.

Comme battue, celle qu'il préfère, c'est la battue de perdreaux. S'il ne fait pas chaque fois, comme lord de Grey, le *quadruplé* de perdreaux, il lui est arrivé et il lui arrive de le faire *quelquefois*. Il excelle également dans les battues de faisans ; il y en a d'admirables, celles des Vaulx de Cernay, du Gouffre à Bois-Boudran, de Grainval à Sandricourt, du Parc à Voisins, de l'Ormeteau à Sainte-Assise sont de ce nombre, et on peut sans déshonneur y *culotter* son coq.

Il n'y a guère que trois ans qu'il tire au pigeon, et s'il n'est pas un professionnel, il arrive à s'y défendre, et s'est rapidement classé dans les premiers. Malheureusement il n'a pas été *gâté ;* le chasseur connu a nui au tireur au pigeon inconnu et novice, et il n'a jamais eu ce qu'on pourrait appeler le *handicap d'amour*.

Il a beaucoup chassé à courre en Sologne et en Berry (équipages de Valençay, de Vibraye-Vautrait de MM. Venaille et Normand). Deux accidents et bien des circonstances l'ont fait renoncer au cheval. Il aime aussi la pêche, une des distractions du sportsman quand la chasse est fermée, mais la chasse est la maîtresse favorite et jalouse qui a accaparé le comte Clary tout entier.

LA PRINCESSE DE METTERNICH

C'est par droit de son fusil de chasse que la célèbre et brillante mondaine, dont j'inscris le nom en tête de ce portrait, prend rang dans ma galerie, et je vous assure que ce n'est pas une place de faveur qu'il lui apporte. La princesse Pauline de Metternich, en effet, est aussi vaillante en saint Hubert qu'en Thalie, et triomphe autant dans un tiré que devant la rampe. Elle s'entend à faire parler la poudre comme à chanter un couplet, et malheur au gibier — poil ou plume — qui affronte sa cartouche : *Væ victis !* peut-elle dire à la façon de ce *César* dont la princesse a rendu à jamais mémorables les *Commentaires*, revus et corrigés par le marquis de Massa.

La princesse porte le plus allègrement du monde les années, et on ne dirait guère en la voyant qu'elle est grand'mère. C'est le privilège des femmes sans beauté de vieillir moins vite que les autres. Grande et souple comme un roseau, elle ne marche pas, elle ondule, et l'on ne saurait rien imaginer de plus gracieux que ce vol à ras de terre imité des sylphides. Coquette jusque dans les plis de sa robe comme Sapho, ou les cordons de ses bottines comme Mimi Pinson, elle ne s'est pas contentée de dire, elle a eu l'art de prouver qu'il n'y avait pas de femmes laides, qu'il y avait seulement des femmes qui ne savent pas être jolies. Elle a su faire illusion sur ce point, comme nulle autre femme de notre temps, sauf Rachel.

La vie de Mme de Metternich est comme le temple de Janus, à deux faces. Le côté de la guerre, c'est celui qui renversait la foule au beau temps des Tuileries, celui où la pousse de temps à autre l'excentricité native qu'elle tient de son père, le feu comte Maurice Sandor ; le côté de la paix, celui qu'admirent ses amis dans sa retraite seigneuriale, en Autriche. C'est là qu'il fait bon la voir profiter des loisirs que lui laisse à présent le monde des cours, ses pompes et ses œuvres. Sans rien perdre de ses qualités natives, la princesse de Metternich, en effet, en se reconquérant elle-même aujourd'hui, a donné un autre cours à sa vie. La femme qui, au milieu de la vie à outrance de l'Empire, trouvait encore le temps d'apprendre à écrire à ses filles et de leur tenir la main pour leur faire tracer des coulés et des pleins, domine plus exclusivement chez elle. Certes elle est restée la coquette raffinée, excellant dans cet art de l'individualisme en matière de toilette qui est le fin du fin de l'élégance ; au besoin, elle joue encore la comédie comme au temps de ces *Commentaires de César*, que je rappelais tout à l'heure et où elle se montrait à Compiègne sous le costume d'une cantinière, d'un cocher et de la chanson ; elle ne dédaigne pas, par intervalles, de cultiver ce don de l'imitation qu'elle possède à un si haut point et qui lui faisait parodier Thérésa à l'ébaudissement du Paris de l'Empire ; elle a même renchéri en imaginant de mimer des scènes, tandis qu'on l'accompagne au piano ; mais tout cela sans tapage, sans boniment, beaucoup plus pour elle-même que pour les autres. Alliant le tact à l'originalité, sachant tout dire et tout faire entendre, sportswoman émérite mais aimant le cheval et non pas l'écurie, pratiquant le beau vivre avec le faste convenant à son rang, ne confondant pas la désinvolture avec le dévergondage, elle était l'expression séduisante du *high-life*, tel que l'ont fait les habitudes modernes, et ne faisait que prouver la vérité de cette parole : « que de femmes il y a dans une femme ! »

Élégante à outrance, mais en même temps artiste dans la façon de s'habiller, elle savait ponctuer une toilette et la faire personnelle, s'entendait à l'imprévu dans la coquetterie et à l'individualisme dans la parure. C'est ainsi que l'impératrice Eugénie s'étudiait à donner à ses toilettes neuves l'apparence d'avoir été portées. Le « tout frais » lui était odieux. Elle faisait exposer à l'air ses robes arrivant de chez la couturière pour leur enlever cet aspect neuf de la marchandise sortant du carton et ôter aux étoffes la crudité de leur coloration. Où trouver ces raffinements de dandysme parmi les élégantes les plus vantées d'à présent ?

Lors de l'Exposition de 1867, l'empereur François-Joseph dîna à l'ambassade d'Autriche. La princesse de Metternich parut à ce dîner vêtue d'une robe blanche, bordée de dents contrariées en satin jaune et noir ; à sa ceinture, pareille à la bordure de sa robe, se montrait de côté, en guise de pompon, un canari aux ailes éployées. Que pensez-vous de cette façon de porter les couleurs du pays dont elle fêtait le souverain ? C'était là du COCODETTISME de bel aloi et qui explique pourquoi, en dépit des années écoulées, le mot reste typique, et le clan des femmes qui l'ont motivé fait toujours événement partout où il se meut.

La princesse est parvenue aujourd'hui à l'automne de sa vie, mais n'ayant jamais été jolie; les années ont passé sur son visage sans le toucher, et elle est toujours la grande dame si étrangement attrayante que l'on a connue. Très fine, très intelligente, elle a compris que, pour garder son prestige, le temps, les événements écoulés lui commandaient de changer de manière, et elle a accompli cette évolution le plus spirituellement du monde. Elle fuit la foule pour ne s'entourer que d'un cercle choisi, et vit bien plus à la campagne qu'à la ville. Aux champs, elle s'occupe de ses fleurs et chasse à tir avec délices. Son fusil était célèbre autrefois dans les tirés impériaux ; loin de Paris, elle lui conserve sa renommée.

Fille du comte Sandor, dont les prouesses hippiques sont restées légendaires en Autriche, la princesse de Metternich n'ignore aucun sport. Elle patine d'une façon accomplie, monte à cheval et mène en *sportswoman* de race.

Au total, on sent que la princesse se préoccupe de s'aménager un hiver aimable, calme et sans frimas. Elle sera plus tard, bien plus tard, la plus séduisante des aïeules, et lorsque ses cheveux auront blanchi, on croira seulement qu'ils sont poudrés.

LE COMTE DE MAILLY-CHALON

Quand un sportsman veut se déplacer pour satisfaire ses goûts, les distances ne comptent plus. On quitte le boulevard pour aller aux extrémités de l'univers, plus facilement qu'on ne se décidait jadis à aller de Paris à Marseille. Un de nos sportsmen, le comte de Mailly-Châlon, nous l'a prouvé dans le voyage en Asie qu'il a fait il y a quelques années. Ce voyage a été accompli par cet homme du monde à la plus grande gloire du sport, car il n'a jamais négligé cette question partout où il a trouvé l'occasion de s'en occuper. Fanatique de tous les sports, le comte de Mailly-Châlon est un homme à aller au Pôle Nord si on lui disait qu'il y a un beau coup de fusil à faire. Fortement charpenté, adroit, élégant, d'un commerce agréable, d'une bravoure à toute épreuve, rien ne l'arrête. Il a, comme toutes les natures bien trempées, un caractère facile et d'une parfaite égalité. Sa figure est sympathique, son sourire respire la bonté, ses yeux fins et perçants indiquent qu'il va de l'avant dans l'existence sans préoccupation du « Cant » et la vanité d'un « Swell ». Homme d'une autre époque, aux allures franchement décidées, ce voyage a dû être pour lui une véritable jouissance.

Parti au mois de novembre 1878, en compagnie du duc de Blacas, le comte de Mailly-Châlon se rendit directement aux Indes. Grâce aux lettres de recommandation qu'avait bien voulu leur donner S. A. R. le prince de Galles, il put suivre une partie de la guerre d'Afghanistan avec l'armée anglaise et fut mis à même de faire les plus merveilleuses chasses au gros gibier qu'il soit possible d'imaginer.

Le vice-roi des Indes, qui était à cette époque lord Lytton, fit mettre à sa disposition les équipages du Maharajah de Kooch-Cehar et les trois semaines de battues qu'il fit dans le Bootaraï-Teraï, au pied de l'Himalaya, réussirent au delà de ses espérances.

Le comte de Mailly-Châlon se rendit à Ceylan, où il essaya sans succès une chasse à l'éléphant, et de là, en Chine et au Japon. Ses exploits cynégétiques furent assez satisfaisants et les chasses des environs de Shang-Haï, qui passent, à bon droit, pour excellentes, lui permirent d'inscrire un bon nombre de victimes sur son livre de chasse. Entre temps, il faisait un voyage dans notre colonie de Cochinchine, où il obtenait cette fois le résultat auquel il n'était pas parvenu à Ceylan.

Au voyage de retour, le comte de Mailly-Châlon espérait rencontrer en Mandchourie des terrains encore inexplorés et, disait-on, fourmillant de gibier. Ce n'était vrai qu'en partie, car ce n'est qu'en arrivant sur la frontière russe, du côté de Wladiwostock, qu'il trouva les masses de faisans dont on lui avait parlé. En Sibérie orientale, il lui fut impossible de chasser pendant l'hiver, mais au printemps il se dédommagea en allant s'installer seul et sans guides dans les monts Tiân-Shân, où il espérait tuer l'ibex ou chèvre sauvage, et l'énorme mouflon de ce pays. Cette chasse, extrêmement dure et pour laquelle il faut s'élever jusqu'à des hauteurs de seize et dix-huit mille pieds, ne fut pas couronnée de succès. Il blessa trois ou quatre ibex, mais ne put en rapporter les trophées. Dans le Turkestan, le sport au fusil devait faire place au sport à cheval, et l'intrépide sportsman ne s'en fit pas faute. Après avoir visité Tashkent, Kokand, Samarkand, Bokhara et Khiva, il pénétra dans le désert des Turkmènes pour arriver à Meru, la patrie des célèbres Tekkès, dont les raids fabuleux sont légendaires dans toute l'Asie. La distance qu'un Turkmène peut parcourir sur son cheval, entre le lever et le coucher du soleil, est tout simplement incroyable. Les Russes et les Anglais, qui sont au fait de ce que les chevaux turkmènes peuvent faire, ont essayé depuis longtemps de s'en procurer, mais il n'en est encore arrivé que de rares exemplaires à Saint-Pétersbourg, et un seul, paraît-il, en Angleterre. M. de Mailly-Châlon a eu la bonne fortune de pouvoir se procurer de Meru même des étalons et des juments de la race pure du pays, et cela grâce à un concours de circonstances tout à fait spécial et qu'il serait trop long de raconter.

Les étalons et les juments ressemblent à nos chevaux de pur sang bien plutôt qu'à n'importe quelle autre race, à l'exception de quelques étalons, qui rappellent plutôt l'arabe. Ce sont des animaux de grande taille, fortement membrés ; les croisements auxquels on peut les employer doivent donner d'excellents résultats. C'est, dans tous les cas, la race la plus appréciée d'Asie pour ses qualités de force, de résistance en même temps que de vitesse, et, à ce point de vue, ces chevaux, si on pouvait les avoir en France, seraient extrêmement utiles pour la remonte de notre cavalerie. En dehors des quelques chevaux ramenés en France par le comte de Mailly-Châlon se trouvait un poney kirghise, le gagnant d'une course au trot à Tashkent, monté par ce sportsman, d'un aigle de chasse et de lévriers turkmènes avec lesquels les indigènes chassent spécialement la gazelle.

Après son départ de Téhéran, le comte de Mailly-Châlon se rendit en Russie, où l'accueil qu'on lui fit fut des plus flatteurs et des plus gracieux. LL. MM. l'Empereur et l'Impératrice voulurent bien le recevoir en audience privée ; la société, le monde militaire, lui firent fête et il a emporté, de Russie, les meilleurs souvenirs. Cet intrépide touriste est resté cinq ans hors de Paris.

LA COMTESSE MÉLANIE DE POURTALÈS

C'est sous l'Empire que les dames du beau monde parisien se sont éprises d'une belle passion pour la chasse, et parmi celles qu'on citait comme de bons fusils se trouvait la comtesse Mélanie de Pourtalès.

C'est encore aujourd'hui une intrépide chasseresse, se mettant en campagne dès le lever de l'aurore. La justesse de son coup d'œil et la sûreté de sa main étaient légendaires à Compiègne; et il en est de même aujourd'hui, dans ses propriétés de la Robertsau, en Alsace, où la comtesse va, chaque année, en compagnie de ses fils, guerroyer contre le poil et la plume.

Bon nombre de femmes du reste sont devenues, depuis quelques années, des fusils remarquables. D'aucuns blâment cette innovation dans les mœurs féminines et trouvent qu'un éventail est mieux placé entre les mains d'une jolie femme qu'un fusil. Je le déclare en toute sincérité, je ne suis pas de cet avis, et beaucoup de chasseurs pensent comme moi.

C'est chez nous seulement qu'on sait associer les dames à des parties de plaisir qui peuvent paraître incompatibles avec les usages reçus chez les étrangers, mais qui n'ont rien de bien naturel avec nos mœurs et nos instincts.

En cela nous différons, par le caractère et l'esprit, des Allemands et des Anglais qui fuient presque la société des femmes, que nous, Français, aimons et recherchons avec empressement.

Du reste, les femmes si blondes et si jolies d'outre-Manche et d'outre-Rhin se soucient peu, il faut bien le dire, de l'influence qu'elles pourraient avoir sur les hommes et leurs plaisirs. Les Françaises, au contraire, sont plus jalouses de leur puissance : elles aiment à nous diriger et à nous former. Ma foi ! je trouve que nous aurions mauvaise grâce et bien tort de leur résister; il est si doux de leur obéir !

C'est Mme de Pourtalès qui mit le sport du fusil à la mode chez nos belles mondaines; nous devons donc lui en savoir gré, car leur présence à une chasse enlève le sans-gêne, la banalité, l'insignifiance, disons plus, la grossièreté du siècle actuel ; elles vous font souvenir des élégances exquises du xviiie siècle.

La chasse n'empêche pas la comtesse de Pourtalès d'être une mondaine au goût raffiné en toute chose.

Elle possède un des plus riches écrins du monde ; mais ce qui rehausse encore la valeur de ses bijoux, c'est la façon dont elle les porte : elle s'inspire des anciens portraits et aussi de ce qui lui va le mieux, et en compose des *hardiesses* qui, lorsqu'elle apparaît, préoccupent fort les petites amies.

Un soir, c'est une façon de serre-tête en perles ; un autre, un cordon de pierreries mis comme le cordon de la Légion d'honneur. Son col long et d'une élégance rare lui permet des colliers charmants, des enchevêtrements de perles et de diamants qui tombent jusqu'à la ceinture. Quelquefois elle ne met que quelques nœuds frangés de pierreries, ou des aiguillettes, parfois aussi des pierres merveilleuses reliées par des chaînettes si ténues qu'il semble que ces turquoises ou ces rubis soient collés sur la peau par une mystérieuse attraction.

On n'a pas oublié le succès de grâce et de beauté que la comtesse obtint dès son apparition aux Tuileries, dans ce milieu de courtisans vieillis, mais tous excellents connaisseurs.

C'est qu'elle était tout bonnement ravissante, cette blonde patricienne avec ses grands yeux aux regards alanguis, sa bouche aux lèvres roses comme une cerise mûre ! Un vrai Rosalba ! Et avec cela ; un je ne sais quoi de naïf, d'étonnement et de candide qui se faisait qu'on se demandait, en la voyant, si l'on avait devant soi ou une jeune fille ou une jeune femme ; si elle en était encore à ignorer certaines choses, ou si la révélation de... ces choses avait causé chez elle un émoi dont elle n'était pas encore revenue.

Aussi, que de convoitises elle excitait sur son passage ; que de têtes elle fit tourner ! Le vertige ne la prit point cependant, car la chronique mondaine qui, en aucun temps, ne s'est piquée d'indulgence ni de discrétion, n'a jamais trouvé rien à dire sur son compte.

Mme de Pourtalès est une des femmes de Paris qui s'habillent le mieux.

De religion protestante et très exacte à la pratiquer, Mme de Pourtalès a été cependant une des premières femmes du monde qui, suivant la mode anglaise, ont laissé vendre leur photographie exposée aux vitrines des marchands.

Vous rappelez-vous cette ravissante Alsacienne, que l'on a tant admirée ? Avouez qu'elle n'a pas pris un jour depuis celui où la nouvelle mariée Mélanie de Pourtalès fit son apparition dans le vieil hôtel de la rue Tronchet.

ALI BELKASSEM

Il est deux heures du matin, tout dort dans le douar, la nuit calme et paisible n'est troublée que par les aboiements des chiens kabyles qui se répondent de tribu en tribu, et par le hurlement que les chacals jettent à la lune, plainte déchirante, qui retentit dans la nuit comme un lugubre cri de mort.

De l'une des tentes, un homme sort silencieux : aux clairs rayons de la lune on peut lire sur son visage une indomptable énergie, il traverse sans bruit le douar portant sur son épaule un fusil au long canon; puis, de ce pas habituel au chasseur de nuit, qui ne soulève pas la feuille qu'il froisse et ne brise pas les branches sèches qu'il heurte dans sa marche, il semble glisser comme une ombre sous les troncs gigantesques des cèdres de la forêt voisine.

Cet homme, c'est Ali Belkassem, le tueur de grands fauves..... celui dont le courage est passé en proverbe dans toutes les montagnes de la Kabylie, et dont le nom seul fait palpiter le cœur des brunes filles de l'Orient, qui rêvent le soir, étendues nonchalantes à l'ombre des orangers en fleurs.

Ah ! c'est que Belkassem est un véritable héros entre tous les jeunes gens des tribus...

Nul, comme lui, ne dompte en si peu d'instants l'étalon le plus sauvage... Nul, comme lui, n'arrête d'une seule balle l'aigle perdu dans la nue... Nul, aussi, ne chante plus beau chant d'amour à l'oreille de celle qu'il a distinguée.

Trente ans, grand et souple, Ali semble résumer le modèle des formes de ce type arabe qui unit à la beauté mâle du visage une expression de bravoure indomptée...

Cependant, il a pénétré en plein cœur de la forêt, et maintenant, immobile comme les rocs qui l'entourent, il fouille du regard les profondeurs silencieuses des fourrés, tandis que son oreille sonde les bruits de la nuit.

Tout à coup, un rugissement sourd éveille les échos endormis; à ce bruit, le regard d'Ali brille d'une lueur étrange, sa main fait jouer dans sa gaine le couteau qui plus d'une fois lui a sauvé la vie, puis, armant son fusil, sans en faire claquer les batteries, il coupe au-devant des rugissements qui deviennent de plus en plus rapprochés et de plus en plus fréquents.

Bientôt il arrive dans un de ces sentiers arabes, de deux mètres environ de largeur, qui sillonnent en tous sens les forts de ces contrées ; il s'arrête et écoute...

Le lion rugit toujours, sa voix majestueuse se rapproche de seconde en seconde, sans aucun doute il suit ce sentier qui doit le conduire à la source voisine. Rapide, Belkassem s'est étendu de toute sa longueur sur le bord du sentier, la tête tournée du côté d'où vient le roi des forêts... Son couteau dégainé est à portée de sa main et le fusil est épaulé.

La lune s'est voilée ; au bruit de la voix du maître, les chacals se sont tus, on n'entend plus maintenant que le bruit rauque de la respiration du lion, qui, privé d'odorat, s'avance tranquille, battant ses larges flancs de sa queue puissante ; déjà son haleine brûle le visage de Belkassem, un pas encore et le fauve se trouvera à côté et à un mètre du hardi chasseur ; c'est l'instant si attendu... prompt comme l'éclair, Belkassem a épaulé son arme et, visant en plein corps, a pressé la détente, puis, d'un bond terrible, le couteau au poing, il a disparu derrière une énorme broussaille qui borde le chemin où, toujours silencieux, il attend le résultat de son audace.

La balle a frappé à quelques centimètres du cœur, sans l'atteindre cependant, la charge tout entière a pénétré dans la blessure, la poudre a brûlé la peau ; blessé à mort, le lion pousse d'effroyables rugissements, il laboure la terre de ses griffes, puis, réunissant toutes ses forces dans un dernier effort, il retrouve assez d'énergie, dans sa rage et ses souffrances, pour bondir sur le coup... mais, rien..., l'ennemi a disparu... son regard fouille les buissons...

Dans sa retraite, Belkassem a laissé entr'ouvrir son burnous noir, un coin de sa gandoura fait tache, ce lambeau blanc a suffi à l'œil perçant du lion pour lui faire découvrir celui qu'il cherche. Malgré les douleurs épouvantables qu'il endure et le sang qui coule en abondance de ses blessures, le lion se ramasse sur lui-même et, dans un dernier effort, il bondit sur Ali Belkassem.

Un rugissement épouvantable a retenti et deux ombres roulent enlacées au milieu des bruyères.

Une seconde s'écoule, et Belkassem, couvert de sang, se dresse, semblable à l'archange vainqueur de Satan, tenant dans sa main crispée le manche de son couteau dont la lame brisée est fichée dans le cœur du roi des forêts, étendu raide à ses pieds.

LADY FLORENCE DIXIE

Chasseurs mes amis, si, au cours de vos déplacements cynégétiques, dans les moors d'Écosse, ou dans les prairies de l'Amérique du Sud, ou sur les bords des rivières de la Patagonie, ou sur les terres du Chili, il vous arrive de rencontrer une mondaine d'une grande simplicité, le fusil sur l'épaule, arrêtez-vous, et présentez-lui respectueusement les armes, c'est une intrépide parmi les intrépides disciples de saint Hubert : c'est lady Florence Dixie, une physionomie intéressante et sympathique de véritable sportswoman, un type complet de la femme d'outre-Manche ; c'est une beauté parfaite, dont le buste délicieusement modelé lui eût fait obtenir, sans conteste, le prix, au temps du berger Pâris.

Cette intelligente et charmante sportswoman est la femme de sir Beaumont Dixie.

Fanatique de grand air et de mouvement, la vocation de chasseresse s'est révélée de fort bonne heure chez lady Dixie, et l'on peut affirmer que son fusil est un des plus meurtriers du Royaume-Uni. Elle aime la grande existence en plein air, les joyeuses chevauchées, les chasses lointaines et tout le faste champêtre des vieux manoirs.

Aussitôt que la chasse aux grouses est ouverte, lady Dixie prend le chemin de l'Écosse. Elle s'installe là-bas comme chez elle ; et, pendant toute la durée de son déplacement, on la voit braver tous les temps pour se livrer à son sport de prédilection. De longue date, exercée à cette chasse pénible, elle réussit toujours à avoir le plus beau tableau. La chasse aux grouses est son divertissement favori. Elle s'établit là-bas dans cette terre féodale, comme en son propre domaine, emmenant avec elle un groupe charmant d'amis auxquels elle offre une hospitalité princière.

Une fois la chasse aux grouses terminée, cette sportswoman s'en va guerroyer ailleurs. Et c'est ainsi qu'elle a parcouru successivement l'Amérique du Sud, la République Argentine, la Patagonie, le Chili d'où elle a rapporté, en collaboration avec un de ses compagnons, M. Jolios Beerbohm, le frère de Beerbohm Tree, le grand acteur, des récits de voyage, entre autres : *A travers la Patagonie*, écrits d'une plume exercée, alerte et élégante que les gens compétents apprécient beaucoup.

Lady Florence Dixie a publié, — son intelligence souple et prompte lui permettant de se plier à tout, — un drame, *Abel Vengé*, et plusieurs romans, dont le dernier, *Gloriana* ou *la Révo-*

lution de 1900, a obtenu un vif succès. C'est au milieu de ces campagnes lointaines et presque sauvages, qui semblent un décor dressé seulement pour les sports violents de la vie à l'air libre, que se développa chez lady Dixie cette culture intellectuelle qui lui permet de s'intéresser à tout, de tout comprendre, de parler de tout sans pédanterie.

Elle a ramené de ses expéditions lointaines une jeune panthère, qui ne la quitte jamais, au grand effroi de ses visiteuses.

Il y a quelque dix ans, lady Florence Dixie était en villégiature près de Windsor. Un beau soir, ou plutôt une belle nuit, son cottage, qu'elle habitait seule, fut visité par une bande de *tramps* (cambrioleurs) qui mirent tout à sac, volèrent ses bijoux, parmi lesquels figurait un collier de perles très connu, et, tout en se défendant fort énergiquement et en tenant tête à ces bandits, ils la laissèrent en fort triste état.

Le lendemain, la Reine, apprenant ce drame, envoya son fidèle Écossais, John Brown, pour prendre des nouvelles de lady Dixie. Le *Highlander* attrapa, en rentrant au château, une ondée formidable, suivie d'une pleurésie qui l'enleva en peu de jours, au grand désespoir de la *Poor Queen*, qui le pleura presque à l'égal du prince consort, lui fit élever un mausolée et une statue. Tout cela explique le surnom que, dans la société, on donne en plaisantant à lady Florence Dixie. Lady Dixie excelle dans tous les sports, partout elle est la première ; sa vaillance étonne tout le monde et lasse les plus courageux. On l'a vue souvent, après une journée tout entière consacrée à saint Hubert, à ses pompes et à ses œuvres, enterrer le cotillon qu'elle danse comme pas une. Pour savoir manier comme personne un fusil ou un rifle, on n'en est pas moins habile, quand on a l'âme alerte comme lady Dixie, à manœuvrer une traîne. Elle aime la grande existence en plein air, et, comme nulle part ailleurs, elle ne trouvera un pays aussi beau que l'Écosse, elle a du mal à le quitter pour les chasses de France qui ne peuvent pas lui offrir les chasses difficiles qu'elle aime par-dessus tout.

Tempérament de fer, d'une énergie à toute épreuve, elle fait l'admiration de tous les sportsmen.

HENRI JOURNU

C'est comme tireur au pigeon que je veux vous présenter M. Journu, qui est connu, non seulement de tous les sportsmen, mais encore de tous les parisiens parisiennants. C'est un fanatique du sport, et il excelle dans tous les exercices du corps. Non seulement c'est un grand fusil, mais c'est encore un tireur au pistolet, un chauffeur et un escrimeur de premier ordre ; et si je considérais la vélocipédie comme un sport, j'ajouterais que c'est un bicycliste distingué, capable de tenir n'importe quel record.

Journu — ainsi que disent ses amis — est de taille moyenne et bien pris ; et lorsqu'on le voit, on ne soupçonnerait jamais que c'est une des musculatures les plus puissantes qui soient. C'est le propre des hommes forts de « n'avoir l'air de rien » dès qu'ils sont habillés. Voyez les gymnasiarques les plus étonnants, moulés dans leurs maillots couleur chair, faisant ressortir leurs formes superbes ; voyez-les encore dans leurs vêtements de ville étriqués, ils n'ont l'air de rien. Tel est le cas de Journu qui est doué d'une force peu commune.

La tête, chez le tireur d'escrime bordelais, respire l'énergie et la ténacité. Il a neigé sur ses cheveux et sur sa barbe noire taillée court, qui encadrent un visage aux traits réguliers, éclairé par deux yeux d'une vivacité extrême.

Henri Journu est un des plus remarquables tireurs de pigeon qu'on ait jamais vus. Il a remporté du reste le Grand Prix de Monte-Carlo, et au Hurlingham-Club, son fusil est considéré comme un des meilleurs.

Le tir au pigeon, ce sport qui a été mis à la mode par les Anglais, donne lieu chaque année en Angleterre à des tournées d'adresse entre les membres du Hurlingham et du Gun-Club et les meilleurs fusils étrangers. Il y a quelques années, les prix furent remportés par Journu et Paul Gervais.

Le tir au pigeon demande une grande pratique et beaucoup de chasseurs fort habiles et qui manquent rarement une pièce de gibier, ne réussissent que médiocrement dans le tir au pigeon. C'est un truc à prendre. Les Anglais, qui sont passés maîtres dans ce sport, tirent le pigeon sur la boîte. Aussitôt qu'elle s'ouvre, ils tirent au-dessus et le pigeon, en s'envolant, se jette dans le coup. Aussi refusent-ils presque toujours le pigeon qui reste sur la boîte à son ouverture, et qu'on est obligé de faire partir, en lui lançant une boule. Les fameux mots *No beard* sont souvent prononcés dans les stands.

Journu n'excelle pas seulement comme tireur au pigeon ; à la chasse il est d'une adresse remarquable. Il résume du reste toutes les qualités exigibles d'un tireur. Sa tenue, son calme, sa façon d'épauler l'arme et certaines minuties relatives à la poudre employée, à la charge de plomb, etc., etc., lui permettraient de rédiger le parfait manuel du tireur.

Le perdreau en battue a en lui un ennemi dangereux et, quelle que soit la vigueur de son aile, il est bien rare qu'il échappe au plomb de ce sportsman. Les prouesses des chasseurs sont aujourd'hui extraordinaires et le nombre des bons fusils s'est considérablement accru. Jadis on admirait le coup d'œil d'un gentleman campagnard qui tuait une fois sur deux. Nous n'en sommes plus là. Les gens qui brûlent efficacement la moitié de leurs cartouches entrent dans la catégorie des passables, et l'on ne fait même plus attention au monsieur qui abat le tiers des animaux qu'il a visés... Me croira-t-on si je déclare qu'on rencontre actuellement dans les chasses des environs de Paris des gentlemen qui, sur dix perdreaux passant ou partant à portée de leur mitraille, en abattent jusqu'à huit et neuf?

C'est dans la classe aisée que se trouvent les premiers fusils, car il en est du tir comme des autres exercices : ceux-là y excellent qui lui consacrent le plus de temps. Or, je sais une foule d'hommes — hier encore adolescents — qui, grâce aux loisirs que leur procure leur fortune, brûlent jusqu'à cinq cents cartouches par semaine. Leur prunelle gagne, à ce jeu, une justesse étonnante. Leur geste acquiert une promptitude qui, mariée à la subtilité de leur vision, donne des résultats stupéfiants : ces mêmes individus puisent dans la fréquentation des tirs aux pigeons un surcroît de vitesse et de sang-froid qui ajoute encore à leur quasi-infaillibilité. Le pigeon — oiseau difficile entre tous — développe chez ces « amateurs » des aptitudes qui font merveille sur le terrain de chasse. La rapidité et les caprices de son vol lui permettent de narguer les tireurs de force ordinaire, et la preuve, c'est que les plus malins chasseurs, amenés sur la planche, en face des boîtes, sont tout surpris de rater quinze fois sur vingt. Bref, comme gammes préparatoires, rien ne vaut le tir au pigeon, et si l'on me confiait l'éducation d'un Carwer ou d'un Ira Payne, c'est là que je les mènerais tous les jours, avant de les lâcher sur les lapins et les perdreaux.

LORD DE GREY

    Depuis quelques années, les grands fusils se sont multipliés en France et surtout aux environs de Paris. Cette amélioration de tir est due en grande partie aux chasses princières de Seine-et-Marne et de Seine-et-Oise, et aussi aux tireurs étrangers qui s'y montrent chaque année à la saison de chasse. Parmi ceux-là figure en première ligne un Anglais, lord de Grey, qui est considéré comme un des fusils les plus brillants de tout le Royaume-Uni.
    C'est un fusil absolument remarquable qui arrive à faire non seulement des « doublés », mais des « quadruplés » sur les grouses, abattant deux oiseaux de face et deux autres de queue. Je vous laisse à penser quelle maëstria est nécessaire pour arriver à tirer ses quatre coups de fusil en *cinq secondes*, au maximum. Il a d'ailleurs avec lui un homme qui lui passe un fusil chargé et prend

l'autre en un clin d'œil littéralement. Lord de Grey reste *épaulé* pour ainsi dire, et l'arme lui est mise dans la main avec une dextérité sans égale. Des pigeons-shooters de toute première force, habitués aux plus rapides blue-rocks, n'ont jamais pu arriver à accomplir une pareille performance, et cela parce qu'ils sont souvent décontenancés par le vol de flèche des grouses. Lord de Grey tire avec des armes à lui, garnies de cartouches fabriquées par lui et amorcées d'une façon à part. Il n'hésite pas à complimenter ses compagnons d'un joli coup, car, durant une battue, bien que très occupé lui-même, il voit tout ce qui advient, la façon dont ses voisins ajustent, le nombre des perdreaux qui se sont présentés aux plombs de la ligne. Enfin on sent que ce Carver britannique connaît à fond son affaire et que le tir du perdreau a été étudié et pratiqué par lui à l'égal d'un culte ou d'une profession. On m'a affirmé de source sûre que lord de Grey se faisait maintenant accompagner, pour les battues en plaine, par deux hommes. Total : trois fusils doubles. Une compagnie de perdreaux arrive, lord de Grey décharge son fusil en tête, les deux hommes sont étendus aux pieds du tireur ; l'un d'eux tend son fusil que lord de Grey décharge en travers, laisse tomber l'arme, saisit l'autre et termine par un doublé en queue. Trois doublés sur la même compagnie. Cette rapidité d'exécuter tient véritablement du prodige.

Le vol du perdreau, qui est déjà très rapide, n'est rien auprès du vol du grouse, et l'on comprend aisément qu'un sport présentant des difficultés aussi grandes soit des plus en honneur dans les « moors » d'Écosse.

On a calculé que leur vitesse, quand ils sont bien lancés, n'est pas moindre de 90 kilomètres à l'heure, c'est-à-dire à peu près celle d'un train express. En raison même de cette allure, ils filent horizontalement, à six pieds de terre ordinairement. Pour donner aux tireurs novices une idée de la distance en avant de laquelle ils doivent jeter leur coup de fusil quand l'oiseau passe par le travers, les gardes écossais ont l'habitude de mener le jeune chasseur près d'une ligne de chemin de fer. Ils indiquent comme points de repère deux poteaux distants de 50 mètres ; quand un train arrive à toute vitesse, ils invitent leur élève à mettre vivement en joue (de leur fusil déchargé naturellement) le second poteau au moment où le chasse-pierres de la machine atteint le premier poteau, puis à observer avec quelle quasi-instantanéité ils aperçoivent ladite machine au bout de leur guidon.

« Un grouse vole aussi vite, » ajoutent-ils en matière de conclusion à leur leçon expérimentale.

Je conviens volontiers que la chasse devant soi avec un bon gordon setter, telle qu'on la pratiquait autrefois, est beaucoup plus « cynégétique ».

Si j'ose ainsi parler, j'ajouterai même qu'elle offre un tout autre attrait, à nos yeux, que les battues. Mais aujourd'hui les oiseaux sont tellement sauvages, huit jours après l'ouverture, qu'on ne peut songer à les aborder à portée ; force est donc de recourir aux rabatteurs.

Gagner les plateaux sur lesquels vivent les grouses en compagnies nombreuses est déjà une fatigue assez rude, car, à moins de se mettre en marche la nuit, il faut, pour profiter de quelques heures de lumière des journées d'hiver, gravir des pentes à pic, en coupant au court, et non pas suivre les routes en lac et qui tournent sur le flanc des collines. Il faut pour cela bon jarret, je vous assure, et quand, après deux heures d'ascension, on arrive à destination, un lunch léger n'est pas de trop pour réparer les forces et détendre les nerfs.

Les grouses ont l'œil très perçant, et il importe que les tireurs soient parfaitement dissimulés, au moment surtout où les oiseaux s'enlèvent, car, une fois bien dans leur vol, ils n'obliquent plus guère et ne cherchent leur salut que dans la rapidité de leurs ailes.

Le grouse est assurément le plus beau coup de fusil que je sache, c'est un gibier sportif, et, comme tel, lord de Grey avait sa place marquée dans cette galerie.

LE COMTE A. DE LAFONT

Quarante et quelques années, d'une taille fort au-dessus de la moyenne, tête prompte et bon cœur, passionné pour tous les sports, mais surtout adorant les émotions assaisonnées de dangers, des chasses en pays lointains, voici en deux mots le portrait du comte de Lafont.

Il adore la chasse depuis sa plus tendre enfance, écoulée sous les futaies séculaires du grand parc du château de l'Escorcière, en Poitou. Il apprit la chasse en apprenant à parler, et ne voulait s'endormir, dans les premiers sommeils de son jeune âge, que bercé par les voix de basse-taille des chiens de son oncle, le baron Victor de Beaujour, mort tout jeune, d'une imprudence de chasse.

Le comte de Villars, de si regrettée mémoire, et son neveu le comte Émile de la Besge, dont les châteaux sont voisins de celui de l'Escorcière, chassaient, avec le baron de Beaujour, un fort louvart qui venait de les mener grand train pendant deux heures ; l'animal, sur ses fins, se jette à la nage dans la Vienne, très profonde en cet endroit, et aborde dans l'île de Varenne, à 30 mètres au large ; l'eau était très froide, les chiens hésitaient, le baron de Beaujour, n'écoutant que sa fougue, enlève sa jument, la force à bondir dans la Vienne, gagne l'îlot et dague, aux applaudissements des spectateurs, le louvart acculé.

Cette imprudence lui coûta la vie ; huit jours après, il était enlevé par une pleurésie.

N'entendant parler autour de lui que chasse et chevaux, jouant toute la journée sur la pelouse du parc avec les jeunes chiots à l'élevage, qui, souvent dans leurs ébats, le renversaient sur l'herbe et le roulaient comme un bouchon, notre gamin ne rêvait plus que chasse ; tous ses jeux ne consistaient que dans des simulacres de chasse, forçant sa bonne, une fort jolie Anglaise, à se mettre à quatre pattes dans le salon pour faire le chien, et à aller chercher sous les meubles des animaux en carton. Puis ce furent les civettes et les rats d'eau des ruisseaux du parc qui devinrent ses bêtes de chasse ; à six ans, il en détruisait des quantités considérables, les tuant à la course, d'une balle de carabine Flobert.

C'est ainsi que naquit en lui cette passion que rien ne peut assouvir ! Son oncle y contribua pour beaucoup ; son plus grand plaisir était de prendre le gamin sur sa selle, au grand désespoir de sa mère, et de lui faire suivre des chasses de lièvres dans les brandes avoisinantes, et le jeune *boy* de crier : *Tayaut ! Tayaut !* comme un vieux veneur.

Trop jeune à la mort de son oncle pour pratiquer lui-même cet art qu'il adorait, le comte de Lafont vécut cinq ans, voyant sa passion grandir de jour en jour au récit ou à la vue des chasses du grand maître le vicomte Émile de la Besge, le vénéré président du Rallye-Poitou.

Enfin ses quinze ans ont sonné, il commence à chasser et à montrer ce qu'il deviendra, ce qu'il est à cette heure, un des premiers fusils.

Trois ans s'écoulèrent, et les perdrix, lièvres et chevreuils de ce coin du Poitou n'avaient pas beau jeu ; mais notre jeune chasseur n'était pas encore heureux... et, bien que sa grand'mère fît tout pour le satisfaire, remplaçant sans se plaindre trois chevaux fourbus en un mois, il ne trouvait pas là encore la réalisation de ses rêves. Aussi, son droit fini et son grade d'avocat cueilli entre deux coups de fusil, le voyons-nous à vingt ans partir pour les Alpes du Tyrol, s'y installer dans une hutte de pâtre, n'ayant pour compagnon qu'un vieux chasseur de chamois, y rester six mois sans crainte de se rompre le cou, sans peur d'être enseveli sous les avalanches, et chasser sans trêve ni repos le chamois, le coq de bruyère et la bécasse.

Puis, chassé par les neiges, il traverse la Méditerranée, va chasser la caille dans les plaines d'Égypte ; après quoi, nous le retrouvons en Sardaigne, chassant le cerf et le sanglier, puis enfin en Algérie où, pendant quinze mois, il chasse à tir le jour et passe ses nuits à l'affût de la panthère. Deux de ces fauves ont roulé sous sa balle.

Invité en 1877 par Si Ali, gouverneur d'Ouddja, au Narve, il en profite pour traverser seul avec un Arabe, ancien officier dont il est l'ami, tout le territoire séparant Ouddja de Tanger, où il arrive sain et sauf après les plus émouvantes péripéties.

Le comte Auguste de Lafont revint alors en France et épousa

en 1882, à Marseille, Mlle de Giraud d'Agay, qui est devenue une de nos plus intrépides sportswomen.

Après son mariage, M. de Lafont s'installa en Sologne, mais bientôt la nostalgie des voyages le reprit et il lui fallut repartir pour le pays des chasses émouvantes ; il est même allé jusque dans le Mentana chasser l'ours gris.

S. E. LE GÉNÉRAL DE DIVISION CHÉRIF PACHA

AIDE DE CAMP DE S. M. I. LE SULTAN

Chérif Pacha, fils de l'illustre homme d'État Saïd Pacha, occupe, en Turquie, une position des plus brillantes. Véritablement homme de sport, c'est un des généraux de cavalerie les plus élégants, les plus distingués et les plus intelligents de l'armée ottomane. Son allure toute martiale et son caractère très affable, très courtois et très franc, nous rappellent le type du parfait officier. Possédant des qualités marquées, il cherche toutes les occasions pour user de l'influence dont il jouit, à si juste titre, dans son pays, pour servir ses amis.

Le général Chérif Pacha est un Parisien dans toute l'acception du mot, il a demeuré très longtemps parmi nous comme attaché militaire et il a conservé le meilleur souvenir de son long séjour en France, qu'il aime comme sa seconde patrie, et il tient nos compatriotes dans la plus grande estime et la plus grande affection ; aussi ses amis sont sûrs de trouver chez lui l'hospitalité la plus large. Il a laissé la meilleure impression dans la société parisienne où ses nombreux amis regrettent son absence.

Ancien élève du premier Escadron de France, Chérif Pacha est un cavalier accompli et s'occupe en outre de tout ce qui est sport en parfait connaisseur ; il a, aux environs de Constantinople, une superbe chasse de plus de deux mille hectares ; les gibiers les plus variés s'y trouvent en très grande abondance ; lièvres, renards, chevreuils, sangliers, loups et hyènes habitent ses charmantes forêts, et sur les hauts sommets on trouve même l'ours. Le gibier à plume n'y manque pas non plus, les bécasses et les faisans y sont en très grand nombre.

Ce n'est pas sans peine que Chérif Pacha est parvenu à donner à ses forêts et montagnes tout ce qu'il fallait pour les rendre des chasses qui puissent rivaliser, sans contredit, avec les meilleures de l'Occident ; le général est arrivé à y mettre une organisation toute européenne.

Ses parties de chasse sont aussi agréables qu'intéressantes. Il possède une meute de plus de quatre-vingts chiens courants, dits « Copoï », et ses rabatteurs sont dressés à la perfection ; aussi c'est bien rare de voir une journée de chasse terminer sans un grand nombre de gibier abattu. Très bon tireur lui-même, il manie sa carabine Purdey avec une adresse prodigieuse, et souvent on l'a vu, à la stupéfaction de ses compagnons de chasse, tirer et abattre des sangliers et des chevreuils à des distances énormes.

Le général Chérif Pacha aime beaucoup à s'exercer au tir, et tous les matins immanquablement il tire vingt-cinq balles avec des pistolets de Gastine-Rennette et il fait des mouches vraiment surprenantes. Pendant qu'il était élève à Saint-Cyr, il obtenait toutes les récompenses du tir. Il est aussi fort à l'épée. Après avoir travaillé avec Gabriel, qui était alors professeur d'escrime à l'École de Saint-Cyr, Chérif-Pacha s'en vint se perfectionner à la salle Cain. C'était à l'époque un des élèves les meilleurs de Cain, qui en comptait cependant quelques-uns de fort remarquables. Le général Chérif Pacha était un tireur de tête. Il excellait dans les temps d'arrêt. Il avait pour habitude de toujours consacrer la première partie de sa leçon au plastron ; il faisait assaut avec n'importe quel élève. Il recherchait les jeux difficiles et, lorsqu'un tireur étranger se présentait à la salle du passage de l'Opéra, on était certain de voir Chérif Pacha se mesurer avec lui. Très courtois, il ne contestait jamais un coup et, lorsqu'il était touché, il le disait bravement. Le général n'est pas seulement excellent tireur à balle, il manie également ses fusils lices Purdey avec la même adresse, et souvent on le voit en automne abattre en une journée plus de deux cents cailles.

Il chasse aussi beaucoup les différentes variétés de canards sauvages qu'on rencontre en abondance dans le lac d'Erseck, qui lui est réservé.

Pour finir, nous dirons que Chérif Pacha, qui aime à rendre le séjour de sa chasse aussi confortable que possible, a fait construire au milieu de ses forêts une maison où il s'empresse toujours d'inviter ses camarades de promotion et ses amis français toutes les fois qu'ils passent par Constantinople. Ses invités sont toujours agréablement surpris de l'abondance du gibier et très intéressés par les différents types des paysans turcs au milieu desquels ils chassent et ils vivent ; aussi ils s'en vont en emportant le meilleur souvenir tant de la chasse que du général, dont l'hospitalité est tout orientale.

Le général Chérif Pacha est cousin de S. A. le Khédive, par son mariage avec S. A. la princesse Eminé d'Égypte, petite-fille du grand Mehemmet-Ali.

LE MARQUIS DE CHAMBONAS

De taille moyenne, les cheveux drus, coupés ras, une moustache fine et cavalière, la lèvre impérieuse et sardonique, l'œil d'un éclat bizarre, tel est le marquis de Chambonas ; un bel et fier officier retiré du service après avoir fait vaillamment son devoir.

Ancien capitaine de chasseurs à pied, décoré pour sa belle conduite pendant la guerre, le marquis est un sportsman accompli, et, comme il est d'une activité extraordinaire, son sport favori est la chasse au chamois, dans les montagnes de l'Isère.

Il faut être solide et avoir bon jarret, je vous le promets, pour pratiquer ce genre de sport, car, à part les dangers sans nombre auxquels on est exposé, il y a de la fatigue à revendre avant d'arriver au port.

Le marquis de Chambonas, qui connaît les montagnes de l'Isère mieux que le boulevard, chasse généralement le chamois à l'*approche*. L'approche est pratiquée par les intrépides, car on n'est jamais plus de deux ou trois.

Pour chasser le chamois à l'*approche*, surtout lorsqu'on est seul, il faut d'abord connaître parfaitement les montagnes où l'on chasse et les mœurs des chamois, et arriver ensuite à apercevoir, sans éveiller son attention, un troupeau de chamois, à la distance d'une centaine de mètres. Les chamois paissent tranquilles, et le chasseur choisit sa victime, celle qui montre le mieux les poumons. L'explosion retentit, mais le chasseur reste immobile, pour ne pas perdre la chance, — en montrant aux chamois, par un mouvement, d'où vient le danger, — de tirer un second coup à bout portant si les chamois, effrayés par les échos du premier coup de feu, prennent la fuite dans sa direction.

La chasse à l'*approche* se pratique, d'ordinaire, de *haut en bas*. Elle exige des détours sans fin, et des précautions sans nombre, une prudence consommée et un rampement continuel.

La chasse à la traque se fait au contraire en nombreuse compagnie, au moyen de chiens et de rabatteurs qui traquent un troupeau de chamois et le font passer par certains défilés où les chasseurs postés les abattent d'un coup de fusil au passage.

Le directeur de la chasse donne ordre aux chasseurs de ne s'écarter de leur poste sous aucun prétexte. C'est en n'observant pas cette consigne que le capitaine Collet-Meygret, qui assistait pour la première fois à une de ces battues, s'étant écarté pour poursuivre un chamois qu'il avait blessé, s'est tué en dégringolant avec le chamois dans un précipice de 100 mètres, au fond duquel coule le Guiers, qu'ont traversé sur un pont des plus hardis tous ceux qui sont allés à la Grande-Chartreuse par Saint-Laurent-du-Pont.

Presque tous les chasseurs qui, pour la première fois, chassent à la *traque*, lorsqu'ils ont la bonne fortune ou plutôt la malchance de blesser un chamois, courent le danger le plus extraordinaire et le plus irrésistible de la chasse au chamois.

On voit à Versailles, dans la *Prise de la Smala*, d'Horace Vernet, la fameuse figure du Kabyle : grand, long, maigre, l'œil ardent. Ce Kabyle est tout simplement un indigène de la Grande-Chartreuse, du nom de Vialy, qui a été le héros de la plus prodigieuse chasse à la *traque* dont les annales cynégétiques de ces montagnes conservent le souvenir.

Quand la République fut proclamée en 1848, les habitants de la Grande-Chartreuse, ne sachant pas ce qui allait arriver, voulurent, avant qu'il arrivât quelque chose et pour jouir à tout hasard de leur reste, se livrer à une grande chasse à la *traque*, qui pouvait être prise, d'autre part, par le nouveau régime, comme une réjouissance propre à leur concilier ses faveurs. Vialy, retiré dans son pays natal et jouissant d'une grande réputation de chasseur, fut chargé d'organiser la chasse. Mais il voulut faire une chasse comme on n'en avait jamais fait. Il choisit l'étroit massif de forêts et de rochers qui sépare le monastère des Chartreux du Grand-Som, cette haute montagne à pic, surmontée d'une croix, à laquelle le monastère semble adossé.

A mi-hauteur du Grand-Som se trouve comme une tablette de pierre, une corniche, un balcon, par lequel les chamois franchissent le milieu du massif, quand on les traque d'un côté et qu'ils veulent gagner l'autre côté pour prendre la clef des champs.

Au risque de se rompre le cou, Vialy se hisse jusqu'à la corniche, où jamais être humain n'avait mis le pied, et là, le torse arc-bouté sous le roc qui surplombe, sur la hanche et sur la cuisse, sa main droite serrant son chapeau de feutre, sa main gauche crochée au roc, comme un crampon de sûreté, le bout de ses souliers dépassant la tablette et dans le vide de l'abîme, il retient sa respiration et attend, les yeux regardant à [gauche, d'où doivent venir les chamois, que traquent à grands cris les chasseurs et les chiens.

Bientôt un petit bruit sec et rapide se fait entendre. Un chamois arrive. Un mouvement du genou droit, un coup de chapeau. La secousse, la surprise, la terreur jettent le chamois dans l'abîme. Un second chamois, puis un troisième, puis vingt-huit sont victimes du même stratagème. Le soir, tous les villages environnants mangèrent du chamois en l'honneur de la République ou du dernier beau jour qu'elle pouvait leur laisser...

Non content d'être un grand fusil, le marquis de Chambonas est encore un de nos meilleurs escrimeurs ; il pratique également le tir au pistolet; et il le pratique surtout parce que c'est une arme de guerre.

GUSTAVE VOULQUIN

M. Gustave Voulquin est un homme de sport, dans toute l'acception du terme, occupant une des premières places dans le monde des tireurs au pistolet. Et cette place lui appartient, c'est le cas de le dire, par droit de conquête, parce qu'il excelle dans tous les genres de tir au pistolet, au visé, au commandement, à moyenne ou à grande distance ; et ensuite parce que nous pouvons le considérer comme un des principaux créateurs de la société, « le Tir au pistolet », dont il est le secrétaire dévoué.

M. Gustave Voulquin, qui est né en 1852, a commencé, à sa sortie de Sainte-Barbe, où il a fait ses études, à s'intéresser à l'eau-forte, mais il n'a pas tardé à renoncer à cet art, qui le tenait trop sédentaire. Il était fait pour le grand air ; aussi, dès qu'il eut abandonné l'eau-forte, il se livra au sport, et, à partir de cette époque, il lui appartient tout entier. L'escrime, la gymnastique, la chasse, en un mot tous les exercices de plein air, ont en M. Gustave Voulquin un zélé défenseur ; et il l'a prouvé en maintes et maintes circonstances : le baron de Coubertin en sait quelque chose, car il l'a rencontré souvent sur sa route ; surtout au moment de l'organisation des jeux Olympiques, contre lesquels il a mené, partout où il a pu, une campagne des plus énergiques. A Besançon, à Caen, à Bordeaux, il a pris la parole et il a été si éloquent, si persuasif, qu'il est arrivé à faire triompher ses idées, et il a même eu la chance de voir voter les vœux déposés par lui aux congrès de l'Association française pour l'avancement des sciences, qui se sont tenus dans ces villes.

Si vous voulez être son ami, ne lui parlez pas du foot-ball ou autres jeux anglais, il ne veut en entendre parler à aucun prix. Le concours du tir au pistolet n'a plus de secrets pour lui aujourd'hui ; ce qui ne l'empêche pas cependant d'y prendre part chaque fois qu'il a lieu.

Tireur attentif, observateur plein d'entrain, il fait un carton avec ce sentiment artistique qui appartient aux seuls privilégiés.

L'exercice du tir au pistolet a pris, grâce à lui et au comte Clary, une très grande extension dans les mœurs parisiennes, et notre jeunesse y déploie une aptitude remarquable.

Gustave Voulquin est dans toute la force de l'âge : quarante-cinq ans, petit, nerveux, cheveux complètement rasés, moustaches en crocs, et ressemble un peu à un de ces officiers en demi-solde de la fin du premier Empire ; il a de qui tenir, du reste, car le nombre de ses parents qui ont fait et font encore partie de l'armée est considérable. Ancien délégué de la Ligue des patriotes, rédacteur par occasion au *Drapeau*, moniteur officiel de la défunte ligue, M. Gustave Voulquin est un des lieutenants les plus dévoués de M. Paul Deroulède, c'est dire que le mot *France* est son mot d'ordre. C'est un adversaire des jeux anglais qui ont été introduits chez nous depuis quelques années, et toute son activité se porte à faire triompher ce qu'il appelle les sports utiles, comme l'escrime, le tir, l'équitation, le rowing, la boxe, la gymnastique, etc. Malgré son antipathie pour les exercices anglais, si nos voisins d'outre-Manche veulent nous édifier sur leurs illustres performances, ils trouveront en M. Gustave Voulquin un tireur qui n'hésitera pas à se mesurer avec eux ; et, comme c'est un fanatique de la mer, il serait capable, si on le lui proposait, de venir faire ces matches au pistolet à Maisons-Laffitte, après avoir fait le tour du monde en yacht.

Si au premier abord M. Gustave Voulquin paraît un peu rébarbatif, cela ne l'empêche pas d'être un cœur excellent et de compter des amis sûrs dans tous les mondes.

La Société *le Pistolet*, dont nous parlons plus haut, fut fondée vers 1894. Le comte Clary et Gustave Voulquin en furent les créateurs. Après une campagne menée dans la *France militaire* en faveur du tir à longue portée sur silhouettes et même sur silhouettes mobiles, ces deux sportsmen eurent une idée commune : fonder une société de tir sur silhouettes noires placées à 28 ou 30 mètres des concurrents, qui se tiendraient sur la même ligne, près l'un de l'autre, chacun ayant en face de lui une silhouette ; puis tirer au commandement, au pistolet ou au revolver, aussi rapidement et justement que possible.

C'est M. Mérillon qui a trouvé la place que les concurrents devaient occuper près l'un de l'autre.

La Société, fondée le 2 mai 1894, par le comte Clary et Gustave Voulquin, comptait, au moment de sa fondation, 75 membres ; à l'heure actuelle, elle en compte 230.

Les deux présidents d'honneur de la Société *le Pistolet* sont M. Daniel Mérillon, président de l'*Union nationale des Sociétés de tir de France*, et M. Hébrard de Villeneuve, président de la

Société d'Encouragement de l'Escrime. M. le lieutenant-colonel Dérué est vice-président d'honneur.

Le Bureau se compose de MM. le comte Clary, président; comte de l'Angle-Beaumanoir et Maurice Faure, vice-présidents: Gustave Voulquin, secrétaire ; capitaine Bizot, trésorier.

Le Comité se compose de quinze membres élus par tous les sociétaires.

Des poules sont organisées tous les mois, à l'exception des mois de juillet, août et septembre. Ces poules ont lieu en plein air, pendant la belle saison, aux stands de Versailles, Maisons-Laffitte, ou dans une propriété d'un membre du Cercle. Selon le nombre de tireurs présents, il y a deux, trois ou quatre poules. Les gagnants ont comme récompense et comme souvenir une superbe médaille gravée par le célèbre graveur Frédéric Vernon, prix de Rome, hors concours du Salon. Chaque tireur ne peut remporter qu'une médaille par an ; mais, dans le cas où il gagne plusieurs poules dans la même année, les dates sont gravées aux frais de la Société, sur le revers de la médaille; sur ce revers est une branche de laurier, à laquelle sont entrelacés un pistolet et un revolver, avec la devise : *Gardien de la Gaule, vengeur de l'honneur !* La face représente une magnifique tête de jeune Gauloise. Cette médaille est la propriété exclusive de la Société. De plus, chaque gagnant a son nom inscrit sur un tableau d'honneur, au siège social de la Société, 10, rue Blanche.

Pendant les mois d'hiver, les poules ont lieu au tir Gastinne-Renette, avenue d'Antin, prêté gracieusement par son propriétaire.

Le Comité vient de décider que des poules au revolver ainsi qu'au pistolet, *au visé, puis sur silhouettes mobiles,* alterneraient avec les poules au commandement.

On se rendra compte des progrès réalisés par la jeune Société en apprenant que les vainqueurs des premières réunions gagnaient avec 5 ou 7 points, tandis que présentement les gagnants ont de 11 à 14 points.

Les poules réunissent habituellement dix tireurs, et, comme les membres présents sont souvent trente et plus, il arrive qu'il est nécessaire d'organiser trois ou quatre poules. Les séances, malgré ce nombre de tireurs, ne sont que de deux heures, grâce à l'habileté, à l'expérience, que possèdent les chargeurs du tir Gastinne-Renette.

Les vainqueurs de une ou de plusieurs poules sont jusqu'à présent : MM. Paul Moreau, comte Clary, René Pensa, Joseph Labbé, Maurice Faure, comte Henri d'Havrincourt, Daniel Mérillon, Georges Kohn, Gustave Voulquin, Eugène Cuvillier, Richefeu, W. Seligmann, Gaston Legrand, de la Ville-le-Roux, Paul Manoury, Roger-Nivière, baron de Schonen, comte R. de Quélen, A. Dernis, Georges Lambert, E. Arthez, baron Larcanger, comte J. de Chabannes-La-Palice, capitaine Dilschneider, vicomte d'Hauterive, Léon Lecuyer, Lafourcade-Cortina, Pierre Perier, Georges Bureau, baron Jaubert, capitaine Chauchat, capitaine de la Falaise, de Felcourt, Joseph Renaud, Clolus, Cahusac-Delaroche, H. Lavertujon, Horace de Callias.

Beaucoup de ces messieurs sont en même temps d'excellents et réputés escrimeurs, dont la compétence fait loi.

L'escrime, le tir, l'équitation, les exercices de gymnastique de toutes sortes doivent marcher ensemble les mains serrées, dans l'intérêt de la véritable éducation physique, propre à défendre la patrie, le foyer, la famille, lier ensemble tous ces gens de cœur, leur apprendre à se connaître, à s'estimer, les faire se rencontrer pour le bien de tous, faire que les escrimeurs donnent leurs goûts, leurs conseils aux tireurs, et réciproquement ; essayer de faire venir autant d'adhérents que possible à chaque spécialité, car aucune ne peut faire de tort à l'autre, bien au contraire ; ne pas se cantonner dans un seul exercice, mais pratiquer tous ceux qui peuvent être non seulement utiles, pratiques, mais aussi sains et fortifiants, nécessaires au développement physique, ainsi qu'à la force et à l'adresse corporelle; voilà le but qu'il a paru à la Société du *Pistolet* bon et utile de poursuivre, et qu'elle atteindra avec l'aide de tous ceux qui désirent le relèvement de la Patrie.

M. POIDATZ

Le tir de Gastinne-Renette est, sans contredit, un des tirs les plus fréquentés de Paris. C'est là que la gentry parisienne vient chaque jour tirer ses douze balles, c'est là que se font les réputations. C'est justice, du reste, car M. Gastinne-Renette a tout fait pour donner à ce sport si français la place qu'il occupe aujourd'hui, en organisant chaque année des concours au visé et au commandement.

C'est de l'avenue d'Antin que sont partis, à diverses époques, ces tireurs extraordinaires dont les noms figurent presque en lettres d'or sur le tableau des primes. Et à l'appui de mon dire, laissez-moi vous présenter M. Poidatz, un des principaux lauréats du tir de l'avenue d'Antin.

De taille ordinaire, bien fait, bien découplé, le teint légèrement coloré, d'une mise correcte et soignée, M. Poidatz a l'air d'un officier de zouaves en bourgeois. La chose n'a rien de bien extraordinaire. Avant de faire son droit et d'être secrétaire général du *Petit Journal* et directeur du *Matin*, M. Poidatz a appartenu pendant cinq ans à l'armée. Engagé volontaire, à sa sortie de Charlemagne, il a été successivement caporal, sergent, sergent-major, et, à l'heure qu'il est, il est sous-lieutenant de réserve.

C'est en 1886 que ce sportsman a commencé à s'exercer au tir au pistolet, et c'est au hasard qu'il doit d'être aujourd'hui un des premiers tireurs au pistolet. Entré au tir Gastinne-Renette pour chercher un ami, il prit un pistolet et tira en l'attendant une douzaine de balles sur le bonhomme. Comme il le toucha presque chaque fois, il s'aperçut bien vite qu'il avait quelques dispositions pour ce sport si attrayant, et à partir de ce jour il devint un des tireurs assidus du tir de l'avenue d'Antin où il enleva rapidement toutes les médailles.

M. MAURICE FAURE

Un des rois du tir à l'arme de guerre et à la carabine de précision, un des princes du tir au pigeon, au pistolet et au revolver, a été à tous les concours de tir de France et de l'étranger, et en est revenu chaque fois avec une ample moisson de lauriers. Il vient du reste de se couvrir encore de gloire, au grand concours international de tir qui a eu lieu en juillet 1898, à Neufchâtel, en Suisse : M. Maurice Faure a fait une carte de série de cent coups au revolver d'ordonnance suisse, à 50 mètres, avec 75 cartons touchés sur 100. Ce brillant exploit lui a valu le diplôme de maître tireur et une médaille d'honneur de la Société suisse des Carabiniers. Cette médaille a été frappée spécialement avec le nom du titulaire. Depuis quatre ou cinq ans que les maîtres tireurs ont été institués, il n'y en a pas plus de dix à douze. C'est dire l'importance de la médaille qui est cotée très haut en Suisse. M. Maurice Faure est le premier étranger qui est obtenu cet honneur, il peut en être très fier.

M. Maurice Faure est encore de première force à la paume et, comme chauffeur, on n'a plus rien à lui apprendre. Il fait encore du *Trout Fishing* et il est pour les pointeurs à grande quête. Ses élèves sont fort remarquables. Pratique l'escrime depuis peu de temps et deviendra aussi bon escrimeur que bon tireur, surtout s'il abandonne l'épée pour reprendre le fleuret. Trente-huit ans, petit, râblé, l'air très pacifique, et l'est réellement, car tous ses camarades l'estiment et font son éloge.

Il nous est impossible de citer les noms de tous les forts tireurs que nous connaissons, et qui sont beaucoup plus nombreux que le commun du public ne le pense. Parmi ceux-là nous citerons :

MM. le comte Jean de Chabannes La Palice (classé premier au dernier concours de tir au visé); John B. Paine (classé premier au dernier concours de revolver); prince Cantacuzène, prince de Tarente, lieutenant d'Applaincourt, du 39ᵉ de ligne ; G. Lambert, fils du peintre connu ; Sunner, Paine, J. Deseilligny, E. Arthez, de Semitchoff, capitaine Dilschneider, E. Demuth, etc.

Tous ces tireurs ont pour devise : *Touche et fais mouche !*

M. ÉMILE ALLAIR

CHAMPION AU FUSIL DE GUERRE

Né le 25 décembre 1860, à Savenay, dans la Loire-Inférieure qu'il habite encore aujourd'hui, M. Émile Allair exerce la profession d'entrepreneur de travaux publics. Il s'est mis au tir seulement à vingt-neuf ans et de suite a obtenu de nombreux succès, servi du reste par une vue et une constitution physique excellentes.

Les principaux prix qu'il a remportés sont : en 1893, 1er prix d'honneur au Mans et à Angers ; en 1894, 1er prix au concours international de Lyon, au tir debout et avec notre fusil Lebel, 1er prix au concours de Satory ; en 1895, prix d'honneur et 1er prix au concours de Rouen.

Le champion de France tire également bien aux armes de précision, le fusil de guerre et le revolver, il s'efforce de propager le goût et l'art du tir, qu'il enseigne comme professeur volontaire au lycée de Nantes et à l'institution Livet.

M. Émile Allair est un tireur hors ligne, dont les valeureux et persévérants efforts ont trouvé partout où il s'est présenté leur récompense dans un éclatant succès.

Sans vouloir, à son sujet et prêchant l'exemple, exalter le thème patriotique, nous lui devons bien ici de sincères félicitations auxquelles s'associeront nos lecteurs. Nous devons aussi le remercier d'avoir toujours, dans les concours où il a pris part, vaillamment et victorieusement défendu l'honneur national contre les tireurs étrangers très forts avec lesquels il s'est souvent trouvé en lutte.

Et, à ce propos, enregistrons le succès qu'il a obtenu au concours de Turin, où il a gagné la grande médaille d'or du concours, médaille d'autant plus précieuse que trois exemplaires seulement en ont été frappés. Elle est du module d'une pièce de 100 francs en or et porte au recto l'Italie personnifiée par une jeune femme couronnée et donnant une leçon de tir à un enfant. Au verso un cartouche sur lequel sont inscrites les dates des concours internationaux ayant eu lieu à Turin : 1848, 1870, 1898. Ce cartouche est supporté par un aigle les ailes déployées.

Le concours avait lieu en 120 balles, 40 dans chacune des trois positions réglementaires : debout, à genou et couché ; 6.000 tireurs ont pris part au concours.

Le soir de la distribution des prix, en sortant de la salle, les Français ont été portés en triomphe par les Italiens aux cris de « Vive la France ! » pendant que trois musiques italiennes jouaient la *Marseillaise*. L'enthousiasme était indescriptible et prouvait bien que, si le gouvernement fait partie de la Triplice, le peuple italien nous conserve ses sympathies.

De Turin, les tireurs français se sont rendus à Vienne, où avait lieu un grand concours de tir en l'honneur du cinquantenaire de l'empereur François-Joseph.

Si en Italie ils avaient été reçus à bras ouverts, en Autriche la réception a été froide, très froide même. Cela n'a pas empêché nos compatriotes de briller encore au premier rang, et M. Allair a conquis les palmes de premier maître tireur autrichien. Pour avoir ces palmes très enviées en Autriche, il faut mettre 20 balles à 300 mètres dans la tête d'un mannequin représentant un homme, épreuve dont notre concitoyen s'est tiré à son honneur, aucune de ses balles ne donnant lieu à une contestation. Il a gagné en outre de nombreux et splendides prix, dont deux superbes montres de précision.

Les performances de M. Allair sont certainement remarquables, mais, en ma qualité de chasseur, je suis l'ennemi juré du tir posé, et je me demande pourquoi l'on ne développe pas davantage le tir à but mobile, qui offre plus de difficultés, et qui, par cela même, serait plus intéressant. Depuis que l'on se sert d'arcs, d'arbalètes et de fusils, cela a toujours été afin d'arrêter une proie ou un ennemi, et, dans la généralité des cas, le tireur s'adresse à un but mobile. Nous ne voyons véritablement que le tir de guerre qui vise un ennemi que, vu son éloignement, on puisse considérer comme immobile. Cette dernière considération motive d'autant moins l'habitude que l'on a prise de s'exercer au tir presque exclusivement à la cible, que, même à la guerre, les circonstances obligent parfois des fantassins à tirer sur des cavaliers qui fuient avec toute la rapidité de leurs chevaux.

Cela dit, n'allez pas croire que nous voulons détourner de leurs devoirs tous les jeunes gens qui s'exercent au tir à la cible avec le fusil de guerre. Nous sommes loin de confondre l'importance de la défense nationale avec l'agréable plaisir de la chasse, et, bien au contraire, nous sommes le premier à reconnaître la nécessité d'avoir une armée de bons tireurs et à reconnaître combien nous sommes encore sous ce rapport inférieurs à nos voisins les Suisses et les Allemands.

Il convient donc de féliciter M. Allair, ce vaillant qui va soutenir au loin la réputation du tireur français et qui sait se montrer Parisien partout avec sa rude franchise et sa finesse d'esprit.

LE TIR AU PIGEON DU BOIS DE BOULOGNE

Parmi les sports introduits en France à l'imitation de l'Angleterre, le *pigeon shooting* est un de ceux dont la vogue s'est le plus promptement développée depuis son importation. Il n'est plus guère de ville de province qui n'ait son stand, à côté de son hippodrome, et le cercle des patineurs du Bois de Boulogne a, depuis plusieurs années, conquis une importance analogue à celle du Hurlingham et du Gun-Club de Londres.

Mais s'il n'est pas de sport plus élégant, il n'en est pas de plus difficile et de plus dispendieux. Il faut une longue pratique avant d'acquérir l'habileté, le sang-froid, le fond nécessaires pour y réussir et se mesurer, sans trop de désavantage, avec les « grands fusils » de la spécialité. L'installation d'un tir au pigeon dans toutes les conditions de confortable désirables est beaucoup plus onéreuse qu'on ne suppose. Aussi il n'y a guère que trois ou quatre tirs : le Bois de Boulogne, Monte-Carlo et Spa, qui peuvent être cités comme des tirs de premier ordre, où se rencontre l'élite des tireurs des quatre parties du monde, élite qu'on ne voit du reste nulle part ailleurs. Le tir au pigeon, une des meilleures écoles de tir, fit son apparition à Paris vers 1831. C'est Bryon qui l'installa, dans les jardins de Rivoli. A peine né, il figura aussitôt parmi les plaisirs que le monde brillant recherchait à cette époque ; il fut même accueilli avec une prédilection enthousiaste. C'était une occasion non seulement d'adresse et d'habileté, mais de jeu, de paris, d'émotions ; un tapis vert moins la carte filée ou biseautée. Les réunions du jardin de Tivoli étaient délicieuses ; malheureusement, le jardin culbuté par les poussées de la population toujours croissante de Paris, obligea le tir au pigeon d'émigrer. Il vint s'installer alors à la barrière Monceau, puis plus tard à la porte Dauphine, sous la direction de Gastinne-Renette, et enfin au Bois de Boulogne, où il est actuellement.

C'est une halte charmante après une promenade à cheval. Tout à l'heure on luttait de vitesse dans les allées du Bois, maintenant on lutte d'adresse, le fusil en main.

Le président du cercle fut d'abord le marquis de Mornay ; puis il eut pour successeur le prince Joachim Murat. Aujour'dhui la nouvelle société du tir au pigeon s'appelle « les Acacias » et a pour président le prince de Sagan.

Très prospère et comptant un grand nombre de fins tireurs, le Shooting du ois Bde Boulogne est au premier rang parmi les « Gun-Clubs » en renom ; son règlement fait autorité et est suivi par tous les stands. L'installation du tir est très pratique et très confortable, et son secrétaire, M. Eckert, dirige avec beaucoup de compétence et d'urbanité toutes les opérations. Le comte de

Mirabal (1), auquel j'emprunte ces renseignements, ajoute : « Devant et tout le long des bâtiments se trouve une vaste et élégante marquise sous laquelle les tireurs sont assis en attendant leur tour.

« A gauche et à droite du bâtiment, une pelouse ; puis les deux

M. PAUL GERVAIS

pièces d'eau qui servent l'hiver pour le patinage. La limite du tir, c'est-à-dire l'enceinte dans laquelle les pigeons doivent tomber pour être jugés bons, est un arc de cercle d'un rayon de 55 mètres dont le centre est à la plate-forme du chalet ; la distance de la boîte centrale à la circonférence est de 25 mètres.

« Les boîtes dans lesquelles on met les pigeons pour le tir sont au nombre de cinq, espacées de 5 mètres.

(1) *Le Livre d'or du sportsman.*

« Ce tir serait irréprochable si l'orientation était au nord, et les pigeons se défendraient mieux.

« Dans le pigeonnier très élégant se trouvent nombre d'oiseaux de l'espèce dite des « bisets », dont le vol est très rapide dès qu'ils sortent de la boite, et qui sont préférables aux pigeons belges, beaucoup plus lents. Cette différence dans le vol des oiseaux est cause de nombreuses déconvenues et de variations très sensibles dans le tir des plus habiles shooters. Les jours où le tir est animé, le beau décor que forme cette jolie partie du bois offre le plus ravissant coup d'œil. »

Parmi les célébrités qui fréquentent le tir au pigeon du Bois de Boulogne, nous pouvons citer : MM. Drevon, Paul Gervais, Journu, le vicomte de Quelen, le prince Poniatowsky, le baron Gourgaud, le baron Léon de Dorlodot, le comte J. Clary, le Dr Doyen, de Tavernost, le comte de Lambertye, Robert Hennessy, le comte de Saint-Quentin, Vansittart, de Bioncourt, le comte du Taillis, le baron de Larnage, le prince de Chimay, Lunden, le comte de Montesquiou, le comte de Sainte-Aldegonde, le comte de Robiano, les comtes H. et G. de La Rochefoucauld.

LE TIR AU PIGEON DE MONTE-CARLO

C'est à Monte-Carlo, où se dispute tous les ans le grand prix de Monaco, que se rencontrent tous les grands pigeonniers connus. Le tir, parfait sous tous les rapports, est aménagé avec un luxe qui ne laisse absolument rien à désirer. Quand le vent souffle un peu fort ou que le soleil brille de tout son éclat, comme cela arrive souvent sous le beau ciel de la Méditerranée, le tir n'est pas commode. On est pour ainsi dire perdu dans le bleu : ciel bleu, mer bleue, montagnes bleues, pigeons bleus, car les blue-rocks, les meilleurs pigeons anglais pour le shooting, sont de cette couleur.

Installé sous les terrasses des jardins de Monte-Carlo, dominant la mer, le tir au pigeon, dans ce merveilleux décor de lumière, d'azur et de verdures, jouit d'une situation exceptionnelle. Au point de vue de son organisation, on peut dire qu'il répond à tous les *desiderata*. Durant des années, l'initiative compétente de l'ancien secrétaire général du tir, le regretté Blondin, s'est appliquée à en perfectionner l'installation dans les moindres détails ; il n'est pas possible de trouver mieux.

Vous êtes-vous jamais surpris à rêver du bonheur ? Guidé dans vos songes par la baguette magique de la fée poétique, vous êtes-vous parfois laissé conduire jusqu'aux régions du bleu ? Tout ce que votre imagination s'est représenté de plus idéalement beau, de plus charmant dans la fiction, vous le trouverez réalisé au cercle des Étrangers, dans ce joyau enchâssé dans un écrin de fleurs odorantes et de feuillage parfumé. Construit dans une situation sans pareille, il a pour vis-à-vis les collines éternellement vertes, couronnées de monts, dont les sommets neigeux teignent de tons argentés la voûte azurée, et, à ses pieds, les flots de la Méditerranée viennent en ondes harmonieuses y mourir. Favori du soleil, il étincelle sans cesse sous ses rayons d'or et ses radieuses caresses, rayons et caresses portés sur les ailes d'un sourire aussi frais que parfumé. Dans le tir tout vous ravit en réalisme, tout ce qui vous entoure vous incline, par un enchantement inévitable, aux charmes du beau vivre. Les shooters, en dehors de la gloire d'avoir leurs noms inscrits en lettres d'or sur les plaques de marbre dans l'intérieur du stand, sont attirés par la perspective de toucher des sommes importantes et de gagner des médailles d'or et des objets d'art d'une grande valeur. Il n'est donc pas étonnant, surtout dans les grands concours internationaux, qu'il se présente, comme l'an dernier, 139 tireurs au tableau : chiffre qui n'avait jamais été atteint.

Quelques-uns des grands fusils qui prennent part chaque année à cette lutte de *shooting*, vraiment internationale, méritent une mention spéciale.

La France est généralement représentée par : M. L. de Bertier, un maiden à Monte-Carlo ; M. Lecombe d'Elsloo, peu exercé encore à tirer en public, mais qui doit remarquablement tirer à la chasse ; M. Begule, un assidu de nos concours, mais qui ne s'est pas encore classé parmi les veinards ; M. Demouts, qui réussit

M. LE COMTE VOSS

principalement dans les handicaps ; M. Galfon, qui ménage toujours quelque surprise avec ses cartouches bordelaises qui font merveille ; M. Doyen, un de nos grands chirurgiens, auteur d'un magnifique ouvrage sur les maladies d'estomac, très en tir et en voie d'éclipser « la Gloire de Reims », — c'est le surnom de M. Verdavaine, qu'on voit toujours armé de sa pipe légendaire ; MM. Maurice et Robert Gourgaud. Ce dernier a, dans un match de cinquante oiseaux, prouvé des qualités de grand tireur ; les oiseaux étaient difficiles ; M. Lo, lauréat de plusieurs bons prix ; M. Péru, un débutant ici ; M. de Tavernost, qui a de bonnes performances ; M. Ginot, qui, à son arrivée, a montré une forme excellente et a dominé le champ, mais qui décline un peu ; M. Béthune, un de nos bons tireurs de Roubaix, assez peu favorisé jusqu'ici ; M. le comte de Montesquiou, un nouveau qui promet ; M. de Luserna, un Niçois bien en tir ; M. de La Selle, qui fera son chemin avec un peu plus de pratique ; M. Drevon, un de nos cracks qui vient de prouver que quelques mois de repos ne lui ont rien ôté de ses remarquables qualités.

M. Descharmays, qui vient de décrocher quelques timbales et d'indiquer par là qu'il est en forme ; M. Paul Gervais, qui est très en tir et vient de remporter la coupe de 5.000 francs au Hurlingham, battant 75 tireurs. Il gagnait aussitôt après la grande poule et le fusil de 1.600 francs. On se souvient que, l'année dernière, il était quatrième dans le grand prix. Le comte Cioleck qui, par suite de la lenteur de son second coup, voit tomber beaucoup de ses oiseaux de l'autre côté de la grille, au grand désespoir des preneurs du fusil, mais à la grande admiration de la galerie.

Les Belges : M. Louhienne, qui ne tire généralement qu'en Belgique, s'est trouvé en bon barrage l'autre jour ; M. le chevalier David, un de nos meilleurs pigeonniers belges, très en tir, a gagné à Nice ces jours derniers ; M. de Kniff tire bien, mais semble persécuté par la déveine ; le comte de Robiano tire très bien, mais plus avantageusement dans les enceintes un peu larges ; M. Fortamps, très bon champion de handicap sur les petites distances ; le baron Léon de Dorlodot, le patron des tireurs, lauréat du grand prix en 1885, très régulier dans son tir ; M. de Montpellier, bon tireur, un peu nerveux ; M. Van den Bosch tire habituellement à Spa avec grand succès.

Les Américains : M. Hory, venu spécialement de son pays où il jouit d'une grande réputation ; il a gagné deux prix en arrivant, mais paraît maintenant un peu moins en forme ; les frères Denny, tous deux bons tireurs, surtout J. Denny ; Rutherford, fusil sérieux lui aussi.

M. CURLING

La Hollande n'est représentée que par M. Bareel, très en progrès depuis l'année dernière ; c'est un excellent fusil, qui a déjà remporté quelque succès et qui avant peu prendra place dans les premiers.

Les Anglais : M. Poutz, très apte à défendre sa chance dans un handicap ; M. Scott, tireur difficile à classer ; M. Horton, même observation ; M. Blake, fusil de premier ordre, qui mériterait d'être favori dans un match de longue haleine avec M. Roberts ; il a gagné le championnat universel.

M. Deshayes, grand tireur, un peu journalier selon ses nerfs ; Moroden Gobb, bon tireur, surtout dans son pays ; S. Fortescue, ami du prince de Galles, intermittent ; M. Hall, bon tireur ; M. R. C. Thomas, tireur adroit, à ne pas dédaigner dans les handicaps ; Harrisson, bon tireur, le champion de Glasgow.

M. Halfort réussirait mieux en ne mettant pas de poudre noire dans son coup gauche ; Roberts, tireur excellent, d'une régularité invariable, a gagné le grand prix et a obtenu la troisième place l'année dernière. C'est le vrai champion de l'Angleterre.

M. Carreik, bon tireur, un tireur qu'avantage au moins d'un demi-mètre la longueur de son bras ; M. Orchardson, très en tir et bon à prendre dans le grand prix, tireur très rapide, ne laissant jamais à l'oiseau le temps de devenir difficile ; M. Sutcliffe tire très bien, mais pas veinard ; M. Heygak, grand lauréat de shooting, surtout en Angleterre ; M. Barrow, bon tireur avec un calibre 28 ; M. Roche, très bon fusil.

Les Allemands : le comte Voss a montré de très bonnes qualités, très souvent, dans les grands barrages ; le comte Dankelmann a très bien tiré à Spa, mais pourra perdre de ses moyens dans une enceinte plus restreinte ; le comte Bernstorff, très bon tireur.

Autriche-Hongrie : le comte Trauttmansdorff, tireur de beaucoup de sang-froid, lauréat du grand prix, très en forme, très habile à décrocher les oiseaux de retour ; le comte Erdody, très bon fusil ; le comte Esterhazy, remarquable tireur à la chasse, un peu impressionnable, a continué de tirer avec le plus grand calme bien que son fusil ait éclaté par suite d'une cartouche de poudre anglaise ; M. Sibrick, très bon chasseur aussi, tire le pigeon comme à la chasse, mais le tire avec beaucoup plus de succès ; Oscar de Vojnish, vainqueur au tir au pistolet et qui fait également mouche au pigeon dans un match avec M. Paul Gervais. Il a fait une série de dix-sept.

Les Italiens : ils sont trente-cinq. Les principaux sont : MM. Calari, très en forme, ayant déjà gagné des prix et pouvant prétendre au grand prix ; M. Gavoli passe à juste titre pour un des meilleurs

M. MAINETTO GHIDO

champions italiens ; M. Galetti, vainqueur du championnat universel en 1891 ; M. Queirolo, vainqueur de plusieurs grands prix à Milan ; M. Casapiccola, très bon fusil ; le marquis di Rudini, fils du ministre, tireur à considérer dans les handicaps ; M. Oiva, bon tireur comme son frère ; Mainetto Ghido, fusil de bonne classe ; M. Guidicini, lauréat de trois grands prix ; M. Guido Malfetani, très bonne jeune recrue ; le prince de Gerale, bon tireur, un peu intermittent.

Le grand prix de Monaco date de 1872.

LAURÉATS DU GRAND PRIX DU CASINO DEPUIS SA FONDATION

Amérique (U. S.) . . .	1872.	M. G. L. Lorillard.
Angleterre	1873.	M. J. Jee V. C. C. B.
—	1874.	Sir W. Cal. Bart.
—	1875.	Capitaine Aubrey L. Patton.
—	1876.	Capitaine Aubrey L. Patton.
—	1877.	W. Arundell Yeo.
—	1878.	Cholmondeley-Pennel.
—	1879.	E. R. G. Hopwood.
Hongrie	1880.	Comte Michel Esterhazy.
Belgique	1881.	Godefroy Camauer.
France	1882.	Comte de Saint-Quentin.
Angleterre	1883.	J. Roberts.
Italie	1884.	Comte de Caserta.
Belgique	1885.	L. de Dorlodot.
Italie	1886.	Guidicini.
Italie	1887.	Comte Salina.
Angleterre	1888.	Seaton.
Angleterre	1889.	V. Dicks.
Italie	1890.	Guidicini.
Italie	1891.	Comte L. Gayoli.
Autriche	1892.	Comte Trauttmansdorff.
Italie	1893.	Guidicini.
Autriche	1894.	Comte Casimir Zichy.
Italie	1895.	Benvenuti.
France	1896.	Henri Journu.
Italie	1897.	G. Grasseli.
Angleterre	1898.	Curling.
France	1899.	Moncorgé.

LAURÉATS DU CHAMPIONNAT UNIVERSEL

(Qui se tire tous les 3 ans)

1883	R. J. J. Lafond.
1886	H. Cholmondeley-Pennel.
1889	Walter-Blake.
1892	Oreste Galeti.
1895	Mainetto Ghido.
1898	Le comte Voss.

Après quatre jours d'une lutte acharnée, le comte Voss, tirant sous le pseudonyme de V. Black, a gagné avec 25/29.

Le stand de Monte-Carlo est dirigé par le baron de Boissieu. Le règlement et les programmes du shooting sont approuvés par l'administration des bains de mer.

M. LE BARON DE DORLODOT

Après le tir de Monte-Carlo, qui est presque aussi parisien que celui du Bois de Boulogne de Paris, viennent les tirs d'Ostende, d'Aix-les-Bains, de Vichy, de Deauville, de Boulogne-sur-Mer, de Dinard, mais ils ne peuvent être comparés, ni de près, ni de loin, aux tirs du Bois de Boulogne, de Monte-Carlo et de Spa!

Il existe encore d'autres tirs au pigeon, mais ils sont trop insignifiants pour en parler. Je citerai cependant celui de Dieppe, qui est peu suivi. La station balnéaire, malgré les immenses sacrifices que s'impose le fermier du Casino, pour le rendre agréable, est aujourd'hui abandonnée par le monde *select* qui, lassé par

M. G. CAMAUER

les exigences toujours croissantes des Dieppois, s'en est allé villégiaturer sur des plages plus hospitalières. On y rencontre cependant encore quelques bons fusils, notamment les princes Michel et Grégoire Stourdza, le marquis d'Houdetot, le marquis de Valcarlos, le prince Poniatowsky, le comte des Renaudes, le comte B. de Boisgelin, etc.

LE TIR AU PIGEON DE SPA

Le tir au pigeon de Spa peut rivaliser avec celui de Monte-Carlo, il est installé depuis sa création sur la plaine de la Sauvenière (champ de courses), d'où se déroule un splendide panorama, qui s'étend à plusieurs lieues.

Il se trouvait autrefois (il y a plus d'un quart de siècle) devant les tribunes du champ de courses, exécuté à peu près à l'emplacement actuel, ayant comme local le pavillon que la ville de Spa avait envoyé à l'Exposition Universelle de 1880, à Bruxelles.

L'installation était assez primitive, mais, comme elle n'était que provisoire, on ne pouvait pas faire mieux. Aujourd'hui, ce n'est plus cela, car depuis 1892 on y a fait chaque année des améliorations considérables ; aussi est-il luxueusement installé, et, grâce à l'administration du cercle des Étrangers, il peut lutter avantageusement, comme matériel de tir, confort et organisation, avec les tirs de Monte-Carlo et de Londres.

Immense hall, avec ses corbeilles fleuries, salle d'armes, restaurant, cabinets de toilette, vestiaires, garage pour bicyclettes, jardin, magnifique ground gazonné, etc., etc.; rien ne fait défaut pour que ce tir soit la perfection même. Le tir, qui ne voyait jadis que des tireurs belges, laissait alors beaucoup à désirer sous tous les rapports; les prix étaient insignifiants, les oiseaux de qualité médiocre; aussi assistait-on quelquefois à des barrages sans fin, car les tireurs, dont la plupart sont encore aujourd'hui des fidèles des stands, étaient presque tous d'excellents fusils et plus d'un s'est brillamment distingué à l'étranger. Parmi ceux-là citons : le baron de Dorlodot, Camaüer (tous deux vainqueurs du grand prix de Monte-Carlo), comte de Ribeaucourt, chevalier Ivan de Donea, E. Wauters, Arnold de Pret, baron de Villenfagne Fortamps, Idès von Hoobrouck, Pinson, comte de Robiano, Lucien Monskes, Drugmann, van Delft, marquis de Croix, baron H. van Havre, etc., etc.

M. VAN DEN BOSCH

Depuis 1887, l'administration du cercle des Étrangers est arrivée successivement à des allocations de plus en plus importantes et à attirer à Spa les meilleurs fusils du monde entier.

De 30.000 francs en 1888, le budget du tir monte rapidement à 40.000, 50.000, 60.000, 70.000 et enfin, en 1898, à 120.000 fr.

Et les pigeons, *blue-rocks* et bisets français sont de tout premier choix.

Ajoutez à tout cela que les conditions pour prendre part aux concours sont des plus avantageuses.

Les handicaps sont en majorité, les entrées sont minimes (5, 10 et 20 francs suivant l'importance des prix). Cependant, pour contenter tout le monde, on fait quelques prix à distance fixe, et quelques prix avec poules importantes (ceci pour les grands tireurs dont le handicap est très chargé).

Aussi voit-on tous les ans le nombre des concurrents augmenter, et le grand prix de Spa être disputé par 40, 50, puis 75 tireurs.

Le programme de 1898, pour lequel il a été fait de grands sacrifices, avait attiré certainement encore plus de concurrents pour les grandes épreuves que celles des années précédentes.

C'est à partir de 1889 que s'est tiré le grand prix de Spa; et comme il a grand succès, en 1891 on crée

M. LE COMTE DE ROBIANO

le grand prix du cercle des Étrangers (handicap); en 1895, on ajoute à ces deux importantes épreuves : le championnat de Spa et de nombreux prix de 3.000, 2.500 et 2.000 francs.

Enfin, en 1897, on tire 1 prix de 12.000 francs, 3 prix de 8.000 fr., 1 prix de 5.000 francs, 3 prix de 4.000 francs, 4 prix de 3.000 francs, 4 prix de 2.500 francs, 6 prix de 2.000 francs.

LAURÉATS DU GRAND PRIX DE SPA DEPUIS SA CRÉATION

1889. . . . . H. Journu (Français).
1891. . . . . Chevalier Edm. David (Belge).
1892. . . . . Verdavaine (Français).
1893. . . . . Cap. Leighton (Anglais).

1894. . . . . Bonnet (Belge).
1895. . . . . Comte Voss (Allemand).
1896. . . . . H. Roberts (Anglais).
1897. . . . . Chevalier Edm. David (Belge).
1898. . . . . Comte N. de Keglevich (Autriche).

GRAND HANDICAP

1890. . . . . Tudor (Luxembourg).
1891. . . . . Comte E. de Robiano (Belge).
1892. . . . . H. Roberts (Anglais).
1893. . . . . H. Van den Bosch (Belge).
1894. . . . . Comte R. de Canisy (Français).
1895. . . . . Comte Dankelmann (Autriche).
1896. . . . . H. Marsch (Hongrois).
1897. . . . . Comte E. de Robiano (Belge).
1898. . . . . St. Van Langhendonck (Belge).

CHAMPIONNAT

1895. . . . . Mainetto Ghido (Italien).
1896. . . . . F. Farina (Italien).

Je le répète, en présence de tout cela, on ne s'étonne pas de voir tous les ans à Spa les meilleurs shooters du monde.

Et l'administration n'hésitera pas à faire pour la saison 1899 un programme qui dépassera tous les précédents et qui mettra indiscutablement Spa en tête des tirs du monde.

Il n'y aura plus que deux tirs, Spa l'été, Monte-Carlo l'hiver.

Les membres du comité sont : MM. U. Van den Bosch, Earl of Carnarvon, comte de Robiano, baron de Villenfagne de Vogelsanck, Mainetto Ghido.

Il n'y a donc rien d'étonnant de voir tous les pigeonniers se donner rendez-vous aux grands tirs de Spa. En 1897, on a constaté que 136 tireurs avaient pris part aux divers meetings qui ont eu lieu pendant la saison; à l'heure qu'il est, le tir compte plus de 300 membres dont voici les noms. Les noms en italique sont ceux des tireurs qui ont pris part au tir en 1897 :

LISTE DES TIREURS

MM.

1. Claes — 2. *Ar. Simonis* — 3. *Mouton* — 4. Baron Th. de Calwaert — 5. *Baron de Villenfagne* — 6. *Van den Bosch* — 7. J. Bonnet — 8. Ch. lv. de Donnéa — 9. De Lossy — 10. *Comte de Canisy* — 11. *Baron Em. del Marmol* — 12. *J. de Lhoneux* — 13. *L. Lonhiène* — 14. L. Poswick — 15. *Baron Fern. del Marmol* — 16. *And. Simonis* — 17. Ivan Simonis — 18. Th. de Cartier — 19. Al. Dicktus — 20. *Baron And. del Marmol* — 21. Röhrs — 22. Jacq. Simonis — 23. *Ch. A. de Thier* — 24. Avanzo — 25. D. Paccard — 26. Comte Cigogna — 27. *Wauters* — 28. E. Hauzeur — 29. *H. t'Serstevens* — 30. Baron W. del Marmol — 31. A. de Pret — 32. *L. de Saint-Moulins* — 33. *L. Van Delft* — 34. Jos. Simonis — 35. Delaroche — 36. Baron de Bonnecaze — 37. *Herrfeldt* — 38. Comte J. Bacoa — 39. Del Court de Krimpen — 40. Paternostre de Dornon — 41. Gampert — 42. Vanontrive — 43. Granjean — 44. Gravet P. — 45. *Verdavaine* — 46. Baron Pérignon — 47. Baron de Rosen — 48. Comte Ph. de Lalaing — 49. Ch. J. de Thier — 50. Marquis du Chasteler — 51. De Groot — 52. *Ch. Ed. David* — 53. *Comte Eug. de Robiano* — 54. *Di Napoli* — 55. Moermans — 56. J. Ghica — 57. Patzouris — 58. Ch. de Woot — 59. Ch. de Melotte — 60. A. de Montpellier — 61. Baron Bonart — 62. *Moncorgé* — 63. Moussy — 64. Fortamps — 65. Comte Esterhazy — 66. Schillings — 67. Hergate — 68. De Spirlet — 69. Anciaux — 70. *De Bellefroid* — 71. Baron Coppens — 72. Chalandre — 73. Sgadari — 74. Arn. de Pret — 75. *Baron de Lamberts* — 76. *Baron de Doriodot* — 77. De Kuyper — 78. Béthune — 79. Ch. G. de Donnéa — 80. Comte de Marotte — 81. Vandamme — 82. Vicomte de Baré — 83. *Baron Lunden*

SIR HOPWOOD

— 84. Roberts — 85. G. Visart de Bocarmé — 86. H. de Biolley — 87. Van Hoobrouch — 88. Comte J. du Monceau — 89. Van der Haer — 90. De Laporte — 91. Maskens — 92. De La Roche — 93. Baron Fallon — 94. Comte L. de Robiano — 95. Hayley — 96. Beresford M. — 97. Beresford A. — 98. Martin Wykeham — 99. Waroqué — 100. *Journu* — 101. Dulac — 102. Brunard — 103. Comte de Villegas — 104. Baron de Falkenhausen — 105. *Comte Dankelmann* — 106. Baron de Pallant — 107. A. Orban — 108. Lehmann — 109. Limbourg — 110. *Hanssens G.* — 111. Baron Eug. de Dorlodot — 112. Baron G. de Dorlodot — 113. G. de Foestraet — 114. Schuster — 115. Preuss — 116. U. de Saint-Moulins — 117. *P. Lunden* — 118. G. *t'Serstevens* — 119. Elsen — 120. Comte de Lisbury — 121. Ard. Lovett — 122. H. Dicktus — 123. *P. Gervais* — 124. Thiénot — 125. Capt Shelley — 126. Capt Leighton — 127. Boreel — 128. Lord de Clifford — 129. *L. t'Serstevens* — 130. *Baron de Turck* — 131. Morel de Tangry — 132. *Du Bois* — 133. Brewster — 134. Nison — 135. Prince Ghika — 136. Baron de Roest — 137. Le Gallais — 138. Roche — 139. J. de Géradon — 140. Walker — 141. De Spetchinsky — 142. Steffens — 143. Josson — 144. *Comte J. de Lannoy* — 145. *Comte P. de Liedekerke* — 146. *Comte J. de Liedekerke* — 147. Joly — 148. *Léon de Lunden* — 149. G. Lambert — 150. H. Lambert — 151. Schikfus — 152. Sutcliffe — 153. Comte Bernstorff — 154. Hopwood — 155. Seaver Paege — 156. Doyen — 157 Scherer de Scherbourg — 158. Faure — 159. Comte Komaroffsky — 160. De Karaouloff — 161. Liger — 162. Jeuch — 163. Lamarche — 164. *Marsch H.* — 165. Sir Stuart — 166. Cammann — 167. Persenaire — 168. *Van der Wigaert* — 169. Demont — 170. Levoir — 171. Krin — 172. Prince de Chimay — 173. *Comte d'Oultremont* — 174. *Comte Van der Burch* — 175. Searle — 176. *Törrock* — 177. Comte Voss — 178. *Alb. t'Serstevens* —

M. A. BARRY HERRFELDT

179. *D'Ogimont* — 180. Dansette — 181. Comte de Levignen — 182. Baron W. del Marmol, fils — 183. Durand — 184. J. Pirlot — 185. G. Lonhienne — 186. Brunel — 187. Vanderelst — 188. *Naveau* — 189. *Maldura Or.* — 190. Maldura Ph. — 191. Vesci — 192. Klinkenberg — 193. Schwabach — 194. *De Watremont* — 195. De Vojnich — 196. Barker — 197. Penell — 198. Dussaussoy — 199. Soutby — 200. *Amadori* — 201. *Wagen* — 202. Von Maubeuge — 203. *Mainetto Ghido* — 204. Comte Ch. de Lannoy — 205. Bagnell — 206. Torrigiani — 207. Villaviciosa — 208. Sterken — 209. Van Andheusden — 210. Visser — 211. De Turck — 212. De Sibrick — 213. Ginot — 214. Prince Belgiojoso —, 215. Sergueyff — 216. *Baron de Baré* — 217. *Van Langhendonck* — 218. *Baron de Schauenburg* — 219. G. Braconnier — 220. W. Braconnier — 221. *Baron de Terwangne* — 222. Comte de Lambertye — 223. Baillergeau — 224. Col. Webb — 225. *L. Somzée* — 226. G. Somzée — 227. Rondano — 228. Bingham — 229. Carlier — 230. Ch. H. d'Ydevall — 231. Ch. Beaujean — 232. G. Beaujean — 233. *Baron Jean de Crawhez* — 234. Duff — 235. Hepburn — 236. De Bioncourt — 237.

M. R. MONCORGÉ
Vainqueur du prix de Monte-Carlo en 1899

Mackintosch — 238. Baron de Mevius — 239. Baron de Heckeren — 240. Majno — 241. *Comte Gajoli* — 242. *Verspreuwen* — 243. Galetti. — 244. Wood — 245. Calari — 246. Farina — 247. Gourgaud — 248. Jacob — 249. De Behault — 250. Marin — 251. De Favauge — 252. Joire — 253. Luro — 254. De Maes — 255. Geraerts — 256. Baron de Thuyll — 257. De Clercq — 258. Shorer — 259. Baron de Menasce — 260. *Baron de Caters* — 261. *Schiaparelli* — 262. *Pieper* — 263. *Baron Jos. de Crawhez* — 264. M. Roomann — 265. *Coget* — 266. *Léon Lemaire* — 267. *Vicomte de Schrinmakers* — 268. De Ponthière — 269. *Potocki* — 270. J. de Pret — 271. H. de Woelmont — 272. *Baron de Pitteurs*

— 273. *Della Faille* — 274. *Comte Cornet* — 275. *Bivort* — 276. *Crombez* — 277. *Worde* — 278. *Loucomsky* — 279. *Ilovaisky* — 280. *Hall H.* — 281. *Brinciaglia* — 282. *Riva* — 283. *H. Grasselli* — 284. *An. Grasselli* — 285. *Asti C.* — 286. *Fadini* — 287. *Van de Werve* — 288. *L. de Spirlet* — 289. *Patrizi* — 290. *Saetti* — 291. *Pederzoli* — 292. *De Warelles* — 293. *Marquis del Castelluccio* — 294. *De Grazia* — 295. *De Koptew* — 296. *Baron de Gicy* — 297. *Meckling* — 298. *Baron de Dieudonné* — 299. *Comte Ad. Van der Burch* — 300. *Hauzeur* — 301. *De la Chevrelière* — 302. *Poinsignon* — 303. *Randi* — 304. *Comte Keglevictz* — 305. *Comte Staray* — 306. *Comte Török* — 307. *A. Roomann* — 308. *Comte d'Avrincourt* — 309. *Tell* — 310. *G. Gruyelle* — 311. *A. Gruyelle* — 312. *H. Kaison* — 313. *Cogel* — 314. *Dedyn* — 315. *Wacker* — 316. *Baron P. de Crawhez* — 317. *Riant* — 318. *Magnée* — 319. *De Czarada* — 320. *Pinson* — 321. *Comte de Saint-Quentin* — 322. *Verdavaine, fils* — 323. *Ralli* — 324. *Grand'Ry* — 325. *R. Pell* — 326. *Baron Alf. del Marmol.*

M. F. LUNDEN

Les fusils qu'on rencontre à Spa sont presque tous des grands fusils. Parmi les Français citons : MM. H. Journu, déjà nommé, qui fréquente tous les tirs et toujours avec succès, gagnant du grand prix de Spa en 1889 ; Verdavaine, la gloire de Reims, gagnant du grand prix de Spa en 1892 ; comte de Canisy, tireur irrégulier, par le fait même qu'il fréquente irrégulièrement les tirs, gagnant du grand handicap de 1894 ; Moncorgé, grand tireur, fréquente assidûment tous les tirs ; Paul Gervais, fusil de premier ordre, doué de remarquables qualités, vainqueur à Nice, à Londres, partout où il tire.

Les Belges : MM. P. Mouton, un des meilleurs fusils de la Belgique, ne fréquente que les tirs du pays et celui de Paris, fusil de chasse remarquable ; comte P. de Liedekerke, un des meilleurs juniors, a remporté beaucoup de prix en 1897, a partagé le grand prix d'Ilidtz en Bosnie, sera certainement classé parmi les meilleurs tireurs en 1898 ; A. Simonis, bon tireur de grand sang-froid, a gagné le championnat de Paris, a partagé à Spa le grand prix de 12.000 en 1897 ; Chevalier A. de Thier, excellent tireur, journalier, a souvent partagé des grands prix, mais n'a jamais pu se classer premier ; Chevalier Edme David, gagnant du grand prix en 1891 et 1897, fusil de tout premier ordre, a remporté de grands succès en Angleterre au Hurlingham ; F. Fortamps, déjà nommé, un vieil habitué et un bon fusil ; L. Lonhienne, fidèle des tirs de Spa, de Monte-Carlo et de Paris, un bon tireur assez peu favorisé jusqu'ici ; H. Van den Bosch, membre du comité, gagnant du grand prix

M. MACKINTOSCH.

handicap en 1893, tire très bien, d'une grande régularité, comte E. de Robiano, membre du comité, gagnant du grand handicap en 1891 et en 1897 ; baron de Villenfagne, membre du comité, grand chasseur, excellent tireur, mais... un peu lent, tire à Spa depuis la création des tirs ; P. Lunden, tireur toujours en forme, a partagé le grand prix d'Ilidtz en Bosnie ; A. de Pret, un des plus anciens tireurs, connu sur tous les stands.

Les Anglais : Le capitaine Shelley, membre du comité — n'en

faisait pas partie en 1897 — un habitué de tous les tirs ; Jacob, tireur très en progrès ; A. Barry Herrfeldt, a fait ses débuts à Spa, il s'est rapidement classé, deviendra un fusil remarquable ; Wood, tireur de premier ordre ; H. Roberts, gagnant du grand prix de Spa en 1896 et du grand handicap en 1892, tireur de grande notoriété, a gagné tous les grands prix classiques de Monte-Carlo, excepté le championnat ; Hopwood, Américain, tire très bien, a gagné de nombreux prix dans tous les tirs ; Mackintosch, fusil hors ligne, se distingue partout où il se présente ; Mainetto Ghido, Italien, vainqueur du championnat en 1895 ; le type du tireur méridional. Ce grand diable, comme on l'appelle, à l'air méphistophélesque, tire posément son premier coup quand il est sur l'oiseau, mais le premier coup est suivi instantanément du second qui manque rarement le but ; Frina, tireur un peu nerveux, mais ne craignant personne quand il est en forme.

Les Allemands : Comte Dankelmann, tireur remarquable et grand chasseur, gagnerait souvent les grands prix sans une émotion invincible qui le prend au barrage ; a fait à Spa les plus belles séries qui ont été signalées, vainqueur du grand handicap en 1895 ; comte Voss, gagnant du grand prix de Spa en 1895, tireur d'un sang-froid imperturbable.

TROISIÈME PARTIE

BEAUVOIS-DEVAUX

M. Beauvois-Devaux est le type du *gentleman-farmer*, bien plus épris des grandes chevauchées cynégétiques, des courses énormes à travers bois et montagnes, de bordées à travers l'Océan, que des déambulations monotones chères aux boulevardiers parisiens. Cependant le vrai sportsman, amoureux du plein air, et dont la robuste poitrine se dilate mal dans l'atmosphère étouffante de nos villes étriquées, est actuellement banquier, après avoir été pendant quelque temps secrétaire à la Cour de cassation, où son père y était avocat. Il est même industriel, et s'occupe activement de diverses usines électriques qu'il a acquises pour le compte de la compagnie Urbaine d'eau et d'électricité, dont il est le président.

Toutes ces fonctions ne l'empêchent pas de se livrer à quelques-uns de ses sports favoris : la chasse, le tir au pistolet, la boxe, qu'il a travaillée avec Lorenzi, et l'escrime absorbent le plus clair de son temps.

M. Beauvois-Devaux est un des meilleurs tireurs de la salle Mimiague-Large, aujourd'hui Mimiague-Rouleau.

Il a commencé à faire des armes à douze ans avec Mimiague ; on peut dire que c'est ce professeur qui lui mit le fleuret en main, car on ne peut guère compter les quelques leçons qu'il reçut de Vigeant au collège Stanislas, puisqu'il revint à la salle Mimiague à sa sortie.

Un goût très vif pour cet exercice, joint à des moyens physiques remarquables, en fit, en quelques années, un tireur redoutable ; depuis il n'a cessé de progresser et il lutte aujourd'hui sans désavantage contre les premiers fleurets de nos salles d'armes.

Juge bien et vite ; son poids le désignait pour l'attente, la parade et la riposte : pas du tout, c'est un attaqueur solide et d'allonge qui trompe subtilement le fer et dont les coups de bouton vous enfoncent les côtes.

Il excelle à surprendre son adversaire dans ses préparations par des coups droits dégagés et une-deux aussi rapides que corrects ; si l'adversaire résiste à ses attaques, il garde la défensive bien certain de le prendre tôt ou tard à la riposte. Il juge bien l'attaque, pare très juste, et envoie avec précision des ripostes composées dans toutes les lignes.

Qu'il touche ou qu'il soit touché, il sait toujours quel coup a été exécuté et même, si vous le lui demandez, il vous le dira avec une parfaite bonne grâce.

Par exemple, ne recommencez pas le même coup, car il a beaucoup de mémoire et de coup d'œil, et le même piège ne le prendra pas deux fois de suite.

M. Beauvois-Devaux, qui est pour la deuxième fois président de la société « l'Escrime française », est un sportsman convaincu qui pratique avec un égal succès tous les exercices virils : la boxe, la chasse, le yachting, le canotage, le billard et même la... bicyclette. Il est titulaire d'une médaille pour tir au fusil de guerre, et, quoique membre du contre de quarte, il a toujours refusé de tirer dans les assauts publics lorsqu'il y avait autre chose que de l'escrime au fleuret.

M. Beauvois-Devaux, qui est aujourd'hui un des escrimeurs les plus connus, eut à ses débuts, alors qu'il n'avait pas encore beaucoup paru en public, une histoire assez amusante. Un jour, après une partie de chasse avec plusieurs escrimeurs, on proposa de faire un assaut dans la tenue dans laquelle on se trouvait, c'est-à-dire en vêtements de chasse et en bottes. Il y avait un amateur assez connu — (surtout par la réclame qu'il se faisait) — qui ignorait le nom de M. Beauvois-Devaux. Ses amis s'arrangèrent pour le faire tirer avec lui : étant donné son large plastron, il pensa avoir une victoire facile. — Mais, pendant un quart d'heure, ils tirèrent sans être touchés ni l'un ni l'autre : toutes ses attaques étaient parées, mais Beauvois-Devaux ne ripostait pas ; ses attaques, trop courtes, arrivaient à frôler sa veste sans toucher. — Enfin, quelqu'un dit : faites les six derniers. L'adversaire de Beauvois-Devaux se récria.

Ils étaient restés un quart d'heure sans se toucher ! — En moins d'une minute, pourtant, développant alors à fond, M. Beauvois-Devaux le toucha par six dégagements dedans. (Sa corpulence fait qu'on se trompe beaucoup sur la distance.) Ces choses-là arrivent quelquefois en escrime. On se plante devant un tireur sans défiance ; à peine en garde, on est boutonné. On est à peine consolé de ce premier échec que la pointe du fleuret vient encore s'incruster au beau milieu du plastron, on persiste, et à la fin on termine l'assaut avec un gilet dont on se souvient toute sa vie.

Depuis, cet amateur (qui d'ailleurs, escrime à part, est un excellent garçon, et fait de belles et bonnes armes sans être bien fort) a renoncé à tirer en public. — Rencontrant quelques jours après M. Beauvois-Devaux dont on lui avait dit le nom, — il lui dit d'un air triste : « Ah ! vous vous êtes joliment f... de moi ! »

M. G. BREITTMAYER

Les aptitudes physiques, jointes à un véritable amour de l'escrime, ont fait de M. G. Breittmayer un des plus forts gauchers de Paris. Grand, svelte, jeune — il est né en août 1860, — M. G. Breittmayer est venu, par une série de succès dans les assauts, confirmer sa réputation. Son talent d'escrimeur est un talent complexe fait de qualités qui d'ordinaire se contredisent, et piqué çà et là de quelques défauts dont il arrive à tirer parti.

L'épée à peine engagée, vous reconnaissez d'emblée que vous avez devant vous un homme rompu à toutes les surprises.

Élève des professeurs Boyer, Chazalet, Midelaire et Rüe, la leçon d'armes qu'il prend depuis l'âge de dix ans est pour Breittmayer un passe-temps favori. Il fait de l'escrime aujourd'hui au

Cercle d'escrime de la rue Taitbout, à l'École d'escrime française ; partout il rencontre de bonnes amitiés ; il va partout : a couru le monde ; des mines d'or du Transvaal aux mines de pétrole de

Mlle PEPPA INVERNIZZI

Crimée. Talent supérieur d'organisateur : a le sens, le génie du « numéro » ; Molier lui doit ses meilleurs et le Cercle d'escrime son dernier succès avec Mlles Peppa Invernizzi, de l'Opéra, et Mathilde Salle, en chevalier Saint-Georges et chevalière d'Eon, qui obtinrent toutes deux pendant cette soirée inoubliable un véritable triomphe. C'était justice, car jamais, au grand jamais, on n'avait mieux fait et on ne fera mieux. Chez Molier, il reconstitua avec son frère la fameuse rencontre de Jarnac et de la Châtaigneraie ; rencontre qui stupéfia les invités de Molier, par l'habileté et l'adresse avec leequelles les deux frères manièrent l'épée à deux mains, et par la légèreté avec laquelle Jarnac porta, à ce bravache de la Châtaigneraie, le coup qui lui coupa le jarret.

Adroit à tous les exercices du corps qui nécessitent de la souplesse, M. G. Breittmayer est la personnification du gentleman passionné pour les différentes variétés de sports, même pour celui qui consiste à arrêter les chevaux emballés. C'est même en se livrant à ce genre d'exercice dans l'avenue du Bois de Boulogne qu'il eut l'épaule démontée. Cela ne l'empêchera pas de recommencer à la première occasion, seulement il rectifiera son jeu, afin de ne plus être touché.

En matière de duel, ses avis, fort recherchés, valent un arrêt, aussi presque toujours arrange-t-il l'affaire ; le terrain n'est que pour lui. Empressons-nous de dire cependant que ce n'est pas un bretteur, et que si trois fois il a dû mettre flamberge au vent, c'est parce qu'il ne pouvait pas faire autrement sans paraître reculer. Directeur du combat dans le duel Pini-Thomeguex, devant cinq cents personnes, Breittmayer a su, par sa fermeté, tenir le public en respect et, par son sang-froid, éviter une issue tragique.

Comme tireur, M. G. Breittmayer est fort élégant ; son jeu est souple et délié ; il recherche de préférence les jeux brillants et difficiles ; doué d'un sang-froid extraordinaire, il tire avec n'importe qui ; tous les Italiens qui sont venus à Paris, en commençant par le chevalier Pini, se sont mesurés avec lui, et ce dernier fut légèrement blessé dans un de ces assauts. Aussi habile à l'attaque qu'à la riposte, il assure franchement le coup de bouton en félicitant son adversaire de cette heureuse prise d'armes. Son jeu est tellement vigoureux, tellement à surprises, que la plupart des maîtres de Paris hésitent à risquer leur réputation, en tirant en public avec lui.

Toujours à la recherche de quelque chose de nouveau, et trouvant que l'escrime cédait à la concurrence des sports nouveaux, auxquels la mode crée une prospérité factice, un succès plus brillant que durable, il eut l'idée, pour réveiller cet art qui sommeillait, de créer à Paris un tournoi international d'escrime. Cette idée a été favorablement accueillie par le monde des armes, et le tournoi international d'escrime, qui constitue en France une innovation de vaste envergure, eut lieu du 1er au 7 juin 1896, le jour au Jardin de Paris, le soir au Nouveau-Cirque. Breittmayer fut classé dans les premiers aux deux tournois du *Figaro* et entre temps a été deux fois second aux tournois internationaux de Bruxelles et Lille. Il espère encore être sur ses jambes pour, en 1900, participer, le fleuret à la main, aux fêtes internationales d'escrime que l'on nous promet. Enfin, pour finir avec ce brillant tireur, disons qu'il est membre du Comité de la Société d'encouragement de l'escrime, et qu'il a fait, en 1897, l'ascension du mont Blanc.

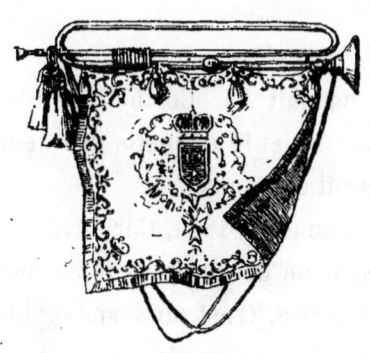

AD. CORTHEY

Qui ne connaît Ad. Corthey? Il n'y a pas de bonne séance d'armes sans lui et le cliquetis des fleurets l'attire — comme les braves le bruit du canon.

Né à Lausanne en 1834, Corthey, qui a 65 ans aujourd'hui, est sans contredit un de nos plus remarquables fleurets. Sa vigueur est extraordinaire. C'est un grand gaillard du reste, très solidement charpenté, aux grands yeux noirs éclairant un visage énergique, mais plein de bienveillance.

La caractéristique de Corthey, c'est l'activité.

A l'âge de neuf ans, il entrait dans un gymnase et menait de front l'éducation du caractère et celle de l'intelligence.

Les progrès que fit Corthey furent rapides; il avait compris de suite que la gymnastique était le préambule et le complément de tous les exercices de sport.

Quand on a vu l'armée de ces jeunes audacieux qui fréquentent les gymnases de Paris s'élancer aux mâts, se suspendre aux cordes qui nagent dans l'espace, marcher à la voûte sur ces lignes aux inflexions multiples, sauter, franchir d'un bond ces obstacles qui effrayent, puis, après la lutte et les audaces aériennes des tremplins, jouer avec la masse, les haltères et les barres de fer, courir en se repliant sur soi-même, danser comme le gladiateur de Rome, on comprend que le corps ainsi façonné, tordu, rompu, assoupli, fortifié, se trouve admirablement préparé pour les applications variées de la vie du sport.

En même temps qu'il travaillait la gymnastique, Corthey s'exerçait au tir au pistolet d'abord, à celui de la carabine ensuite, et enfin à celui de l'arc où il obtint plusieurs récompenses, dont un 1er prix; cela n'a rien d'extraordinaire pour un compatriote de Guillaume Tell. Le voisinage du Léman le conduisit à faire du canotage. En France, on se complaît avec une certaine naïveté dans des préjugés nombreux et très profondément enracinés contre le canotage, on ne veut voir dans le canotage, même pour le fils d'un prolétaire, que des occasions d'oisiveté, bonnes tout au plus à façonner des flâneurs; la Suisse ne procède pas ainsi. Elle sait trop bien quel parti on peut tirer des hommes courageux, adroits et forts; aussi encourage-t-elle de ses sympathies tous ces jeunes gens qui se livrent à ce genre de sport. Le canotage en Suisse n'est pas un jeu, c'est une occupation sérieuse, un enseignement qui a ses disciples, ses règlements et ses encouragements.

Dès qu'il fut familiarisé avec le canotage, Corthey, qui voulait pratiquer tous les sports, apprit la lutte, la boxe française et anglaise, l'escrime du fleuret et du sabre et l'équitation. Il n'a négligé qu'un seul exercice, celui du patin. Je n'oserais pas l'affirmer, mais je crois bien que son indifférence pour ce sport provient de ce qu'il est plutôt en France un plaisir de représentation qu'un exercice. On ne peut aimer à patiner que là où le climat permet de longues promenades sur la glace, des explorations de villégiature, des voyages même. Le plaisir naît alors de l'étendue et de la vitesse des courses; car c'est quelque chose que de pouvoir, sans se fatiguer, parcourir l'espace avec la rapidité du cheval au galop.

Après avoir parcouru toute la gamme sportive, Corthey s'est arrêté à la boxe et à l'escrime, ce sont les deux sports qu'il pratique journellement, et dans l'un comme dans l'autre il passe pour un adversaire extrêmement difficile.

La vigueur, ce n'est pas ce qui manque à Corthey. Il a des jambes d'acier qui se détendent comme des ressorts, une main d'une légèreté inouïe et des poumons de cheval de course. Il fait montre encore d'un jugement très sûr et d'un à-propos remarquable. Il attaque et riposte avec une égale supériorité. Il prend le contre et le double contre de sixte et riposte souvent alors par le dégagé dans la ligne basse.

Non content d'être un escrimeur complet, Corthey est encore un travailleur. C'est à lui qu'on doit la création des assauts historiques. Celui qu'il organisa, il y a quelques années, au Cirque d'été, a émerveillé tout le monde. Il a écrit plusieurs ouvrages sur l'escrime, entre autres *le Fleuret et l'Épée*, un traité d'escrime à la baïonnette et récemment un volume sur *l'Escrime à travers les âges*.

Nous devons encore à ce sportsman la création de l'épée quadrangulaire pour le duel et l'assaut et une baïonnette toute nouvelle, pour remplacer celle du fusil Lebel, et en collaboration, avec

M. Gaston Andrieu, un sabre de cavalerie qui sera avant peu, croyons-nous, adopté par l'armée.

M. Corthey est un des rares sportsmen qui n'ont point d'ennemis; la loyauté de son caractère, sa modestie, sa science profonde de l'escrime sont unanimement appréciées.

HENRY GERVEX

De taille moyenne, d'une physionomie très expressive et éclairée par des yeux vifs et doux à la fois, les cheveux châtain foncé qu'il porte courts, une barbe à la Henri III dessinant une lèvre fine et ironique, tel est Henry Gervex, le grand peintre portraitiste à la mode.

Très communicatif et plein d'aménité, courtois, bienveillant et, ce qui ne gâte rien, spirituel, Gervex est très aimé dans tous les mondes, surtout dans celui de l'escrime, où il ne compte que des amis.

Le jeu de ce grand artiste auquel nous devons tant de belles toiles est ferme et régulier ; c'est le classique porté à son plus haut degré. Doué d'une grande énergie, il est infatigable sous les armes. Il a le poignet bien placé et sa parade a cela de bon qu'il la varie avec facilité, passant du simple au contre et du contre au simple.

Quand il attaque, ses coups sont portés avec une étonnante justesse ; ce qu'il réussit admirablement surtout, et avec la vitesse la plus surprenante, c'est dans la ligne de quarte, la pression en marchant, suivie d'un coup droit, coup qu'il prépare, on ne peut mieux, par les engagements de quarte et de tierce. Bien rarement on lui pare, à moins que l'on ne connaisse d'avance son extrême vitesse.

Très habile à lire à première vue le jeu de son adversaire, Gervex attaque avec beaucoup d'à-propos par quatre ou cinq feintes de coupés, mais si son adversaire lui est supérieur, il modifie immédiatement son jeu.

Henry Gervex est un de nos rares tireurs qui aient le mieux compris que toute la science de l'escrime résidait dans l'étude du plastron : aussi chaque jour le voit-on plastronner à la salle d'escrime de la rue Taitbout avec l'un ou l'autre des professeurs.

Gervex est un modèle d'assiduité, de zèle, de docilité, d'exactitude. Pour qu'il manquât sa leçon un seul jour, il faudrait qu'il fût atteint de paralysie. Il plastronne, il fait assaut selon la volonté du maître sans jamais se permettre la moindre observation, écoutant bien, essayant d'exécuter mieux et s'appliquant toujours. Il va sans dire que des progrès journaliers sont la conséquence d'une telle façon. Pour être exact, il faut ajouter que depuis quelques temps Gervex, pris par de grands travaux de peinture, qui ont nécessité plusieurs voyages en Russie, délaisse un peu la salle d'armes ; mais il y reviendra, car il aime les armes.

Avez-vous remarqué comme moi que les goûts, que les habitudes donnent à la physionomie, au caractère, à la démarche une allure et un caractère tout particuliers. Il est certain par exemple que l'auteur de *Rolla* et de vingt autres chefs-d'œuvre a bien l'air d'un homme d'épée. Non pas certes qu'on le prenne pour un spadassin ou pour un foudre de guerre, ce qui n'est pas la même chose. Comme tous les hommes très forts, il a le sentiment de sa force. Ce n'est jamais un tireur émérite qui provoquera une rencontre. Il ne la fuira pas, et Gervex est là pour le prouver, lui, qui s'est battu plusieurs fois, pour faire comme les autres ; mais, sans transiger avec l'honneur, il fera tout ce qui dépend de lui pour l'éviter. Donc, avec sa barbe Henri III, avec ses vestons élégants dont la boutonnière est ornée de la rosette d'officier de la Légion d'honneur, Gervex a bien l'air d'un homme d'épée. Cette qualification d'homme d'épée donnée aux escrimeurs me remet en mémoire l'idée plus que folle qui avait germé, il y a quelques années, dans le cerveau de quelques mondains, à la tête desquels se trouvait ce pauvre Bachaumont, qui voulaient fonder en France une *association for discouragement of duelling*, telle qu'elle existe au delà du détroit où elle compte, parmi ses adhérents, de nombreuses notoriétés de l'aristocratie, de l'armée, de la magistrature et du haut commerce.

Comme il fallait le prévoir, cette idée n'eut aucune suite, et j'en félicite mon pays. Ce que n'a pu détruire le cardinal de Richelieu, qui, lui, ne regardait pas aux moyens pour arriver à ses fins, ne pouvait pas être aboli par la simple croisade de pacifiques philanthropes. Le meilleur moyen de combattre le duel, c'est de propager l'art de l'escrime. Le jour où tout le monde saura tenir une épée, les rencontres nées d'un faux amour-propre seront infiniment plus rares. On ne verra plus ces promenades à main armée, sous le nom de duel, qui n'ont d'autre but que de satisfaire la galerie, et le duel reprendra tout son prestige et toute son efficacité. Il n'est rien de tel qu'un homme qui a fait ses preuves pour se montrer circonspect en matière de cartel, et ceux qui se battent le mieux sont justement ceux qui se battent le moins.

Henry Gervex n'est pas seulement un homme d'épée. C'est encore un tireur au pistolet et, *horresco referens*, un..... bicycliste !!!

ERNEST JUDET

Homme d'épée, homme de cheval, homme de sport, M. Ernest Judet est également homme de lettres. Chef du service politique au *Petit Journal*, M. Ernest Judet est certainement le premier, entre ses pairs, de ce directoire que préside, avec son génie d'inventeur et son expérience d'homme d'affaires, M. Marinoni.

C'est avec le professeur Laurent que M. Judet a fait ses premières armes, et c'est M. Emmanuel Arène, un de nos plus brillants hommes de plume, mais un piètre homme d'épée, qui a su apprécier le premier sa méthode. Il l'a même appréciée à trois reprises différentes, car il fut touché chaque fois dans ses trois rencontres avec son adversaire.

M. Ernest Judet est un tireur de tempérament, bien pris et d'une grande agilité. Son jeu, excessivement difficile, a une très grande rapidité. Il fait grand honneur à son maître qui le tient d'ailleurs en haute estime. Il aime l'escrime et la travaille comme pas un.

Bien placé en garde, il sait attendre le moment favorable au lieu de dissiper sa vigueur en efforts inutiles.

Avec beaucoup d'à-propos, il pare les attaques très sévèrement, en ajoutant au besoin une légère retraite de corps, et riposte du tac au tac avec une grande rapidité. Quand l'occasion se présente, il saisit son adversaire dans sa préparation, et fournit une attaque à fond qui manque rarement son but. Il n'interrompt jamais une phrase, quelque longue qu'elle soit, et la termine presque toujours heureusement. Il tente souvent la demi-attaque pour revenir et amener des contre-ripostes qu'il exécute d'ailleurs d'une façon très brillante.

M. Ganderax, mon camarade de la salle Caïn, a tracé de M. Judet un portrait que je lui demande la permission de reproduire, car je ne saurais mieux faire.

Grand, svelte et bien membré ; les cheveux blonds, taillés en brosse ; l'œil bleu clair et la moustache pâle, dans le visage hâlé d'un homme de plein air. Plus jeune d'aspect que ses quarante ans : le même, à peu près, que lorsqu'il entrait à l'École normale, en 1873, le premier de sa promotion. L'aisance, la promptitude et la vigueur d'un corps entraîné à tous les sports ; la tournure et l'allure d'un officier de cavalerie en bourgeois, — dragon ou cuirassier ; — là-haut, derrière le pince-nez, la lumière d'une intelligence limpide et le rayon d'une volonté nette : — ainsi nous apparaît aujourd'hui le chef du service politique au *Petit Journal*.

Ses articles, signés Tristan, sont d'une tenue, à l'ordinaire, qui ne déparerait pas les plus « grands » journaux ; mais, lors même qu'il n'écrit pas, il est présent, agissant, et ce n'est pas seulement pour le bien de la maison, le plus souvent, mais pour le bien public. Il est l'âme de cet organe en quelque sorte national ; et si l'on peut différer d'opinion avec lui sur le principe et même, de temps en temps, sur les faits de la politique intérieure, au moins lui reconnaît-on, d'un commun accord, une belle qualité d'âme française.

Il ne fait pas métier d'*interviewer;* mais il a raconté, avec leur permission, deux entretiens que lui avaient accordés ces personnages : le prince de Bismarck, après sa disgrâce, et le pape Léon XIII, à la veille de l'Encyclique sur les choses de France.

Deux *interviews* — disons mieux, s'il vous plaît : deux entrevues — qui, dès maintenant, appartiennent à l'histoire !

En dehors des journaux, il n'a publié, ce normalien, qu'une petite brochure : un éloge raisonné des nouvelles fortifications de la France, élevées par le général de Rivière après la guerre de 1870, abri derrière lequel nous avons recommencé de vivre. Et d'autres, sans doute, qui ne pouvaient ignorer son œuvre, ont payé le général de la plus rigoureuse ingratitude ; M. Judet l'a salué comme le Vauban moderne.

Universitaire et dispensé du service en temps de paix, j'ai dit que, pour son plaisir, il y a quinze ans, il avait fait un premier stage dans l'artillerie, à Grenoble. Ayant les intérêts qu'il a maintenant dans la vie civile, notre confrère a demandé comme une grâce, il a obtenu d'être attaché à une batterie qui accompagne une brigade de cavalerie indépendante sur la frontière de l'Est.

Sept heures — le temps de rejoindre — avant une déclaration de guerre — l'avantage d'être bien informé ! — il quittera le bureau du *Petit Journal* pour être, avec les camarades, où l'on doit être une heure après. Il s'est battu naguère, une première fois, à l'épée, avec M. Camille Dreyfus, directeur de la *Nation* ; il a touché son adversaire ; en ce temps-là, il ne savait pas tirer.

Depuis, il a eu l'imprudence d'apprendre ; et, comme nous le disons plus haut, il a touché trois fois, tout de même, en trois rencontres successives, au cours de sa campagne contre l'opportunisme en Corse, M. Emmanuel Arène.

Au pistolet, il fit ses débuts aux dépens de M. Jean de Bonnefon.

Il est encore intact ; allons, tant mieux ! Pour un journaliste, en somme, il a bonne figure ; et bien des gens, qui n'aiment pas la profession peut-être, excuseront la visite que lui a faite, lors de ce duel, S. E. l'ambassadeur de Russie.

LE DOCTEUR HERMET

Qu'il neige, qu'il vente ou qu'il pleuve ! vous êtes certain de voir, chaque matin, le Dr Hermet faire son entrée au Bois, au petit galop de son cheval. Homme de tous les sports, le docteur les pratique tous avec la même ardeur, et ses loisirs sont en entier consacrés aux exercices du corps, qui préparent, plus qu'on ne le pense, aux carrières utiles et brillantes de la société.

De taille moyenne, le sang fouettant la peau du visage, sec, nerveux, avec sa fine moustache, Hermet a plutôt les allures d'un officier de cavalerie en bourgeois que d'un savant docteur.

Issu d'une des meilleures familles d'Auvergne, ce sportsman

est devenu rapidement, à Paris. l'un des médecins auristes les plus connus ; sa science d'abord, son goût et son mérite ensuite, comme homme de sport, n'ont pas peu contribué à lui créer de nombreuses relations dans la haute société.

Le Dr Hermet est du reste d'une parfaite courtoisie de ton et de manières. C'est le type du sportsman de la bonne école.

Élève de la salle Caïn, une des meilleures salles de Paris, le talent du Dr Hermet comme escrimeur est un talent complexe, fait de qualités qui d'ordinaire se contredisent et piqué çà et là de quelques défauts, dont il arrive à tirer parti.

L'épée à peine engagée, vous reconnaissez d'emblée que vous avez devant vous un homme rompu à toutes les surprises.

L'engagement est fin, et c'est presque avec indolence que Hermet prend le dessus ou le dedans des armes. Ne vous y laissez pas tromper. Cette indolence est apparente et n'a pour objet que de saisir vos préférences, et, par la tentation de ce laisser aller, de tâter votre tempérament. Le corps effacé, la tête en avant, la main un peu basse, la garde trop grande, avec la pointe du pied droit en l'air, voilà, je ne dirai pas l'attitude, car l'attitude implique une stabilité, un maintien, une assise que vous ne trouverez pas dans ce jeu ondoyant, où les fugues ont de l'à-propos et où la franchise a de l'imprévu.

C'est un jeu tout personnel qui ne ressemble à celui de personne, c'est un tireur presque *insaisissable*.

Il semble insaisissable, en effet : il marche, il rompt, il est hors de portée, il est sur vous, et la témérité de telles évolutions est annulée par la finesse de l'à-propos et la rapidité électrique de l'exécution. Ajoutons un sentiment exquis du fer, une main juste, la loyauté du coup de bouton poussée parfois à l'extrême, et vous aurez l'homme.

Avec ce caractère, la phrase est courte et le style est à surprises ; mais les reprises se serrent, et l'assaut ne languit jamais. Les coups sont simples et d'une exécution parfaite : engagements avec coupés sur pointe, menacés suivis de une deux, telles sont les bottes que le Dr Hermet affectionne.

Il les affectionne, mais il les réserve.

Tel est le tireur, original et tout personnel, qui a toutes les audaces, semble ignorer la fatigue et connaît comme personne les ruses, les témérités et les prudences de ce bel art, qui consiste, comme on l'a dit à donner et à ne pas recevoir.

Le docteur est également un tireur au pistolet de mérite et un homme de cheval. C'est un cavalier expérimenté et connaissant son affaire. Tout jeune le docteur a été mis à cheval, et, dès qu'il a su se tenir, on l'a lancé à travers champs. Cet enseignement est le seul vrai : car c'est là qu'il faut que l'apprenti cavalier se mette, bon gré mal gré, dans sa selle, autrement gare la casse, la séparation ne se fait pas attendre ; il est vrai qu'à vingt ans avec une chute on passe partout.

Il prend ainsi la solidité, base première de toute équitation, la sûreté de la main et surtout le sentiment du train, sans compter l'audace le sang-froid nécessaire pour aborder sans crainte et avec justesse un obstacle sérieux.

Cette équitation large et usuelle est tellement affaire d'habitude, que le docteur s'y livre aujourd'hui avec habileté, et aussi avec une liberté de faire que l'on ne trouve plus chez les cavaliers de nos jours qui ignorent les périlleux déduits du *full ery*.

La chose n'est pas bien étonnante, car de nos jours l'équitation n'est plus qu'un corollaire insignifiant et facultatif de l'éducation. Aussi nos jeunes gens montent-ils à cheval beaucoup trop tard, n'ayant point reçu ce premier enseignement de l'enfant, si précieux que rien ne peut le remplacer. Ils sont conduits au manège une fois par semaine ; ils montent, Dieu sait, sur quels chevaux et avec quels préceptes ! D'un côté, la pratique du cheval fait absolument défaut; de l'autre, l'enseignement n'existe pas. Aujourd'hui, si nous pouvons citer encore quelques hommes de cheval, c'est grâce à cette éducation première dont nous parlons, c'est-à-dire à la fréquentation des manèges dont l'enseignement a formé le plus grand nombre de nos cavaliers ayant une notoriété reconnue.

JEAN BÉRAUD

Jean Béraud est un studieux en armes ; et, quoique n'ayant pas encore vieilli sous le plastron, il n'en est pas moins un tireur des plus élégants et des plus habiles. Ce sportsman, dont le talent comme peintre est incontesté et incontestable, excelle, du reste, dans presque tous les sports.

Il ne faut pas croire que l'escrime nuise au talent du peintre. Cet art, composé tout d'équilibre, ne saurait en rien nuire à la délicatesse de main qui distingue ce maître. Du reste, il compte, dans la famille des artistes, d'illustres ancêtres Raphaël : était un escrimeur *de primo cartello ;* Benvenuto Cellini, Velasquez, Salvator Rosa maniaient l'épée avec une grande perfection et avec une grande habileté.

L'espagnolet Ribera, qui a été tué en duel, passait avec raison pour la plus célèbre spada de toutes les Espagnes ; et, sans remonter si haut, n'avons-nous pas de nos jours une foule d'artistes aussi célèbres comme tireurs que comme ciseleurs, comme peintres et comme statuaires ?

La liste est longue, et si, au lieu de faire l'histoire du sport, je faisais l'historique des salles d'armes de Paris, j'aurais encore bon nombre de portraits à donner qui prouveraient, ainsi que je le dis plus haut, que l'escrime ne nuit en rien au talent du peintre et du statuaire.

Jean Béraud, dont les allures rappellent Bussy d'Amboise, a toutes les qualités physiques des anciens preux. Sa figure mâle respire l'énergie, la volonté et la courtoisie ; une moustache noire et soyeuse est fièrement campée au-dessus de sa lèvre aristocratique ; de taille élancée, c'est le type accompli du parfait gentilhomme.

Tireur élégant, Jean Béraud sait profiter fort habilement des fautes commises ; ce qu'il préfère surtout, c'est de voir son adversaire l'attaquer, car il excelle dans la parade et la riposte, en variant avec le coup de temps. La souplesse de son poignet, l'habileté de son doigté, lui permettent d'exécuter avec une rare précision et une rapidité étonnante le battement de sixte par changement de ligne en marchant ; le dégagement en quarte ne lui est pas non plus désagréable.

A des aptitudes physiques naturelles et une intelligence rare Jean Béraud joint une connaissance très grande de l'art de l'escrime et une science telle qu'avant peu il arrivera à occuper dans le monde de l'escrime la place qu'il occupe dans le monde de la peinture, c'est-à-dire une des premières places.

Doué d'une très grande amabilité et d'une courtoisie exquise, Jean Béraud, ce grand artiste auquel nous devons tant de belles toiles, compte beaucoup d'amis dans tous les mondes.

Son existence est des mieux remplies ; ses loisirs sont rares. Force lui est de compter avec parcimonie les moments dont il peut disposer. Aussi son professeur d'escrime se plaint-il souvent de ne pas voir son élève lui consacrer plus de temps.

La leçon d'armes est pour Béraud un passe-temps favori. Dès qu'il a le fleuret — pardon ! l'épée — à la main, son visage s'illumine et devient radieux. Il avait bien fait de l'escrime autrefois mais sans frein et sans mesure.

Il s'était acquis un de ces jeux irréguliers, qui peuvent être embarrassants, surtout sur le terrain, mais dont un véritable escrimeur a toujours raison. Ces jeux-là n'intéressent personne ; on en rencontre des milliers de ce genre, aujourd'hui surtout que tout le monde se croit homme d'épée. Aussi, comprenant qu'en fait d'art on n'atteint la perfection que par l'étude, il s'était promis, dès que l'occasion s'en présenterait, de prendre des leçons sérieuses.

Comme c'est l'épée qui l'a séduit, il s'est adressé à Baudry et, depuis qu'il est son élève, sa place est marquée parmi les amateurs sérieux, et il apporte en armes la volonté qu'il met en tout ce qu'il étudie ; il a voulu être tireur et il est devenu tireur de mérite.

Bien que tireur d'une force réelle, il ne participe jamais aux assauts ; de sorte que c'est seulement lorsqu'il engage une lutte sans importance avec son professeur ou ses amis qu'il est permis d'apprécier son jeu et de l'analyser. Il tire pour tirer, bien plus que pour briller, et c'est peut-être à cette insouciance du coup de bouton qu'il doit de fournir presque toujours des assauts remarqués.

Non content d'être un de nos plus grands peintres, Jean Béraud a voulu être un sportsman dans toute l'acception de ce mot. C'est encore un ami sincère et par-dessus tout un gentleman accompli.

GASTON ANDRIEU

Grand, large, puissant, taillé en pleine chair. Cependant ses formes herculéennes ne nuisent en rien à sa souplesse et à sa vivacité. Le vrai type du Gaulois dans le meilleur sens du mot, et s'il n'en restait qu'un en France, ce serait lui. Du reste, quoique né à Paris, il est originaire de l'Aveyron, ce coin des Cévennes qui a été le dernier à se rendre à César. Les vainqueurs de Rome s'écriaient : — Nous ne pouvons avoir qu'une crainte, c'est que le ciel nous tombe sur la tête.

Gaston Andrieu dirait sans doute :

— Une seule chose peut me faire peur, c'est de froisser un ami.

Quant à ceux qui lui chercheraient querelle et le forceraient à fermer la main qu'il tend si volontiers ouverte, cette imprudence ne serait pas pour eux sans quelque danger, car il a le poing dur et exercé selon la mode des boxeurs anglais à frapper sur le ballon (*boxing-bag*), et sur le sac de sable. Aussi, malheur au nez qui se substituerait au sac ou au ballon ! M. Andrieu n'est du reste pas exclusivement boxeur à l'anglaise et à la française : vigoureux tireur d'épée, — il l'a prouvé sur le terrain, — il cultive assidûment le fleuret, le sabre, le pistolet. Il a beaucoup fréquenté le tir Gastinne-Renette, et l'on se souvient des séances du cirque Molier, où il imita au pistolet les exercices d'Ira Paine. Enfin, Gaston Andrieu adore la chasse et le cheval, qu'il pratique depuis l'enfance. Il ne se contente pas de faire des armes... il en fabrique. En collaboration avec Ad. Corthey, il a créé un sabre de cavalerie qui, quoique de forme moderne et nouvelle, possède toutes les qualités des épées de la Renaissance, sans en avoir les inconvénients. C'est qu'il les connaît bien, ces épées qui flamboient si magnifiquement dans la main des Bussy, des Chicot et autres héros d'Alexandre Dumas. On s'en doute en visitant sa collection d'armes, et il l'a prouvé dans les assauts historiques donnés par la Société d'encouragement de l'escrime et où il portait si crânement le justaucorps d'un capitaine d'aventures de l'époque Henri III ou le pourpoint du comte de Montmorency.

E. BRUNEAU DE LABORIE

Ancien président de la Société la Jeune Epée, membre du comité de la Société d'encouragement de l'escrime, président du Boxing-Club de France.

Très grand de taille, de très grande allure, très svelte, quoique de très belle prestance, très modeste, quoique très jeune. A la parole extrêmement douce et le poing extrêmement dur. En assaut de boxe anglaise et en public, renverse son adversaire d'un seul coup, avec l'intime persuasion de ne l'avoir touché que du bout de son gant.

Cette illusion spéciale ne l'empêche pas d'avoir dans toutes les circonstances graves un sang-froid imperturbable. Adore la chasse, mais trouve le lapin de nos contrées trop petit et trop timide.

Aussi lui préfère-t-il le tigre et le rhinocéros.

Cette préférence marquée pour l'animal qui se défend quand on l'attaque l'a entraîné dans des voyages beaucoup plus lointains que l'on pourrait le supposer en raison de son âge.

A collaboré, comme son ami Gaston Andrieu, aux assauts historiques de la Société d'encouragement. On l'y a vu tantôt représentant un mousquetaire, tantôt sous le costume de la Châtaigneraie, l'adversaire de Jarnac. Dans ce dernier rôle, et ayant été désarmé, avait trouvé un moyen ingénieux de reprendre ses armes. Il avait commencé par prendre son adversaire lui-même, l'avait jeté en l'air et était allé ensuite tranquillement ramasser son épée. N'a pourtant pas eu encore besoin sur le terrain de recourir à ce moyen extrême, sa bravoure calme lui donnant un avantage suffisant.

En tout cas, et grâce à un travail intelligent et soutenu, ne tardera pas à devenir un de nos plus redoutables escrimeurs s'il n'arrive pas à mépriser ce mince joujou comme arme de combat, de même qu'il dédaigne le lapin comme objet de chasse.

ANDRÉ POUGET

L'ancien directeur du journal feu *l'Escrime*, André Pouget, est Méridional; il en a le type et le tempérament. Il est de taille moyenne, d'une physionomie expressive et sympathique, il ressemble, avec sa moustache finement retroussée, à un officier de hussards, tout frais émoulu de Saumur.

C'est au lycée de Cahors, où il a commencé ses études, qu'il fit ses débuts comme escrimeur, avec un vieux maître nommé Fouïnde, et lorsqu'il vint à Louis-le-Grand, il continua à travailler avec Louis Merignac. En sortant du collège pour faire son droit, M. Pouget n'abandonna pas l'escrime, au contraire il travailla même plus les contres que le droit, et lorsqu'il devint l'élève de

Rüe en 1889, il était déjà d'une certaine force. Gaucher comme son maître, mais de taille moins élevée, il y supplée par un jeu de souplesse, de diplomatie, d'intelligence et de volonté. Ses qualités maîtresses sont la précision et la rapidité, et une allonge d'une puissance et d'une soudaineté incroyables.

C'est un jeu tout personnel, alerte et déconcertant, où les fugues ont de l'à-propos et où la franchise a de l'imprévu.

Il semble insaisissable ; il marche, il rompt, — il est hors de portée, — il est sur vous, et la témérité de telles évolutions est annulée par la finesse de l'à-propos et la rapidité électrique de l'exécution. Ajoutons un sentiment exquis du fer, une main juste, la loyauté du coup de bouton, et vous aurez l'homme.

Avec ce caractère, la phrase est courte et le style est à surprises ; mais les reprises se serrent et l'assaut ne languit jamais. Ses coups sont simples et d'une exécution parfaite ; sa riposte est vive et d'autant plus juste que souvent l'attaque, à laquelle elle succède, est la suite diplomatique d'un piège qu'il a tendu.

Ses meilleurs assauts sont ceux qu'il soutint en public contre les professeurs Georges et Adolphe Rouleau, le lieutenant Senat, l'adjudant Sauze de l'École de Joinville-le-Pont, les maîtres militaires Léonardi, du 2ᵉ cuirassiers, Muller, professeur à l'École de Saint-Cyr, et en Italie, au tournoi international de Livourne, où il fit, entre autres, un assaut sensationnel avec le professeur Pini ; il obtint deux médailles d'or et un premier prix.

M. André Pouget est non seulement un homme de sport de premier ordre, mais encore un écrivain de talent.

Son goût pour l'escrime l'avait conduit à prendre la direction du journal *l'Escrime française*, fondé autrefois par M. Yvan de Wœstyne, paraissant chaque semaine, et pendant tout le temps qu'a duré cette direction il nous a prouvé qu'il maniait la plume aussi bien que le fleuret.

La tâche qu'il s'était imposée, en prenant ce journal, n'était pas mince, il voulait arriver à démontrer à tous l'utilité de l'escrime.

L'utilité de l'escrime !... Elle est tellement évidente, me direz-vous, que personne ne songe à la contester. Mais tout le monde n'en comprend certainement pas les incontestables bienfaits. Non seulement c'est l'École de la modération et de la courtoisie ; mais c'est aussi l'étude de cet exercice qui permet à l'homme outragé de défendre « utilement » son honneur d'abord, sa vie ensuite. A un autre point de vue, pour les gens absorbés par un travail intellectuel, pour les littérateurs, pour nous tous qui étouffons dans la fournaise parisienne, l'escrime est un véritable délassement, un dérivatif puissant, sans oublier (détail qui a bien sa valeur) que s'adonner à la culture des armes, c'est presque se décerner un brevet de longévité. — Ne riez pas ! on a remarqué que les maîtres d'armes et les fervents du fleuret atteignaient généralement un âge avancé. Voyez Bertrand, Cordelois, ils ont vécu presque nonagénaires ; — le vieux Pons, le père Ardohain ont atteint presque le centenariat.

En tout cas, elle vaut à ses adeptes une agilité et une souplesse qui font reculer la vieillesse impotente.

Enfin, au risque d'être accusé de cultiver le paradoxe, je soutiens que l'escrime aiguise le jugement. L'escrime, art admirable et science compliquée, ne permet-elle pas aux tireurs doués de moyens physiques restreints de se rattraper... avec leur tête ? Il est en effet des tireurs dont le jeu est plein d'intelligence et d'esprit. On peut dire qu'ils font avec leur fer, comme d'autres avec leurs plumes, « des mots, des phrases » et même « des pointes » dont le trait final part comme une flèche pour aller toucher leur adversaire en pleine poitrine. Le tireur de « tête » qui se défie de ses jambes, qui ne se sent pas suffisamment entraîné tend des pièges ou savants ou malicieux dans lesquels finit généralement par tomber le tireur pourvu d'un jugement inférieur ou nul. La spontanéité de la décision, la rapidité d'exécution, l'harmonie des mouvements qui sont les principales qualités de l'escrime, n'exigent-elles pas un jugement prompt, et n'est-ce pas par une tension d'esprit continue que l'on profite, à un moment donné, de la moindre faute de son adversaire ?

On voit que l'escrime est une science plus vaste que ne le croit le commun des mortels. C'était une tâche difficile que de diriger un journal de ce genre, car il faut une rare légèreté de touche pour aborder chaque semaine un sujet aussi délicat et pour ménager les légitimes et respectables susceptibilités du monde de l'escrime.

C'était une tâche lourde et délicate qu'avait entreprise là M. André Pouget; il s'en est tiré, pendant toute la durée de sa direction, je le reconnais volontiers, fort bien : répudiant tout esprit de coterie, son seul but étant de rester l'organe de tous et non d'un seul.

M. André Pouget, qui passe pour un excellent camarade dans le monde des lettres, ne manque ni d'humour, ni de causticité à l'occasion, en dépit de sa réelle bienveillance.

LOUIS DE CATERS

M. Louis de Caters, qui, par des ouvrages de valeur tels que *Revanche d'amour*, *Confession d'une femme du monde*, *Passionnette*, *De baisers en baisers*, s'est classé au rang des meilleurs romanciers de notre époque, fut un homme de sport très en vue à une époque éloignée déjà où il ne se doutait guère peut-être qu'il serait un jour un écrivain en renom.

Il appartient à une grande et très ancienne famille des Flandres.

Son grand-père, le baron Pierre de Caters, le célèbre financier belge qui sauva le commerce d'Anvers en 1857, était un cavalier remarquable que l'on vit en selle jusqu'en sa quatre-vingt-treizième année, et qui plus d'une fois vint des bords de l'Escaut à Paris, d'une seule traite, à franc étrier. Son père fut un gentleman-rider qui remporta nombre de courses d'obstacles, monta au Champ de Mars, et fut un des fondateurs de la Société des steeple-chases de France. Il fut aussi un des bons élèves du vieux Pons, et c'est avec une des épées, que ce maître lui avait données en souvenir, que le duc de Grammont-Caderousse tua en duel le publiciste Dillon.

Si donc Louis de Caters est un artiste du fait de l'hérédité maternelle, il n'est donc pas étonnant qu'il tienne de son père le goût de tous les sports et qu'il excelle dans celui auquel il s'est le plus particulièrement adonné : l'escrime.

Le turf, qu'il aima dès son enfance, ne le lui rendit guère ; les chevaux lui firent de terribles tête-à-queue et payèrent sa passion de maintes ruades.

Très connaisseur, cependant, habile dans ses achats, il eut à la Morlaye des cracks qui eussent dû gagner largement leur avoine, si la prodigieuse déveine du patron n'eût comme ensorcelé la casaque bouton d'or, toque bleue. *Saint Georges* fut un cheval de Derby, puisqu'il eut raison, en d'autres mains, des deux dead-eaters du prix du Jockey-Club ; *Capucin, Fort-en-Gueule, Vaillance, Avermes, Ismaël,* furent des steeple-chasers de bonne classe qui ne rapportèrent guère au « baron Louis » que des déceptions.

C'étaient courses sur courses perdues d'une tête, ou à la suite d'un accident à la dernière haie, lorsque la victoire était nettement acquise. Cela semblait une constante ironie du sort. Des revers de fortune venus d'ailleurs atteignirent M. Louis de Caters. Il liquida, renonça au turf ; puis, attiré bientôt, et définitivement, vers les lettres, il se cloîtra presque au milieu des livres, travailla avec une persévérance, une énergie dont seraient capables bien peu de ceux qui ont l'habitude de la vie extérieure, facile. Il produit ses premières chroniques paraissant au *Pays*, sous la direction Robert Mitchell ; il publie dans *Paris*, trois années durant, des articles de critique littéraire fort remarqués, entre autres un sur Barbey-d'Aurevilly qui le met très en lumière ; il donne à l'*Événement* des chroniques, et successivement ses deux premiers romans.

L'homme qui a eu vingt-cinq chevaux dans son écurie, que l'on a vu chaque matin à l'exercice galopant un de ses pur sang sur les obstacles du terrain d'Avilly ou dans la route des Lions ne semble plus se souvenir d'avoir été riche, d'avoir vécu luxueusement, d'avoir chevauché béatement au trot de son hack dans la forêt de Gouvieux ou de Chantilly, d'avoir laissé libre cours à l'impulsion dans l'exercice rude, brutal du steeple-chasing, à l'heure où ne nous soutiennent ni yeux, ni intérêts, au petit jour, pour l'amour seul de la violence de l'exercice. Il n'a pas un mot amer contre le destin, sa philosophie est telle que, lorsque d'aucuns s'étonnent de ce renoncement facile ou de cette résignation, il répond simplement : « Je fais beaucoup d'armes ».

L'escrime, en effet, détend et lasse les nerfs, repose l'esprit, relève le moral ; elle dérive à merveille les préoccupations mentales, éloigne les soucis ; après des journées de labeur, notre nouveau confrère s'y livre, s'y abandonne complètement ; ses aptitudes physiques le servent ; et au sentiment inné de l'épée vient s'ajouter l'expérience ; sa science grandit ; il approfondit les complexes questions que suscite l'arme ; sous la direction de Mérignac — qui lui adressera plus tard son portrait avec cette dédicace : « A mon meilleur élève et ami L. de Caters, » — il pousse à fond son entraînement ; le maître surveille le plastron, règle sa position, développe ses précieux moyens d'allonge, imprime à sa main cette vitesse et cette précision peu communes, conserve sa finesse sans nuire à sa vigueur, et ainsi la plume et l'épée vont de pair, n'ayant d'autre but chez Louis de Caters que le sentiment de défense.

Dans les grandes solennités, nous le voyons longtemps, avant d'avoir partagé la palme avec son brillant condisciple Chevilliard, et après le départ regrettable de G. Laroze, nous le voyons le « champion » des élèves de Mérignac. Ce nom lui reste encore à la salle de la rue Joubert où on ne le désigne pas autrement.

Une excessive impressionnabilité a nui parfois au *champion*. Il nous souvient d'un assaut au Nouveau-Cirque où il fut parfait un jour contre Paul Ruzé, et tout à fait indigne de sa réputation un autre devant Rouvière, le professeur du *Figaro*, lui-même paralysé par la peur.

Loin d'être de ceux qui se font prier comme des ténors et ont toujours mille excuses à la disposition de leur insuffisance, M. de Caters a porté son fleuret dans toutes les salles d'armes de Paris, a croisé le fer avec les jeunes comme avec les anciens ; sa franchise envers ceux-ci, sa bienveillance envers ceux-là sont dignes de remarque et d'imitation.

Mais il s'est créé d'irréconciliables ennemis dans le monde des armes ; si les articles qu'il a publiés sur l'escrime d'autrefois ont été bien accueillis, les critiques, toujours courtoises d'ailleurs, sur les contemporains ont irrité d'excessives susceptibilités.

Chacun a soif de pompeux éloges, et l'on ne pardonne pas plus les compliments, trop bénins toujours au gré du bénéficiaire, que les attaques virulentes. On préfère même celles-ci. Quelques escrimeurs, les de l'Angle, les Villeneuve, les Guignard, et d'autres lui rendent loyalement pleine justice ; Rouleau, Caïn Bergès l'ont en haute estime ; des amateurs et des professionnels se revanchent par des jugements mesquins dont on devine aisément l'esprit. Certaines rancunes sournoises ont même fomenté des cabales quand il paraissait en public, et le tumulte a pris de telles proportions au Grand Hôtel et à la galerie Georges Petit, que la Société d'encouragement semble maintenant éviter d'inscrire son nom au programme.

Le « champion » eût préféré mettre l'arme à la main pour tout de bon ; il a dû riposter de pacifique façon et s'est contenté de priver les tapageurs de ses chroniques d'armes ; cet exemple a été suivi par d'autres confrères et tout le cabotinage grouillant, ambitieux sans talent des escrimailleurs improvisés virtuoses, s'est effondré comme château de cartes. Le syndicat des ratés doit se repentir de la suppression d'un festin dont les restes leur paraissaient insuffisants et qui les nourrissaient cependant. Il y a donc lieu, pour les vrais *friands*, de se réjouir des incidents qui ont débarrassé les armes d'encombrants et néfastes parasites.

Nommé parmi les plus fines lames de son époque, Louis de Caters a donc, par son autorité et son jugement, combattu le bon combat en faisant hardiment la guerre à tous ceux dont l'enseignement était nuisible, dont le talent était nul. Mais il sera décrié par toute une coterie d'obscurs ferrailleurs qui ignorent jusqu'à la gamme élémentaire du métier, car, disons-le pour mémoire, il faut dix années d'assiduité pour qu'un homme doué devienne un vrai tireur.

Nous avons parlé des avantages physiques de Louis de Caters ; la nature l'a en effet servi à souhait. De très haute taille, élancé, les jambes longues et musclées, il est, selon le terme consacré, bâti pour les armes. Son calme, sa froideur, sa réserve, l'ont fait accuser souvent d'une pose qui est bien loin de son caractère, ont laissé supposer aussi une certaine indolence. Lorsqu'on l'a vu à l'œuvre, lorsque l'on connaît sa vie de labeur, on est au contraire surpris de ce courage robuste.

Mais voici, pour finir, un fait qui dénote sa grande énergie : Il y a plusieurs années, à Mers, la mer était démontée. Quelques jours auparavant, par un temps semblable, un fort nageur avait été emporté au large, avait disparu.

M. de Caters eut la curiosité de ce danger, du mal qu'on aurait à franchir ces hautes lames qui ouvrent comme un gouffre après elles. S'il fallait porter secours cependant ! La plage était déserte ;

malgré l'expresse défense, il se mit à l'eau. Pendant vingt minutes, il lutta en vain, fut rejeté sans cesse, meurtri, sur le galet, roulé dans les lourds paquets de mer, parvint enfin à couler dans les hautes lames qui barraient une région d'eau plus calme. Pour revenir, ce fut un autre combat plus terrible encore contre le courant qui l'emportait. Il se vit perdu, mais ne s'épuisa pas en inutiles tentatives ; il céda, reprit des forces, sut profiter d'une vague montante, se confia aux masses d'eau qui le rejetèrent rudement sur le bord, après une lutte impressionnante pour ceux qui étaient accourus.

Citerai-je son départ pour Dieppe, sans entraînement, sur une lourde bicyclette. Seul, allant contre le vent, sous la pluie, sur un terrain gras, couvrant la distance en moins de neuf heures, ayant pour seul objectif de se rendre compte de « ce que peut encore un homme qui n'en peut plus ! »

Lorsque l'endurance répond à un tel vouloir, on peut s'attendre à ce que l'œuvre soit couronnée de succès.

LAFOURCADE-CORTINA

Il y a quelques années, je vis arriver chez moi, entre six et sept heures du matin, mon ami le Dr Pedro Luro.

— J'ai une affaire sur les bras, me dit-il, pour une femme que je ne connais pas, avec M. Lafourcade qui ne la connaît pas davantage. As-tu déjà rencontré ce monsieur dans les salles d'armes que tu fréquentes ?

— Non, je n'en ai même jamais entendu parler.

— Alors, tu peux être mon témoin ; je veux le pistolet à vingt pas, au visé.

— C'est donc grave ?

— Oui, c'est très grave, puisqu'il y a eu altercation et voies de fait dans un lieu public.

— Mais, puisque ni l'un ni l'autre vous ne connaissez cette femme, il me semble que la chose peut s'arranger.

— Du tout, je veux me battre et je veux un duel sérieux. Du reste tu auras le temps d'y penser, car nous sommes trois dans le même cas, et comme j'arrive le dernier en date, il faudra prendre jour avec les témoins de mon adversaire pour cette rencontre, à moins qu'il ne soit envoyé *ad patres* par l'un ou l'autre.

— C'est entendu ! Mais quelle est cette femme que personne ne connaît et pour laquelle quatre hommes vont risquer leur vie ?

— Une ballerine de l'Opéra, Renée Maupin, qui a, je crois, tous les torts.

La rencontre eut lieu, malgré tous les efforts que firent les témoins pour l'empêcher ; et M. Lafourcade, après avoir essuyé bravement le feu de son adversaire, tira en l'air.

C'est depuis cette époque, qui remonte à une dizaine d'années, que je connais ce sportsman.

Né en 1865, à Labastide-Clairence, en plein pays basque, M. Lafourcade a été élevé à la Havane. Sa mère, née Molinier y Alphonso, est originaire de ce pays. Après avoir fait ses études à New-York, il s'en vint en France faire son volontariat, trouvant le métier militaire de son goût — il avait de qui tenir, son grand-père maternel était le colonel baron de las Gradanellas qui défendit le fort de San-Juan de Ulloa, contre les Mexicains, pendant la guerre de l'Indépendance — il se rengagea au 20° régiment de chasseurs d'où il sortit maréchal des logis.

Élève de Ruzé père, de Kirchoffer père, d'Ayat et de Hottelet, M. Lafourcade est un de nos meilleurs escrimeurs de la jeune génération.

De taille moyenne, bien fait, cheveux coupés courts, excellente figure, aussi ardent dans ses convictions sportives qu'il est fougueux en escrime. Son jeu, qu'il a perfectionné avec son cousin

Alfonso de Aldama, qui était une de nos premières lames, est d'une vitesse foudroyante, toujours calculé. Il affectionne les coups simples, qu'il exécute avec une grande sûreté de main et de coup d'œil : soit le dégagement simple ou par battements en changeant de ligne, soit une-deux sur les armes. Excelle dans les ripostes du tac au tac.

Sa parade a cela de bon, qu'il la varie avec facilité, passant du simple au contre, et du contre au simple. Infatigable, grâce à son énergie et à son travail journalier, il peut fournir sans aucune fatigue un long assaut.

Cet escrimeur, que ses professeurs tiennent en haute estime, est appelé à être avant peu un tireur de tout premier ordre.

M. Lafourcade ne se contente pas de l'escrime comme sport, il pratique encore la boxe à laquelle sa musculature d'Hercule Farnèse est merveilleusement appropriée. Il est d'une agilité extraordinaire, et son coup de poing peut lutter avec n'importe quel boxeur anglais.

L'étude de la boxe complète les exercices du tir et de la salle d'armes. Elle constitue, en effet, le travail gymnastique le plus efficace pour le développement des aptitudes physiques du corps de l'homme.

Apprendre la boxe et la canne, c'est évidemment apprendre à tirer parti de ses moyens naturels de protection.

On n'a pas toujours une épée sous la main, encore moins un revolver, plus compliqué dans son appareil, et la justice est bien lente et bien éloignée quand il s'agit de nous mettre à l'abri d'une agression soudaine ou d'un guet-apens.

Il est difficile de douter de la puissante efficacité d'un mode de défense à l'aide duquel un homme d'ordinaire habileté parvient à distribuer autour de lui de soixante-dix à soixante-quinze coups en quinze secondes.

Je ne sais si M. Lafourcade fait du bâton, mais ce que je sais, c'est que comme boxeur il est de première force, et c'est à elle, je crois, qu'il doit ce courage indomptable et tenace qui ne lui a jamais fait défaut en aucune occasion.

EGERTON CASTLE

L'Angleterre, qui passe avec raison pour le pays du sport par excellence, professait il y a quelques années encore une indifférence profonde pour tout ce qui se rapportait à l'escrime. Non seulement elle ne pratiquait pas ce sport, mais elle semblait vouloir l'ignorer complètement. Cela n'avait rien de bien étonnant, car, depuis fort longtemps, on ne pratiquait plus à Londres l'art des armes.

Depuis quelque temps, un revirement complet, ou à peu près complet, s'est produit dans les mœurs sportives de nos voisins, et, à l'heure qu'il est, Londres compte plusieurs salles d'armes et quelques escrimeurs de grande valeur, à la tête desquels se trouve un homme de lettres, romancier et auteur dramatique, M. Egerton

Castle, auquel revient tout l'honneur de cette rénovation. Nous ne saurions trop l'en féliciter, car il lui a fallu la foi de l'apôtre pour arriver à un semblable résultat.

Maintenant, comme escrimeur, M. Egerton Castle est un fleuret qu'il n'est pas aisé de déranger de sa route, car, pour peu qu'on l'écarte une demi-seconde, de quelques millimètres, il revient instantanément à sa place, après avoir rapidement paré et placé la riposte en pleine poitrine de son adversaire. C'est un tireur de force réelle, régulier et énergique.

De taille élevée, d'une physionomie franche et sympathique, éclairée par des yeux vifs et doux à la fois, avec une légère moustache blonde estompant sa lèvre aristocratique, tel est au physique cet escrimeur qui est en même temps un littérateur et un écrivain de sport de grande et réelle valeur.

Ancien élève des universités de Glasgow et de Cambridge, M. Egerton Castle est entré à l'École militaire de Sandhurst, d'où il sortit avec son brevet de lieutenant.

Ayant dépassé l'âge pour entrer dans la cavalerie, il se fit attacher, après avoir passé par le *2ᵉ West India Reg*, un régiment de noirs, comme instructeur à un régiment de milice qui tenait garnison à Porstmouth. Comme son service ne lui prenait pas tout son temps, il consacra ses loisirs à la littérature ; et c'est en s'occupant, pour la *Saturday Review*, de questions militaires et sportives, qu'il fut amené à étudier l'escrime sous toutes ses formes. Ce sujet l'intéressa tellement qu'il fit paraître, peu de temps après une étude fort curieuse et fort originale sur l'épée.

Son travail fut vite remarqué et, à partir de ce moment, on reparla d'escrime en Angleterre.

Entre temps, M. Vigeant, l'ancien professeur du cercle de l'Union artistique, auteur de plusieurs ouvrages sur l'escrime, faisait paraître sa bibliographie de l'escrime. Ce livre, quoique rempli d'erreurs, intéressa M. Egerton Castle, qui songea à son tour à écrire l'histoire de l'escrime, qui était encore à faire. Lui seul, avec sa connaissance des langues étrangères, pouvait mener à bien cette tâche difficile, et nous devons lui savoir gré de l'avoir entreprise.

Il donna alors sa démission d'officier de la milice et s'en alla étudier l'escrime un peu partout. Lorsqu'il eut visité l'Italie, l'Allemagne, l'Espagne et la France, où il travailla l'escrime avec les maîtres les plus renommés, il se mit à compulser les vieux auteurs. C'est à la suite de ces études pratiques et théoriques qu'il fit paraître son bel ouvrage : *Schools and Masters of Fence*.

Cette publication, qui fut traduite un peu dans toutes les langues, lui valut le titre de membre honoraire de l'Académie d'armes de Paris.

L'Autriche, qui n'a pas d'académie d'armes, se contenta de reproduire — sans citer le nom de l'auteur, bien entendu — dans un ouvrage sur l'escrime tout ce qu'avait écrit M. Egerton Castle, sur l'art des armes aux xvie et xviie siècles.

Chaque pays a une manière particulière de reconnaître le talent d'un écrivain.

Poursuivant toujours son but de vulgarisateur de l'escrime en Angleterre, M. Egerton Castle continua ses publications.

C'est ainsi qu'il fit paraître dans la *Badminton Library* une bibliographie complète de l'escrime. En même temps il convoquait tous ses amis à une grande conférence dans la salle du Lyceum, mise à sa disposition par son ami le grand artiste Sir Henry Irving.

Avec l'aide de quelques amis escrimeurs, qu'il avait réussi à intéresser à son idée, il démontra pratiquement et théoriquement tout ce que l'escrime avait de bon, d'intéressant et de sportif. Tous les genres d'escrime furent passés en revue, et le savant conférencier fut si éloquent, si entraînant, si beau sous les armes qu'il obtint un succès colossal.

L'épée à deux mains, l'épée et le broquel, l'épée et le manteau, la dague et la rapière, le fleuret français, le fleuret italien, l'épée de combat, etc., furent tour à tour démontrés et expliqués.

Ce panorama de l'escrime fit tant de bruit dans la presse que S. A. R. le Prince de Galles pria M. Egerton Castle de refaire cette conférence pour lui et ses amis.

Elle eut auprès de la *select* assistance le même succès. A partir de ce moment, M. Egerton Castle avait cause gagnée, car l'escrime, dont on ne parlait plus en Angleterre, redevenait à la mode ; et, à l'heure qu'il est, Londres possède quelques forts tireurs.

Néanmoins les escrimeurs ne seront jamais très nombreux, car la tradition n'y est pas. Il y a plus de cinquante ans que le duel est tombé en désuétude, et il y a près d'un siècle qu'on ne s'est battu à l'épée en Angleterre.

L'escrime, pour les Anglais, n'est plus qu'un sport et comme tel se trouve en rivalité avec un si grand nombre de jeux athlétiques, qu'il y a peu de chance pour que cet art puisse prendre la place d'honneur qu'il occupe en France et en Italie.

Cependant l'escrime a des attraits incomparables, et rien à, notre sens, ne peut remplacer ce sport qui donne l'énergie et la noblesse du caractère, le courage et non la pusillanimité et la modération, le mérite et non le subterfuge de la prudence, toute la puissance de la générosité, en un mot un art qui vous donne la science de l'adresse et du courage.

Il est évident que tous les sports qu'on pratique chez nos voisins sont utiles, mais aucun, à notre avis, ne vaut l'escrime, car elle résume et les supplée tous en quelque sorte. Placée comme point de communication entre les arts mécaniques et les arts libéraux, l'escrime exerce à leur manière sa double influence sur les deux parties constitutives de l'organisation de l'homme ; elle répartit avec une scrupuleuse vigilance ses dons entre le physique et le moral ; elle règle les mouvements du corps, dont elle accroît la vigueur, et tempère l'impétuosité du caractère, auquel elle assure une sage énergie ; partout elle proscrit la violence et bannit la mollesse ; elle attache l'homme aux difficultés par le plaisir qu'elle procure à les vaincre ; elle rend son esprit et son œil observateurs, et l'accoutume à juger promptement de la nécessité et de la nature des ressources, c'est-à-dire à approprier avec précision et justesse les moyens aux exigences des cas, c'est l'à-propos.

La netteté des allures n'est pas sans liaison avec la franchise du caractère. La puissance que l'escrime donne à l'homme sur lui-même, en lui enseignant à dompter son emportement, est une grande conquête dont la civilisation lui est redevable sur la barbarie.

L'habitude de dompter les émotions fortes rend l'âme moins accessible aux émotions de l'injure, et quand on sait se vaincre soi-même, on a sur l'imprudent qui offense une supériorité, un empire qui annule les griefs, et qui même lui transmet parfois les nobles inspirations dont il reçoit l'exemple. Quand l'escrime ne donnerait que le droit d'être généreux dans certaines occurrences sans que cette générosité soit soupçonnée de faiblesse, elle aurait toujours celui d'être comptée comme le complément d'une éducation distinguée.

Voilà la petite croisade qu'a entreprise M. Egerton Castle, et qu'il, a ma foi, fort bien menée ! puisqu'à l'heure qu'il est Londres possède une quinzaine de tireurs qui peuvent se mesurer avec nos meilleurs escrimeurs.

Non content d'être un homme d'épée, M. Egerton Castle est

encore un rowingman qui a gagné quelques coupes dans les courses de quatre et huit rameurs.

Il s'est aussi beaucoup occupé de boxe avec les maîtres J. Galpin de Cambridge et Badman, dont le nom de guerre fut Johnny Walker.

LE MARQUIS DE VALCARLOS

Le colonel marquis de Valcarlos, fils de feu don José Guëll y Renté, sénateur de la Havane — qui ne fumait pas — et de l'infante Josepha, sœur du roi François d'Assise. Neveu de la Reine Isabelle et cousin du Roi d'Espagne, beaucoup moins fier que ceux qui ne sont ni l'un ni l'autre.

Grand d'Espagne, commandant de hussards, d'une bravoure à toute épreuve, dont il a particulièrement donné un échantillon à la bataille d'Alcolea. Très répandu dans la haute société parisienne et dans le monde des armes, auteur d'un ouvrage estimé sur l'armée française.

Au physique, grand, fort, essentiellement décoratif, profil « hispano-bourbonien », rappelant un peu celui de l'Empereur don Pedro.

Escrimeur émérite, tireur de pistolet de premier ordre, homme de cheval accompli, il est dommage que le marquis avec sa taille, sa prestance, sa crânerie et ses traits mâles et énergiques, n'ait pas vécu au siècle où la France gagnait des provinces. Il eût porté comme pas un l'uniforme rouge galonné d'or et le justaucorps bleu croisé de blanc : car il est de cette race qui se faisait raser de frais et poudrer avant d'aller au combat, et s'il avait été à Fontenoy, soyez assuré qu'il aurait imité le comte d'Auteroches, ce lieutenant de grenadiers, qui adressa à lord Charles Hay le mot si chevaleresque et si français : *Messieurs les Anglais, tirez les premiers*.

Doué d'une énergie et d'une volonté heureusement secondées par des muscles d'acier, le marquis de Valcarlos est vite arrivé à être le plus aimable et le plus franc escrimeur que je connaisse.

Servi merveilleusement par ses jambes, il affectionne, dans les débuts d'un assaut, les attaques simples et répétées de pied ferme, les coups d'arrêt, il provoque ainsi l'hésitation dans le jeu de l'adversaire et l'amène fatalement à subir ses marches, abritées par des doubles engagements et des pressions qui préparent encore des attaques variées.

Le jeu de Valcarlos est fin et correct et, qualité immense pour un tireur, il n'essaye jamais d'escamoter un *touché* : il renierait la plus brillante de ses phrases d'armes si elle pouvait être discutée.

Comme tireur de pistolet, Valcarlos a obtenu tous les prix qu'il pouvait obtenir au commandement et au visé.

Dans presque tous les concours, son nom figure sur le tableau des primes ; un de ses cartons compte 12 balles placées consécutivement dans le troisième cercle, formant 9 centimètres de diamètre.

Maintenant, comme la force physique est plus utile aujourd'hui que jamais, et qu'il est bon de pouvoir se défendre soi-même, afin de se mettre à l'abri d'une agression soudaine ou d'un guet-apens, le marquis est également de première force à la canne. C'est un moyen de défense de premier ordre ; il est du reste difficile de douter de la puissante efficacité d'un mode de défense à l'aide duquel un homme d'ordinaire habileté parvient à distribuer autour de lui soixante-dix à soixante-quinze coups de canne à la seconde.

Un sportsman connaissant la canne n'est en danger que devant le projectile d'une arme à feu ; mais s'il évite le heurt de la balle, il est maître de son adversaire. Ni l'épée, ni le sabre, ni même la lance ne pourraient l'arrêter.

Je n'en veux pour preuve que l'anecdote suivante. Un jour le professeur Lecour, qui rentrait à Paris dans une pauvre petite charrette traînée par une maigre haridelle, accrocha, sans le vouloir, le phaéton tout battant neuf d'un sportsman qui, d'humeur peu commode ce jour-là, se mit à invectiver le malheureux conducteur de cet apocalyptique équipage. Abasourdi par les apostrophes et les épithètes peu aimables qu'on lui adressait, Lecour ne répondait rien et son silence exaspérait tellement son interlocuteur que celui-ci, à bout d'arguments et rouge de colère, lui cria : « Descends donc de ta brouette que je te corrige !!! » A ces mots, Lecour se ressaisissant accepta le défi et, sa canne à la main, il sauta de la voiture, en même temps que le sportsman mettait pied à terre. En moins d'une seconde, le propriétaire du phaéton, M. Xavier F...t, qui avait reçu quatre-vingts et quelques coups de canne, était remonté sur son siège tout meurtri, jurant, mais un peu tard, qu'on ne l'y prendrait plus.

Remarquons en passant que, si la boxe est une des gloires du sport anglais, la canne et le bâton nous assignent ou plutôt assignent à Paris une supériorité hors ligne. Mais l'Angleterre, qui ne néglige aucun des moyens favorables au maintien physique de ses populations, a toujours entretenu le culte de la boxe en l'admettant même comme partie intégrante de toute bonne éducation virile, tandis que pendant longtemps nous avons tenu en une sorte de dédain cet art puissant de la défense naturelle. Il y avait peut-être une raison futile à cela : on disait autrefois *tirer le bâton, la canne et la savate* ; ce dernier mot aura fait tout le mal. A Paris on est généralement dupe des mots. Quoi qu'il en soit, le préjugé a été vaincu. Depuis quelques années, ces exercices sont en grande faveur dans le haut monde, au patronage duquel ils sont redevables d'un lustre très réel de bonne compagnie.

HENRI CASELLA

Italien ? Évidemment Français ? Eh ! oui, Parisien ? Peut-être Anglais ? Pourquoi pas ? Américain ? Sans doute. En tout cas et surtout, le plus Napolitain des Napolitains.

Homme d'affaire ou de loisir ? Grand seigneur ou bohème ? Banquier ou aventurier ? Artiste ou gentleman ? Publiciste ou rentier ? Amateur ou professionnel ? Rien de tout cela, et tout en même temps.

Ne cherchez pas, vous ne trouverez pas : Casella est Casella, voilà tout. Vous croyez saisir l'artiste, pas du tout, c'est le gentleman qui vous parle. Vous vous adressez au gentleman, c'est le publiciste qui vous répond. Un bout d'oreille échappé par malheur vous fait croire au bohème, mais le grand seigneur vous arrête d'un geste.

Casella fait des armes, comme un maître ; oui, mais il ne donne pas de leçons. Donc, c'est un amateur. Permettez, il organise dans les deux continents des assauts payants dont il est le tireur en vedette, c'est un professionnel. Pas du tout, la recette est aussitôt dépensée par lui avec la prodigalité d'un grand seigneur qui sait ce qu'on doit à ses hôtes.

Casella est droitier. Non, il est gaucher. Ah ! cette fois, vous vous trompez, Casella est droitier. Mais non, il est ambidextre.

Un des plus distingués jurés du dernier tournoi d'épée du *Figaro*, M. G. de Borda, y fut pris, voici comme : De passage à Milan, il ne pouvait manquer d'aller faire des armes au cercle d'escrime de cette ville. Tout le monde sait que de Borda est gaucher, puisque son meilleur coup consistait, au fort de l'assaut, à lancer son fleuret de sa main gauche dans sa main droite : l'adversaire ébahi s'arrêtait et recevait un formidable coup de bouton en pleine poitrine : c'est la dernière botte secrète, et seul G. de Borda en a eu et conservé le secret. Après quelques assauts, de Borda accepte volontiers de croiser le fer avec Casella qui tombe en garde, à gauche. « Ah ! dit de Borda, vous aussi, vous êtes gaucher ! — Mon Dieu, oui ! » dit Casella, et il fait un assaut superbe : de Borda s'en souvient encore.

Quelques mois plus tard, à la salle Mérignac, de Borda, retour d'Italie, parla de son voyage, et dans la conversation survint le nom de Casella. « Casella, dit Mérignac ! — Ah ! reprend de Borda, c'est un rude gaucher ! — Comment gaucher, il est droitier comme moi. — Non, gaucher. — Vous vous trompez, il est droitier. — Ah ! c'est trop fort, j'en suis bien sûr, j'ai tiré avec lui, à Naples. » A quelques jours de là, de Borda tirait encore à Paris avec Casella qui, cette fois, était bien droitier. Décidément, Mérignac avait raison, mais de Borda n'avait pas tort. Casella était ambidextre.

La vie de Casella fourmille d'anecdotes curieuses et divertissantes, mais il faudrait un gros volume pour les raconter. Peut-être les racontera-t-il un jour, et ce seraient là des mémoires que les gens d'escrime notamment liraient avec le plus grand intérêt, car Casella connaît l'escrime de tous les pays, et a pratiqué l'escrime dans tous les pays. L'escrime est sa passion dominante, car ce n'est pas la seule. Mais il le déclare, c'est encore la meilleure, et il s'y connaît.

Son premier maître fut Stellati. Il travailla ensuite avec le chevalier Massei et en 1871 il devenait un assidu de notre Pons neveu, l'adversaire de San Malato.

En 1881, Casella entre à la salle Mérignac, où il travaille ferme trois années.

Il entreprend alors une tournée dans le nouveau monde qui le conduit, toujours tirant, toujours ardent, toujours débordant de vie, de belle santé et de belle humeur, de Buenos-Ayres à Montevideo, de New-York à Rio-de-Janeiro, etc.

Il repart en 1885 pour l'Europe, après deux ans de voyage, dont son fleuret fit tous les frais.

San Malato était alors en pleine vogue et Casella soutint contre lui plusieurs assauts à Rome et à Naples.

C'est sur son initiative que, délégué par l'*Académie nationale d'escrime de Naples*, l'*École magistrale de Rome* fut fondée, et Masaniello Parise, proposé comme directeur par le groupe napolitain, fut accepté aussitôt.

On ne s'étonnera donc pas que le promoteur du premier tournoi international annuel, qui eut lieu en 1896, soit justement Henri Casella. Il mettait le *Figaro* sur la voie d'un succès et les armes sur le chemin de la gloire. Mais..... dès 1897 le tournoi international tournait à la coterie, les idées pratiques et fécondes de Casella furent sacrifiées à des préoccupations de chèvres et de choux, et cette fête annuelle des armes, qui aurait dû servir de faisceau à toutes les forces de l'escrime à travers le monde, ne servit qu'à nommer quelques présidents, et éloigner tous les tireurs de marque, français comme étrangers.

Casella est avant tout un vigoureux, un mâle. Mais la force n'exclut pas la finesse et il apprécie avec une rare justesse sa force et celle d'autrui. Son jugement est presque infaillible : il a le coup d'œil, et le sourire aussi, qui est chez lui un vaste éclat de rire, à gorge déployée, sa tête puissante renversée sur son cou de taureau.

« Quand on ne peut pas terrasser son adversaire, il faut le caresser. » Ce principe éminemment napolitain, Casella l'applique avec une supériorité et une aisance rares. Il a le don de caresser et de plaire : mais sous la caresse on sent la griffe prête ; sous la séduction, la voluptueuse morsure prompte. C'est un félin, et fort lancé dans l'existence qu'il a toujours envisagée en bel animal de proie.

WILLIAM MORIAUD

L'escrime est très en honneur dans toute la Suisse et particulièrement à Genève, qui compte plusieurs salles d'armes qui n'ont rien à envier aux cercles les plus *select* de Paris. Les escrimeurs sont fort nombreux et parmi ceux avec qui j'ai fait connaissance, l'épée en main, pendant mes déplacements en Suisse, je citerai M. William Moriaud.

Élève de Schiep père, Gardiel et Nanche, M. Moriaud est un des meilleurs tireurs de Genève. Dès qu'il se met en garde, on sent en lui l'habile manouvrier, doué d'un grand sang-froid. Quoique doué d'une grande taille, il a une prédilection marquée pour les parades et les ripostes, et nul ne sait mieux que lui prendre un temps ou un coup d'arrêt.

Le jeu de M. Moriaud est très régulier, sa tenue est correcte; le corps, droit et bien d'aplomb sur les hanches, est très effacé; il possède une puissance de jarrets peu commune; la main tenant l'épée est bien soutenue et très en ligne. Il ajoute à une grande harmonie de mouvements un jugement prompt, un coup d'œil vif et une conception très rapide.

M. Moriaud possède une qualité, bien rare celle-là : en tous lieux, en tous temps, quel que soit l'adversaire qui se présente à lui, il ne refuse jamais le combat, et je l'ai vu, à Genève, se planter devant les premières lames et fournir de ces assauts fulgurants qui électrisent la galerie.

Comme tous les fervents de la lame, M. Moriaud se multiplie dans toutes les fêtes d'escrime afin de bien montrer à ses compatriotes l'utilité des armes. Et de fait, il a raison, car, quand l'exercice des armes ne serait pas aussi utile qu'il l'est pour la défense de la vie, qu'il ne mettrait pas à l'abri de l'insolence des fanfarons qui courent le monde et qui cherchent à attaquer ceux qu'ils savent ne pas être en état de se défendre; quand il ne procurerait que de l'adresse, qu'il ne servirait qu'à délier les membres, à former la constitution, à affermir le tempérament, à adoucir le caractère, à tempérer la jeunesse, qu'il ne servirait enfin qu'à entretenir la souplesse, la vivacité, la force, la santé, ces objets seraient déjà trop considérables pour être négligés par ceux qui veulent perfectionner leur éducation.

LOUIS BUSCARLET

M. Louis Buscarlet est encore un des forts tireurs de Genève. Il n'est pas inconnu des Parisiens, car il a figuré dans plusieurs assauts publics à Paris, entre autres dans le grand assaut international donné par la Société d'encouragement.

Après avoir commencé les armes à Genève avec M. Renevier fils, M. Buscarlet s'en vint, à Paris, travailler avec Bergès père. Son instruction terminée, il s'en retourna à Genève où il se fit recevoir membre de la Société d'escrime.

De taille moyenne, solidement bâti, grâce aux armes auxquelles il s'exerce chaque jour, M. Louis Buscarlet est un tireur plein de force et de vigueur et le premier gaucher de Genève.

Son jeu est fort difficile, car il est la rapidité même. La main est vigoureuse, le doigté d'une extrême finesse. Parfaitement placé en garde, il s'applique toujours à amener des phrases suivies et bien nourries. Doué d'une grande énergie, il est infatigable sous les armes. Ses ripostes sont étonnantes et arrivent au corps avec une précision mathématique et la rapidité foudroyante de l'éclair.

Doué d'une force et d'une vigueur prodigieuses, M. Buscarlet est vif, souple, il étonne même par son agilité. Jamais personne dans la leçon, disait le père Bergès, en parlant de son élève, n'a déployé plus de grâce, plus de régularité. Non content d'être un tireur élégant, M. Buscarlet est encore un tireur fort aimable. En tirant avec ses amis, il apporte toujours une grande complaisance. Seulement il ne faut pas s'en prévaloir, car, s'il s'en aperçoit, il a vite fait de prendre sa revanche et une revanche avec intérêt.

M. Buscarlet n'excelle pas seulement dans les armes, il semble né pour tout ce qui est du ressort du goût et de l'adresse. Ses connaissances sportives sont profondes, et on peut le considérer comme un des meilleurs sportsmen de Genève.

GUSTAVE HERGSELL

M. Hergsell n'est pas seulement un grand escrimeur, c'est encore un écrivain très apprécié dans les pays de langue allemande par quiconque s'occupe de point d'honneur et d'histoire de l'escrime, qui devrait l'être également en France, et qui le serait, si nous avions quelque souci des productions littéraires chez nos voisins. M. Hergsell, né en 1847, en Moravie, est actuellement capitaine dans l'armée austro-hongroise et directeur de la *Landes Académie* royale de Prague, où, en 1869, il remplissait les fonctions de maître d'armes. Ancien élève de l'École polytechnique de Brunn, il a complété son instruction générale et spéciale et étendu le champ de son expérience par plusieurs séjours en France et en Italie. On comprend que les deux écoles d'escrime n'aient pas de secrets pour lui. Mais c'est la nôtre qui jouit de toutes ses préférences. Il a, en cela, d'autant plus de mérite et d'autant plus de droits au bienveillant accueil des lecteurs, que c'est l'école et la manière italiennes qui, en Autriche, tiennent le haut du pavé. Espérons qu'il n'y a là qu'une éclipse passagère, et que la faveur du public reviendra au bel art français, s'il peut compter sur les efforts et l'appui d'un certain nombre de personnalités aussi marquantes que celle de M. Hergsell.

Cette présentation faite, revenons au *Duell Codex* que vient de publier M. Hergsell. Sans vouloir en faire une analyse détaillée, je dirai cependant que ce livre renferme tout ce que les adversaires et les témoins peuvent demander à un ouvrage de cette espèce. Dans la première partie, l'auteur traite avec une science approfondie les questions générales et particulières qui rentrent plus spécialement dans ce qu'on peut appeler la jurisprudence chevaleresque (offenses, provocations, témoins, refus de se battre, capacité satisfactionnelle, responsabilités, substitutions, jury d'honneur, etc.). Dans la seconde, il expose, avec précision et clarté, la technique des différents duels. La troisième contient les duels exceptionnels. Un appendice offre des modèles de procès-verbaux très bien rédigés et fort pratiques. Rien n'a donc été oublié. Il ressort de la lecture du *Duell Codex* qu'en matière de règles du point d'honneur l'École française tient en Autriche-Hongrie le haut du pavé qu'elle a perdu en matière d'escrime. Dans sa préface, M. Hergsell se proclame disciple de Chatauvillard. « Je me suis laissé guider, écrit-il, par les écrits du comte Chatauvillard..... Bien que surannées dans certains détails, ses règles, ses prescriptions, ses opinions offrent néanmoins des matériaux inestimables et seront respectées aussi longtemps qu'une association *compétente* de gens d'honneur n'aura pas rédigé d'autres prescriptions, d'autres lois... » On voit par cette déclaration si nette que, pour M. Hergsell, l'*Essai sur le Duel* de Chatauvillard reste la source où doit puiser, la base sur laquelle doit s'appuyer, quiconque traite du point d'honneur. C'est également l'opinion d'un auteur hongrois pour lequel je professe beaucoup d'estime, M. de Bolgar. C'est la thèse soutenue par M. Croabbon dans le premier chapitre de son livre *le Point d'honneur*. Mais, si M. Hergsell a su se retenir sur la pente dangereuse où on glisse involontairement lorsqu'on écrit sur les règles chevaleresques, et qui vous entraîne à vouloir faire du nouveau, de l'inédit, du personnel, à légiférer en un mot ; si avec un rare bon sens il a choisi le rôle de *commentateur*, rôle plus modeste, mais seul véritablement utile, il ne s'est pas condamné, pour cela, à rouler toujours dans la même ornière, et à regarder l'*Essai sur le Duel* comme *l'Ultima Thulé* du monde chevaleresque.

Il a parfaitement compris que le rôle du commentateur est plus haut et qu'il peut tenter même un esprit distingué, puisqu'il consiste à se montrer infatigable dans le perfectionnement logique, dans la mise au point scrupuleuse du texte original pris comme base et comme modèle. Convaincu que la lettre tue, mais que l'esprit vivifie, il s'est attaché à sauvegarder l'intégrité de son auteur dans tout ce qu'il y a de fondamental et d'essentiel, mais il ne s'est pas interdit de suppléer à certaines insuffisances, de combler certaines lacunes, d'apporter à certains détails les modifications qu'exigent les inévitables différences d'époques, de nationalités et de milieux. Problème difficile assurément ! Que M. Hergsell ait essayé de les résoudre avec la conscience et la probité littéraires qu'il montre dans tous ses travaux, c'est ce dont personne ne doutera en lisant le *Duell Codex*. Ses efforts ont-ils été couronnés de succès ? A-t-il su concilier les principes fondamentaux établis par Chatauvillard avec les conditions de la vie moderne ? Pour répondre à cette question, à mon avis la plus grosse qui puisse être soulevée par un livre de cette espèce, il faudrait procéder à une discussion approfondie et de détails qui ne rentre pas dans le cadre de cette notice. Je puis dire, cependant, qu'il me semble avoir généralement réussi. Un exemple pris au hasard parmi les importantes adjonctions faites à la première édition suffira, j'espère, pour le démontrer.

Lorsqu'il écrit que personne, même avec l'assentiment de ses témoins, n'a le droit de refuser par avance la capacité satisfactionnelle ; que personne ne peut décliner une solution chevaleresque de l'affaire, même si l'on a l'intime conviction que son adversaire ne possède pas cette capacité ; *que toute contestation de cette espèce doit être soumise à un jury d'honneur statuant en dernier ressort, et sans appel ;* lorsqu'il étend la compétence de ce jury également au cas où une des parties manifesterait la volonté inébranlable de maintenir ses prétentions, ou de provoquer une obstruction en vue d'empêcher la solution de l'affaire, ou d'entraîner une solution conforme à ses désirs ; lorsqu'il affirme que, si une des parties répond par une fin de non recevoir à la demande qui lui est adressée de réunir un jury d'honneur, ce refus constitue un *déni de justice* et équivaut à un refus de se battre, il trace des règles nouvelles. Ces règles modifient profondément la législation du point d'honneur, telle qu'elle est exposée dans le code de Chatauvillard, puisqu'elles substituent une juridiction bien définie et souveraine, celle du jury d'honneur, à une juridiction mal définie et non souveraine, celle des témoins ; puisqu'elle déplace, en un mot, le pivot sur lequel tournait la machine chevaleresque. Et cependant, non seulement ces règles nouvelles ne violent pas les principes sur lesquels Chatauvillard s'est appuyé pour investir les témoins de leurs fonctions, mais elles leur communiquent une force nouvelle. Qu'a voulu en effet Chatauvillard en faisant rentrer la fonction de juge parmi les attributions multiples des témoins ? Remédier aux coutumes vicieuses qui, de son temps, permettaient aux adversaires de régler eux-mêmes les différends au gré de leur caprice et au hasard de leurs conventions ; substituer à la passion aveugle des intéressés une autorité calme, éclairée et impartiale. Que veut M. Hergsell ? Qu'ont voulu le regretté Paulo Fambri, M. Jacopo Gelli et tous les partisans des cours ou des jurys d'honneur ? Combattre par des moyens plus efficaces l'abus du point d'honneur qui, malgré les efforts de Chatauvillard, laisse encore trop souvent les parties maîtresses de s'ériger en juges dans leur propre cause. N'est-ce point là vouloir ce qu'a voulu Chatauvillard, tendre au même but, s'appuyer sur les mêmes principes, les corroborer ? N'est-ce pas observer une juste mesure entre le respect dû à l'auteur qu'on veut commenter et l'indépendance que tout commentateur intelligent peut et doit conserver ? N'est-ce pas résoudre un difficile problème ? N'est-ce pas mériter des éloges ? Aussi ne les marchanderai-je point à M. Hergsell, en les assaisonnant toutefois d'une légère critique. Pourquoi, dans sa troisième partie, a-t-il cru devoir reproduire les règles des duels exceptionnels ? Si Chatauvillard a publié cette réglementation, c'était contraint et forcé par les mœurs de son époque et pour ainsi dire malgré lui. Il a fait une concession qui, à l'heure présente, n'a pas sa raison d'être. Ne parlons donc plus des duels exceptionnels que pour les exclure de la pratique chevaleresque ! Mais ce n'est là qu'une ombre qui n'enlève rien à l'harmonie du tableau ! La troisième partie du *Duell Codex* supprimée, il reste encore un tout bien homogène, bien ordonné, et qui mérite le succès.

M. Hergsell n'est pas seulement l'auteur du Code du duel dont il vient d'être parlé et le commentateur éclairé dont il a été question. Nous lui devons encore la publication des fameux *Livres d'escrime de Talhoffer*, d'après les manuscrits originaux du xv⁰ siècle. Ces ouvrages, d'une haute valeur historique et artistique, donnent la représentation la plus complète et la plus suggestive de ce qu'étaient en Allemagne, au moyen âge, les duels judiciaires, et sans doute aussi, d'après l'opinion du savant écrivain, les autres combats singuliers alors en usage. Les historiens et les amis des arts y puiseront, je ne crains pas de l'affirmer, d'inestimables documents, s'ils parviennent à les consulter.

LE LIEUTENANT AMON VON GREGURICH

Voici un des plus brillants et des plus élégants hommes d'épée de l'armée autrichienne. Grand, svelte, bien pris, d'une adresse peu commune, le lieutenant Amon von Gregurich a su conquérir très rapidement, par des succès nombreux, la place qu'il occupe dans le monde de l'escrime viennoise. C'est à son père que le lieutenant von Gregurich doit cette situation, car il le façonna de fort bonne heure à tous les exercices du corps. L'escrime et l'équitation ayant ses préférences, c'est vers ces deux branches du sport que furent dirigées les études du jeune Gregurich ; et lorsqu'à dix-huit ans — en 1885 — il entra à l'École des cadets, il était déjà de première force au sabre et à l'épée. En 1887, il arrivait au 18ᵉ dragons, d'où il était envoyé au cours militaire des moniteurs d'escrime. Il en sortait avec le n° 1. Dans un voyage qu'il fit à Trieste en 1892, où il avait été envoyé en qualité de *Fechtlehrer commandist*, il fit la connaissance de Luigi Barbasetti, le professeur de la Société di Scherma de cette ville ; et, comme il avait le désir d'apprendre l'escrime italienne, il saisit donc avec empressement l'occasion qui lui était donnée de s'initier à cet art. Grâce à ses aptitudes et aussi à sa grande passion pour les armes, il fut très vite au courant de toutes les finesses de l'escrime italienne ; et aujourd'hui il est considéré comme la première spada de l'Autriche-Hongrie. En 1895, dans le grand tournoi de Budapest, il obtenait le prix de l'État, la grande médaille d'or, pour la contre-pointe, et à Prague la médaille d'argent pour l'escrime ; la même année, il obtenait, à l'assaut international, la grande médaille d'or avec diplôme et à Vienne la médaille de bronze. En 1896, le lieutenant Amon von Gregurich était proclamé vainqueur du grand tournoi austro-hongrois de Vienne ; il gagnait la grande médaille d'or avec diplôme donnée par S. A. l'archiduc Rainer, et à Budapest il enlevait dans le tournoi international la grande médaille d'or pour le fleuret, la grande médaille d'or avec diplôme pour le sabre et le prix d'honneur offert par le ministère Honved.

LE DOCTEUR EDWARD BRECK

M. Breck est né en 1864, à Boston, dans le Massachusetts ; son père était officier de la marine des États-Unis. Après avoir fréquenté les écoles américaines, le lycée Amherst, l'Université de Cambridge en Angleterre et les trois grandes universités allemandes de Berlin, Munich et Leipzig, il obtint en 1887, à Leipzig, *magna cum laude*, le titre de docteur en philosophie.

M. Breck s'est consacré à la carrière des lettres et il a fait du journalisme un peu partout, à Boston, à Londres, à Berlin, et mettant toujours en pratique ce précepte : *Mens sana in corpore sano*, il s'est adonné particulièrement au noble exercice des armes. Après avoir essayé, pendant quelque temps, la rapière allemande (Schlager) à l'Université de Leipzig, il a rencontré là un maître italien qui lui donna les premières notions du fleuret. En Amérique, il trouva à Boston M. Rondelle, ancien maître d'armes de l'armée française, qui lui démontra bien vite la supériorité de l'escrime française.

Depuis son retour en Europe, il a travaillé les armes avec Calmels, l'ancien adjudant de l'École de Joinville, qui fut pendant quelque temps professeur du *Berliner Fecht-Clubb*, de Berlin.

M. Breck est surtout un riposteur possédant maintenant à fond la science de l'escrime; son jeu vigoureux est d'une rapidité surprenante. De taille élancée, il est très leste sur la planche et se sert de ses jambes presque aussi bien que San Malato. Quoique cela, il préfère l'École française, qui est beaucoup plus sobre de mouvements; il prend sa garde le bras raccourci. M. Breck, comme beaucoup d'amateurs, est très journalier; lorsqu'il est bien disposé, son jeu rapide, juste, élégant, est très varié; ses attaques en marchant, aidées par une détente de jarrets des plus vigoureuses, sont formidables; il a des parades un peu violentes, mais foudroyantes, qui surprennent presque autant qu'une attaque. L'agilité de sa main lui permet de rouler le contre de tierce jusqu'à rencontre du fer.

C'est vraiment extraordinaire de voir un homme aussi occupé donner autant de temps et de soins au développement de l'art des armes. Honneur à lui!

CHARLES DE KAY

PRÉSIDENT DU BERLINER FECHT-CLUBB

Fils d'un amiral de la marine de la République Argentine, M. de Kay est de l'Amérique du Nord. Son père, qui est entré dans la marine comme volontaire, s'y est illustré en remportant des victoires éclatantes pendant la guerre des Argentins avec l'empire du Brésil, il y a cinquante ans. Ses aïeux étaient, au siècle dernier, avant la Révolution, officiers de l'armée coloniale d'Angleterre; sa famille, d'origine protestante, a résidé en Hollande au XVIe siècle, venant du Nord de la France.

Dans son enfance, M. de Kay habitait l'Allemagne, où il apprit les principales langues d'Europe, le français, l'allemand, l'italien. De retour à New-York, il fit ses études à l'Université de Yale, à New-Haven, Connecticut. Depuis il s'est fait poète, critique d'art et journaliste. A Yale, où il n'y avait pas de professeur d'escrime, M. de Kay chercha à initier ses collègues à l'art des armes, et, après avoir remué ciel et terre, il arriva, dès 1882, à fonder un club, le premier de ce genre en Amérique, *Fencers Club* de New-York, dont il fut le président jusqu'en 1894.

M. de Kay a étudié les méthodes italienne, allemande et française, et c'est cette dernière qui a eu ses préférences. Il a tiré avec MM. Sénac, Nicoles, Rondelle, Jacoby, Gignac, Tronchet, Vauthier, Pini, maîtres ou prévôts habitant ou de passage à New-York. Appelé à Berlin comme consul général des États-Unis, son premier soin, en arrivant dans cette ville, fut de s'occuper d'escrime et il arriva à faire ce qu'on lui disait être impossible : intéresser les Allemands à l'escrime au fleuret. D'un côté, les officiers de l'armée se battent presque toujours au pistolet, de l'autre les étudiants sont dévoués à une espèce d'escrime, pour le duel à la rapière, qui exclut tout à fait les finesses du fleuret français. En plus, il y a en Allemagne un genre d'escrime spécial, mais il est si mal combiné, qu'il n'y a vraiment pas de plaisir à le pratiquer.

A Berlin, on lui disait qu'on se moquait des clubs, que la haute société de la ville était trop fière, et qu'aucun de ses membres n'accepterait de se trouver dans le même cercle avec des simples bourgeois ou avec les étrangers sans rang, ni titre, qu'au surplus on n'aimait pas les sports français et que l'idée d'appeler à Berlin un maître d'armes de Paris était de la folie pure. Sans se laisser arrêter par ces conseillers lugubres, M. de Kay s'adressa à ses amis, diplomates, médecins, juristes, banquiers, commerçants, et surtout aux étudiants américains de l'Université de Berlin, et il fut assez heureux pour intéresser tout le monde à son idée.

Grâce à l'aide de M. le major von Brand, de lord Granville, de M. Spring-Rice et de M. le Dr Breck, il fonda le *Berliner Fecht-Clubb*, il fit venir pour le seconder dans cette entreprise hasardeuse, M. Louis Calmels, l'ancien adjudant maître d'armes de Joinville-le-Pont, qui passait avec raison pour un des premiers maîtres militaires de France, et c'est grâce à cet éminent professeur qu'on n'aurait pas dû laisser partir, que le *Berliner Fecht-Clubb*, a obtenu à Berlin un succès colossal, et à l'heure qu'il est les cours de l'adjudant Calmels(1) sont très courus par toute la haute société berlinoise ; et ses élèves appartiennent tous à la cour, à la diplomatie, aux consulats, à la haute finance, à l'Université, au commerce et à la haute société étrangère. Voilà une victoire pour un sport français !

M. de Kay est un escrimeur d'une très grande vigueur et dont le jeu varié est fort difficile. Il a beaucoup de tempérament et il attaque plus souvent qu'il ne pare, cependant il soutient admirablement l'enchaînement des phrases d'armes. Sa tenue est correcte et des plus élégantes ; doué d'un sang-froid extraordinaire, il reste inébranlable, en présence des menaces de son adversaire. Il est vrai que, tout en pratiquant l'escrime française, il est souvent romantique, variant son jeu à l'infini. Plus expert avec le fleuret qu'avec l'épée de combat, il trouve ce dernier un peu monotone comme jeu et comme exercice. En vérité, ce n'est pas de battre son adversaire dans un assaut que recherche M. de Kay, ce qu'il veut, c'est faire aimer les armes et voir pratiquer ce noble exercice par tous ceux qui ont des occupations sédentaires. Il envisage l'escrime au fleuret comme un exercice plein d'attraits, bien plus que comme une préparation au combat. Aussi a-t-il eu le plaisir de voir à New-York, Boston, Berlin, beaucoup de personnes des deux sexes, sur ses conseils, pratiquer le fleuret. Cela lui paraît beaucoup plus intéressant que n'importe quelle victoire dans un

---

(1) Calmels est revenu en France ; il est actuellement professeur à Arras.

assaut. M. de Kay a écrit pour ses lecteurs et lectrices américains de nombreux articles sur l'escrime ; entre autres, une intéressante étude des salles et des cercles d'escrime principaux de Paris, qu'on trouvera, avec de fort jolies illustrations, dans le *Cosmopolitan* de New-York, d'il y a cinq ou six ans. Il serait difficile de trouver, hors de France, un amateur d'armes ayant plus fait pour la propagation et l'honneur de l'escrime française que M. Charles de Kay, le consul général de l'Amérique du Nord à Berlin.

LE MAJOR VON BRAND

Le major von Brand est surtout un amateur de contre-pointe ; il manie le sabre avec beaucoup de verve et d'entrain. D'une très grande endurance, il peut soutenir de nombreux assauts sans la moindre fatigue.

Sa famille appartient à la noblesse de Wurtemberg ; comme il a demeuré longtemps à Paris, il parle le français comme sa langue mère. Dernièrement le major von Brand a quitté l'École de guerre de Berlin pour aller occuper le grade de major du 126° de ligne qui venait de lui être donné. Comme escrimeur, quoique ayant encore beaucoup à apprendre, car il n'avait fait que commencer ses études avec M. Calmels lorsqu'il est parti pour son nouveau régiment, c'est un tireur élégant, maniant le fleuret avec grâce, dont le jeu, très nerveux et très vigoureux, le classera au nombre des meilleurs escrimeurs. Il est souple, rempli de bonnes dispositions, il sera avant peu un tireur avec lequel on devra compter, car il est calme, froid et inébranlable en présence de son adversaire, et, quand il attaque, ses coups sont portés avec une étonnante justesse.

LE COMTE DE GRANVILLE

M. le comte de Granville est un jeune Anglais d'une famille très célèbre dans la diplomatie ; il est secrétaire d'ambassade à Berlin et élève du *Fecht-Clubb*. Sportsman comme le sont tous les Anglais, Earl Granville pratique un peu tous les sports en honneur dans son pays ; depuis son arrivée à Berlin, l'escrime a toutes ses faveurs.

Doué de beaucoup de moyens et surtout d'une grande taille, ce qui lui donne une très grande supériorité sur beaucoup de tireurs, le comte de Granville est un tireur élégant et régulier, et son jeu académique fait grande sensation dans les assauts. Aussi ne tardera-t-il pas, lorsqu'il saura se servir de tous ses moyens, à être un escrimeur des plus difficiles. Son jeu est nerveux, il attaque volontiers par des coups simples, il riposte avec beaucoup de rapidité. Le comte de Granville affectionne le contre de quarte suivi de coupés dégagés.

Le corps est solidement attaché au sol, il a pris de Calmels l'élégance et la facilité des coups, la main est ferme et le doigté d'une finesse remarquable ; dans le haut comme dans le bas, il riposte très vite.

PRINCE JOSEPH DE CHIMAY

Avec sa haute taille et son allure martiale et dégagée, le prince de Chimay a tout à fait l'air d'un officier de cavalerie en bourgeois. Il porte la tête haute, ses traits sont fins et caractéristiques.

Élève de la salle Rouleau, il compte une foule d'excellents assauts. A des aptitudes physiques naturelles et une intelligence rare le prince de Chimay joint une connaissance très grande de l'escrime et une science telle qu'il arrive à occuper un des premiers rangs dans le monde des armes.

Son jeu est très varié et plein de ressources. Doué d'une grande énergie, il est infatigable sous les armes. Il a le poignet bien placé et sa parade a cela de bon qu'il la varie avec facilité, passant du simple au contre et du contre au simple. Les ripostes sont foudroyantes.

Le prince est Belge ; il appartient à la famille des Caraman-

Chimay qui descendent de Pierre-Paul de Riquet, le créateur du canal de Languedoc en 1666. Cette famille se partage aujourd'hui en deux branches, l'une française, l'autre belge. Celle-ci avait pour chef le prince Joseph de Chimay, le ministre des Affaires étrangères de Belgique, mort il y a quelques années. Sa branche a pour auteur le prince Joseph de Chimay, qui épousa, en 1805, la célèbre Mme Tallien — Théresa Cabarrus. Sa mère était Mlle Pelaprat, la fille du fameux financier, dont l'hôtel du quai Malaquais, aujourd'hui une annexe de l'École des beaux-arts, vit ses combles habités, au beau temps du romantisme, par tout un clan de jeunes écrivains devenus célèbres plus tard, Gérard de Nerval et Arsène Houssaye.

La branche française de Riquet de Caraman a pour chef le duc Victor de Caraman, fils du duc Charles, petit-fils du maréchal de camp de Caraman et arrière-petit-fils de Victor Riquet de Caraman, pair de France en 1827, duc de Caraman en 1830, lieutenant général et ambassadeur à Berlin et à Vienne, qui a laissé des mémoires fort intéressants. C'est la grande illustration en ce siècle d'une famille très brillante, très sympathique, qui se rappelle, à son honneur, que le premier auteur de sa prospérité fut un ingénieur, et ne dédaigne pas dans ses alliances de mêler la noblesse du travail à celle du sang.

MLLE LOUISE ABBÉMA

Mlle Louise Abbéma est généralement connue pour son esprit charmant et pour son remarquable talent de peintre; ce que l'on sait moins, c'est qu'elle est une sportswoman accomplie.

Tous les sports lui sont familiers, à l'exception de la bicyclette, qu'elle a en horreur, trouvant disgracieux le costume que comporte cet exercice. Elle les cultive tous avec un égal amour.

Les longues promenades à pied, le canotage, la natation, l'équitation, le tir au pistolet, sont ses distractions favorites, dans ses longues villégiatures d'été, au bord de la mer. Elle s'y livre avec ardeur, heureuse de laisser reposer son pinceau pour briser son corps et réparer au souffle vivifiant des brises salines, les forces perdues dans la vie un peu anémiante de l'atelier.

Amie intime de Sarah Bernhardt, chez qui elle passait autrefois les étés au Havre, se levant dès l'aube pour pêcher la crevette, faisant du tir à la carabine et des excursions l'après-midi, se reposant le soir à la lecture des manuscrits envoyés à sa grande amie. Elle va maintenant à Belle-Isle-en-Mer, depuis que Sarah y réside.

L'escrime a peu de secrets pour elle. L'hiver, elle fait des armes dans son atelier d'une façon suivie.

En escrime, comme en peinture, Mlle Abbéma est un tempérament; elle y apporte sa note personnelle.

Tireuse de tête par principe, habile à tromper le fer et à placer la riposte, ayant la pointe bien en ligne, elle ne tarde pas à s'animer au cours de l'assaut, charge son adversaire, ne recule pas devant le corps-à-corps et remplace par un brio plein d'imprévu la manière calme et froide du début.

Elle est de la bonne école, a eu pour maître Bettenfeld, le tireur fin et savant, et a souvent croisé le fer, non sans succès, avec quelques-uns de nos meilleurs escrimeurs.

Mlle Louise Abbéma a vaillamment conquis ses grades dans la gracieuse phalange des escrimeuses; c'est une escrimeuse arrivée. Ce qui le prouve surabondamment, c'est qu'elle vise assez volontiers le coup de bouton, tout comme les maîtres du fleuret.

Aimant passionnément l'escrime, l'équitation, Mlle Louise Abbéma a voulu aussi apprendre le pistolet. En peu de temps elle a acquis une perfection de tir très enviée de bon nombre d'amateurs. Elle manie le pistolet non seulement avec grâce, mais avec une sûreté de main remarquable.

Avec la carabine de tir, on a la grande ressource de l'épaulement, mais avec le pistolet il faut arriver dans la ligne de tir avec une finesse et une précision mathématiques. Le plus léger à-coup peut produire une déviation sensible ; puis il y a le poids de la balle ; les grains de plomb sont rapides, instantanés, la balle obéit aux lois de la pesanteur. Aussi doit-on citer presque comme un tour de force la fantaisie amusante à laquelle s'exerce fréquemment Mlle Abbéma : celle qui consiste à casser des assiettes fixes ou mises en mouvement. Il y a là une certaine spontanéité, un grand à-propos qui dénotent une grande habitude du tir.

C'est surtout pendant sa villégiature d'été, où elle peut tenir le pistolet à son aise, que Mlle Louise Abbéma se fait la main. Elle a des cartons superbes et, si vous voulez un bon conseil, évitez de vous battre avec cette sportswoman qui manie l'épée aussi bien que le pistolet.

Parmi nos Parisiennes les plus frêles et les plus nerveuses, les plus délicates, les plus à la mode, il y en a bon nombre qui rivalisent avec nos meilleurs tireurs. Heureusement que les Richelieu ne sont plus de ce siècle, car, s'il survenait quelque différend d'amour entre nos Nesle et nos Polignac, l'affaire pourrait avoir des suites sérieuses.

Mlle Abbéma n'est pas seule à manier aussi habilement le pistolet, on peut voir chez Gastinne-Renette quelques cartons fort curieux qui ont été faits par la princesse Ghika, la comtesse Tyszkiewicz, la comtesse de Beaumont. Mlle Rachel Boyer figure également dans les Salons des primes.

Mais le carton le plus intéressant est sans contredit celui d'Adèle Page, l'ancienne pensionnaire des Variétés. C'est un carton troué de vingt-cinq balles, les coups sont si bien ramassés, que l'ouverture, que ces balles ont faite, n'excède pas les dimensions d'une pièce de cinq francs.

Si les cartons de Mlle Abbéma ne figurent pas au tir de l'avenue d'Antin, c'est parce qu'elle n'y va jamais. Cela ne l'empêche pas d'en avoir de très beaux, car le moins bon de ses cartons ne fait pas trente-cinq lignes.

MISS LOWTHER

Quoique ayant eu pour premier professeur M. Mac-Pherson, miss Lowther est plutôt l'élève de l'adjudant Bel, le distingué maître d'armes de l'École d'application de Fontainebleau.

Cette jeune et jolie escrimeuse a de qui tenir, du reste ; elle est issue d'une famille de sportsmen parmi lesquels on peut citer : le Right Honorable James Lowther, un des membres les plus distingués du Jockey-Club de Londres ; the Earl of Lonsdale, le sportsman qui a reçu d'une façon si princière l'Empereur d'Allemagne et qui est actuellement *master of the Queen hounds*. The Queen hounds est, de l'avis de tous, la première meute de l'Angleterre. Le père de miss Lowther, qui a appartenu, comme capitaine, à la marine royale, était également un chasseur de premier ordre et un des plus habiles cricketers du Royaume-Uni. Entourée de tous ces hommes de sport, il était difficile que miss Lowther ne fût pas une sportswoman accomplie. Toute jeune, elle fit de l'aviron, et lorsqu'elle fut familiarisée avec ce sport, qui peut être regardé comme un des plus utiles, — car le canotage, dans sa véritable acception, et surtout comme le pratiquent nos voisins, est l'essence même du sport, — miss Lowther continua par le lawn-tennis, où elle ne tarda pas à être de première force. Elle eut même la bonne fortune de gagner quelques prix, entre autres le « championnat des dames de Hambourg » — elle gagna le premier prix du tournoi de Hambourg en 1895 — qu'elle détient encore actuellement. Malgré ces brillants succès, miss Lowther a délaissé un peu le lawn-tennis pour l'escrime, qui est aujourd'hui son sport favori ; ce qui ne l'a pas empêchée de se faire recevoir bachelière ès sciences, en juillet 1893, et de gagner de nouveau en 1897 le championnat des dames de Hambourg.

C'est avec le professeur Bel, pendant une villégiature qu'elle fit à Fontainebleau, que miss Lowther s'est appliquée sérieusement à l'escrime. Quoiqu'elle ait à peine vingt-cinq ans, elle est infatigable sur la planche. Vous la verrez très bien plastronner pendant une heure, et faire ensuite trois et même quatre assauts de suite, sans montrer la moindre fatigue. Pendant les deux ans qu'elle passa à Fontainebleau, elle travaillait tous les jours de dix heures du matin à midi avec l'adjudant Bel. Un jour, elle plastronnait pendant deux heures ; un autre jour, elle faisait assaut pendant le même laps de temps avec les sous-officiers maîtres-adjoints.

Sa manière de tirer avec tous ces jeunes escrimeurs variait souvent ; mais ce qu'elle préfère et ce qui convient le mieux à son tem-

pérament actuellement, ce sont des attaques trompant le changement d'engagement dessus et dessous ; elle cultive aussi le coup de temps. Ses jarrets lui permettent de le faire à propos ; ses attaques par des changés-coupés ne laissent rien à désirer; ses parades sont également bonnes, mais ses ripostes laissent un peu à désirer. Comme elle est toute à l'escrime maintenant, il est certain qu'avant peu elle pourra se mesurer avec n'importe quelle escrimeuse, et qu'elle enlèvera haut l'épée le titre de champion des Dames.

Elle travaille maintenant avec M. Vital-Lebailly du *London Fencing-Club*. Elle se montre peu en public. C'est fâcheux, car elle ferait plaisir à tous ceux qui aiment et pratiquent l'escrime car, comme je l'ai dit, je crois, c'est une escrimeuse élégante et jolie à voir. Cependant, elle a tiré devant S. A. R. le prince de Galles, à la salle de M. Mac-Pherson. Ses adversaires étaient MM. Egerton Castle, Jack Leslie et Mac-Pherson fils.

Le succès de miss Lowther fut complet, fut si complet que S. A. R. le prince de Galles lui offrit, en souvenir des belles armes qu'elle avait faites, pendant cet assaut, qui avait eu lieu devant une assistance d'élite, une superbe épingle en forme d'épée de chevalier.

Mlles MARIE FISCHER ET DORPH PETERSEN

M^{LLES} DORPH. PETERSEN, MARIE FISCHER ET HARRILT BERTHELSEN

De tous les sports, le plus en faveur auprès des belles Danoises après le sport national, c'est l'escrime ; et c'est à M. Berthelsen, le savant professeur, qu'en revient tout l'honneur.

Sorti avec le n° 1 de l'Académie d'armes de Copenhague, M. Berthelsen, qui avait une réelle passion pour les armes, fut nommé en 1884 professeur du cercle d'escrime, qui venait de se créer dans cette ville. Cette salle, qui n'était alors fréquentée que par une cinquantaine de clubmen, est aujourd'hui des plus florissantes et compte de nombreux escrimeurs.

M. Berthelsen n'est du reste pas un inconnu pour le monde de l'escrime de Paris, car en 1889 il prenait part au grand assaut international donné au Grand Hôtel et, quelques années après, en 1892, on le voyait à la salle du professeur Lafond, auprès duquel il était venu compléter et perfectionner son enseignement. En 1890, il établit sa première salle d'armes à Copenhagne. Depuis lors, grâce au succès qu'il a rencontré, il a transformé sa salle et, à l'heure qu'il est, il en a fait construire une, avec tout le confort moderne : lumière électrique, douche, bouche de chaleur, etc.

Les dames qui fréquentent la salle du professeur Berthelsen appartiennent presque toutes à la haute bourgeoisie ; elles suivent avec une grande régularité les cours, et, de manière à égaliser les forces des deux bras, on les fait tirer alternativement de la main droite et de la main gauche. Cette année, il a créé une société d'escrime de dames qui compte un grand nombre d'escrimeuses capables de se mesurer avec n'importe quel tireur.

Les Danoises ont adopté un costume fort seyant mettant en relief les élégances d'une taille svelte. Les Parisiennes préfèrent le maillot, travesti délicieux, mille fois plus varié de coupes et sous l'étroite adhérence duquel la jolie femme apparaît dans toute sa grâce serpentine, lorsqu'elle se fend avec agilité sans effort visible.

Cela seul suffirait à faire comprendre le goût de la Parisienne pour cet art raffiné. Il s'explique encore par le maniement facile du fleuret, arme légère, si bien faite pour des mains délicates, et que ses ressemblances avec l'outil féminin entre tous ont fait surnommer pittoresquement « l'aiguille à tricoter ». Coudre, découdre, tout se tient. Aussi les femmes qui s'adonnent à l'escrime deviennent-elles rapidement d'une jolie force. A défaut d'une grande vigueur, elles ont la délicatesse du doigté qui, étant donnée la légèreté de l'arme, leur permet de dessiner les feintes avec précision et de tromper le fer de très près. En d'autres temps, quelques belles escrimeuses ont failli réaliser les exploits des Clorinde et des Bradamante. Au siècle dernier, la Maupin, de l'Opéra, fut une enragée bretteuse et tua cinq ou six gentilshommes en duel. Ninon de Lenclos sut aussi s'escrimer dans toutes les règles, et c'est là peut-être une des causes de son étonnante longévité. Je ne cite pas la chevalière d'Eon, toutes sortes de pièces justificatives ayant fini par établir qu'*il* n'avait de la femme que les jupes, et que cette usurpation de sexe fut de sa part une pure vanterie.

De nos jours, on peut citer parmi nos escrimeuses les plus habiles Mlle Fritz et la fille d'un maître d'armes parisien, Mlle Basset, qu'on a vue plusieurs fois, dans des assauts publics, tenir tête à des professeurs renommés; et surtout Mlle Jean-Louis, la fille du célèbre professeur de Montpellier. On l'appelait l'invincible, parce qu'elle battait haut la main tous les maîtres de régiments qui tenaient garnison dans la ville des « gentes pucelles » et qui, rougissant d'une telle défaite, demandaient presque toujours à permuter.

Sur le livre d'or des escrimeuses danoises, je relève les noms de Mlle Marie Fischer, fille du peintre artiste qui fréquente la salle de M. Berthelsen depuis quatre ans. Grande, élancée et fort jolie, ce qui ne gâte en rien ses qualités d'escrimeuse, Mlle Marie Fischer tire d'une manière fort remarquable. Sa tenue est fort élégante et son jeu des plus difficiles à combattre. Bien placée en garde, elle sait attendre ce qui lui permet de soutenir de très longs assauts ; elle tire avec sang-froid et finesse. Sa riposte est vive et juste. En un mot, Mlle Marie Fischer connaît comme personne les ruses, les témérités et les prudences de ce bel art qui consiste, comme on l'a dit, à donner et à ne pas recevoir.

Après Mlle Fischer vient Mlle Marguerite Dorph. Petersen, fille de l'inspecteur du théâtre populaire. C'est une toute jeune fille qui, quoique n'ayant pas encore vingt ans, a déjà trois ans de salle.

Elle est de taille moyenne et souple comme une liane. C'est une escrimeuse de tête qui possède un jeu vraiment classique fort apprécié de tous les véritables amateurs. Elle affectionne le coup d'arrêt sur la marche de son adversaire, et alors l'effet de ce coup est écrasant. Remarquablement douée sous le rapport des muscles, sa tenue est irréprochable, élégante et gracieuse. Ses coups de bouton sont si courtois qu'on lui pardonne d'être aussi vite et, quand elle vous bat, on est tenté de lui dire merci.

Il me reste maintenant à dire quelques mots de Mlle Berthelsen, la fille du savant professeur du cercle.

Mlle Berthelsen est une toute jeune fille fort jolie et fort gracieuse qui fait des armes depuis trois ou quatre ans environ. Sa tenue est fort correcte; la main, quoique toute petite, est ferme et le doigté d'une finesse remarquable. Son jeu, des plus classiques, est souple et délié, elle pare vite et riposte plus vite encore. Bien campée en garde, elle ne demande rien à ses jambes, ses qualités exquises de riposteuse l'en exemptent, elle garde l'immobilité d'un roc. Il est presque impossible de déranger sa ligne, et pour peu qu'on l'écarte, elle revient instantanément à sa place, après avoir paré et placé la riposte en pleine poitrine de son adversaire.

La pratique de l'escrime entre chaque jour davantage dans les mœurs des Danoises. Depuis mon dernier voyage à Copenhague, qui eut lieu en 1895, on m'écrit que le nombre des mondaines fréquentant la salle Berthelsen est aujourd'hui presque doublé. Leur plastique et leur amour-propre y trouvent également leur compte; l'habitude de cet exercice plus spécialement masculin, en achevant de les mettre en « bonne forme », les rend plus séduisantes, et c'est en même temps, pour elles, comme une sorte d'émancipation.

En France, les escrimeuses mondaines sont fort rares, à part la comtesse de Beaumont que j'ai portraicturée dans les *Femmes du sport*, je ne vois que Mlle Louise Abbéma digne de figurer dans cette galerie.

Il n'en est pas de même chez les actrices, où le goût de l'escrime est très développé. C'est souvent, du reste, une nécessité

M. ET Mlle BERTHELSEN

de la profession. Déjazet était élève de Grisier, et l'on sait comment Letorières et Richelieu firent honneur à leur maître. Mlles Vernet et Rachel furent des virtuoses de l'épée et du pistolet. Depuis l'institution d'une salle d'armes au Conservatoire — il y a quelque vingt ans — on a vu s'accroître sensiblement le nombre des comédiennes qui pourraient au besoin

Défendre leur vertu, la flamberge à la main.

C'était feu le professeur Jacob qui dirigeait autrefois la salle d'armes du Conservatoire. Il a formé de brillantes élèves, quelques-unes, entre autres, dont il parlait avec orgueil : Marie Sasse, la grande artiste qui n'a jamais été remplacée à l'Opéra ; cette douce Priola, morte si tragiquement à Marseille ; Donvé. Les classes de chant fournissent les meilleurs sujets. Ces demoiselles, en général, possèdent de superbes performances, font bonne chère, ont du « plastron » et montrent des muscles plus vigoureux que nos mignonnes ingénues de comédie, roseaux charmants mais un peu frêles.

Copenhague, oui, Copenhague vous donne l'exemple, Mesdames. Beaucoup d'entre vous sont déjà escrimeuses, je le sais, et beaucoup de nos escrimeurs réputés seraient mal venus à lutter avec vous de grâce, de souplesse, d'élégance et même de coup de bouton. Mais nul ne vous voit, et tous le regrettent. Pourquoi l'escrime féminine n'aurait-elle pas droit de cité comme l'équitation et l'horrible bicyclette.

Ne semble-t-il pas du reste que l'épée, arme souple et fine, a été faite pour les souples et fines mains du sexe qui nous enchante ? On ne craint pas de l'affirmer après avoir vu tirer Mlles Fischer, Dorph Petersen et Harrilt Berthelsen.

Mᵐᵉ SCHROËR

C'est en suivant les séances d'escrime du *Berliner Fecht-Clubb*, dont fait partie son mari, que Mᵐᵉ Schroër, une fort jolie femme, s'est éprise de la passion des armes. La jeune mondaine est arrivée en peu de temps, grâce à des moyens physiques fort rares chez une femme, à être une escrimeuse très remarquable. C'est le professeur Calmels qui lui a mis le fleuret en main, et je suis convaincu qu'il ne le regrette pas, car son élève a largement profité de son enseignement. Il est vrai de dire que Mᵐᵉ Schroër adore l'escrime et qu'elle en fait d'un bout de l'année à l'autre. De taille moyenne, agile sous les armes, elle attaque discrètement, m a ’s dextérité et riposte de même. Son jeu est fin, le doigté délicat, et avec cela beaucoup de sang-froid et d'à-propos.

Autrefois, la danse et, par exception, l'équitation constituaient les seuls exercices du corps inscrits au programme de l'éducation féminime. Il n'était même pas de bon ton pour une femme de se livrer à la pratique du sport. La marquise d'Aylesbury conduisant elle-même son *duke* aux Champs-Élysées révolutionnait les passants, et le pistolet de la duchesse de Montpensier, faisant son carton à côté de son mari, effarait la sainte reine Marie-Amélie et les dames de la cour de Louis-Philippe. Il ne fallait rien moins que le respect attaché à la personne de la duchesse d'Angoulême pour que le faubourg Saint-Germain lui pardonnât de faire chaque soir sa partie de billard à Goritz ou à Frosdhorff, et la natation semblait chez le sexe faible un trait de hardiesse que désapprouvaient les familles à principes.

Aujourd'hui, que tout cela est changé ! La gymnastique et tout ce qui se rattache au sport aquatique ou terrestre ont droit d'entrée dans les maisons les plus sévères. Les courses, les concours hippiques ont développé pour la femme le goût du cheval ; la dernière guerre l'a accoutumée à l'odeur de la poudre tant et si bien, qu'elle fait à présent le coup de fusil contre les lièvres et les lapins à rendre des cartouches aux hommes ; enfin, l'extension croissante de l'art de l'escrime, sa présence aux assauts lui ont donné à son tour l'envie de manier le fleuret. Isabelle commence à jouer avec le fleuret de Dorante, par plaisir de tuer le temps avec lui, et, un beau matin, finit par le boutonner sans crier gare !

C'est ce qui est arrivé pour Mme Schroër. Un beau matin, sans rien dire à personne, on l'a vue sur la planche, en tenue d'escrimeuse, faisant assaut avec son mari, assaut dont la maëstria a émerveillé tous les escrimeurs.

Mme Schroër est née à Brême : elle est en plein printemps de la vie. Sa belle chevelure brune va bien à son visage aux traits nettement dessinés. Son regard est d'une grande douceur et aussi son beau sourire. Elle a un rire d'enfant, un rire de femme heureuse qui sait apprécier tous ses bonheurs. Ses manières sont exquises et son affabilité parfaite. Cette sportswoman est une femme de salon accomplie ; aussi gracieuse en maniant le fleuret qu'en jouant de l'éventail !...

TABLE ALPHABÉTIQUE

DES MATIÈRES

DES NOMS CITÉS ET DES PORTRAITS (1)

Abbas (Pacha), 81.
Abbas-Himly II, 80.
Abbéma (Mlle Louise), 309, 317, 311.
Abruzzes (Le duc des), 49, 117.
Albert (Le prince), 108.
Alberta (L'), 58.
Alcolea, 277.
Aldama (Alfonso de), 269.
Alexandre III, 29, 30, 33.
Alexandre (Le prince), 69.
111. Alfonso (S. A. R. l'infant don), 111.
Alice (La princesse), 32, 84.
157. Ali-Belkassem, 157.
195. Allair (Emile), 195.
Alphonse XII, 76, 80.
Alphonse XIII, 77.

Ambassadeur de Russie (L'), 244.
Amboise, 52.
Amédée de Broglie (La princesse), 52.
Andreassy (Le comte), 17.
253. Andrieu (Gaston), 236, 253.
Angle Baumanoir (Le comte de l'), 188.
Anne (La tsarine), 32.
Antoine d'Orléans (Le prince), 103.
Aoste (Le duc d'), 49, 117.
Apartaçao (La), 112.
Applaincourt (Le lieutenant d'), 134.
Apraxin (L'amiral), 32.
Arc-en-Barrois, 95.
Arène (Emmanuel), 241.

---

(1) Les chiffres précédant les noms indiquent les pages où se trouvent les portraits; les chiffres qui suivent correspondent aux pages du texte.

ARTHEZ (E.), 189.
ASTURIES (La princesse des), 78.
ASSISE (Le roi François d'), 277.
AUMALE (Le duc d'), 58.
AVOGRADO (Le comte), 119.
AYAT, 268.
AYLESBURY (La marquise d'), 324.
AZAY LE RIDEAU, 52.
BALOCHARD, 96.
BARAQUE NIBERT (La), 97.
BARBEY-D'AUREVILLY, 263.
BAREEL, 207.
BATTENBERG (La princesse de), 27, 31.
BARROW, 208.
BASSET (Mlle), 319.
BÉATRIX, 96.
BEAUJOUR (Le baron de), 174.
225. BEAUVOIS-DEVAUX, 225.
BEERBOHM (M. Jolios), 162.
BEERBOHM TREE, 162.
BEERS (Frank), 24.
BEGULE, 205.
BEL (L'adjudant), 313, 314.
BELAIR, 96.
BELLEGARDE (Le comte de), 17.
BENVENUTO CELLINI, 249.
249. BERAUD (Jean), 249.
BERGÈS père, 287.
BERKINCK (Le baron), 67.
BERNARDT (Sarah), 310.
BERNSTORFF (Le comte), 208.
BERTHELSEN (Mlle), 320.
BERTHELSEN, 317, 318, 319.
BERTIER (L. de), 205.
BERTRAND, 141.
BESGE (Le comte Émile de la), 174.
BÉTHUNE, 206.
BIBESCO (Le prince), 142.
BIONCOURT (de), 202.
BISMARCK (Le prince de), 243.
BIZOT (Le capitaine), 188.
BLAKE, 208.
BLANCO, 96.
BLANCS-CHAMPS (La baraque), 97.
BLOIS, 52.
BLOUNT, 165.
BOÏARD, 96.
BOIS DES MARÉCHAUX (Le), 119.
BOISGELIN (Le comte B. de), 212.
BOISSIEU (Le baron de), 211.

BOLGAR (de), 291.
BONNEFON (Jean de), 244.
BORDA (G. de), 282.
214. BOSCH (Van den), 206.
BOYER, 229.
BOYER (Rachel), 311.
BRAMBILLA (Le capitaine), 47.
BRAGANCE (Le duc de), 51.
BRAND (Le major von), 303.
297. BRECK (Le Dr Edward), 297.
229. BREITTMAYER (G.), 229.
BRISSELAIR, 96.
BROGLIE (Le prince de), 52.
BROOKE-LODGE (Cottes), 24.
BROWN (John), 163.
BRYON, 200.
BUREAU (Georges), 189.
BURG (Le), 23.
BUSCARLET (Louis), 287.
BUSSY D'AMBOISE, 250.
BYERLEY-TURC, 82.
CACCIA ALLA VOLPE (La), 116.
CABARRUS (Thérésa), 308.
CAHUSAC-DELAROCHE, 189.
CAIN, 179.
CALARI, 209.
CALLIAS (Horace de), 189.
CALMELS (Louis), 301, 306, 323.
CARNAVON (Earl of), 216.
212. CAMAUER (G.), 212.
CANTACUZÈNE (Le prince), 194.
CAPO DI MONTE (Villa), 49, 50.
CAPUCIN, 262.
CARAMAN (Le duc Victor de), 308.
CAROLY (Le comte), 17.
CARREIK, 208.
CARWER, 168.
CASAPICCOLA, 209.
218. CASELLA (Henri), 281.
CASERTE, 50.
CASTEL-PORZIANO, 47.
261. CATERS (Louis de), 261.
CATHERINE (Grande, 32.
CHABANNES-LA-PALICE (Comte J. de), 189.
CHAKHOVSKOY (Le prince), 30.
181. CHAMBONAS (Le marquis de), 181.
CHAMBORD, 52.
CHARLES Ier (d'Angleterre), 31.
51. CHARLES Ier, 51, 54, 55.

121. CHARLES-ÉTIENNE (S. A. l'archiduc), 121.	DANKELMANN, 208.
CHARLES-FERDINAND (L'archiduc), 75.	DAVID (Le chevalier), 206.
	DAVOS, 106.
93. . CHARTRES (S. A. R. le duc de), 93.	DEDICACE.
99. CHARTRES (S. A. R. la duchesse de), 99.	DÉJAZET (Mlle), 321.
	DELFT (Van), 214.
CHATAUVILLARD, 290.	DEMOUTS, 205.
CHAUCHAT (Le capitaine), 189.	DEMUTH (E.), 194.
CHAUMONT, 52, 53.	DENNY (Les frères), 207.
CHAZALET, 229.	DERNIS (A.), 189.
CHENONCEAUX, 52.	DÉROULÈDE (Paul), 186.
177. CHERIF PACHA (Le général), 177.	DÉRUÉ (Le lieutenant-colonel), 188.
CHERVILLE (Le marquis de), 93.	DESCHARMAYS, 206.
CHEVILLARD, 263.	DESEILLIGNY, 194.
CHICAMOUR, 96.	DESHAYES, 208.
CHIGI (Le prince), 47.	DESSEULES (Alfred), 97.
CHIMAY (Le prince de), 202.	DESTEUQUE (Charles), 59.
308. CHIMAY (Le prince Jos. de), 307.	DICTATEUR, 96.
CHRISTMAS (Cadeau de), 47.	DILLON, 262.
CIOLECK (Le comte), 206.	DILSCHNEIDER (Le capitaine), 189.
CLARENCE (Le duc de), 108.	DONVÉ, 322.
141. CLARY (Le comte), 141.	211. DORLODOT (Le baron Léon de), 202.
CLEMENTE, 82.	DOYEN (Le D^r), 202, 205.
CLEMENTINA (Le yacht), 57.	DREVON, 202.
CLEMENTINE (La princesse), 62.	DREYFUS (Camille), 243.
CLOLÙS, 189.	DRIGO (Le marquis), 49.
CLOTILDE (La princesse), 49.	DRUGMANN, 214.
CLOUÉ (L'amiral), 84.	EASTON (Pavillon d'), 24.
COBBY, 101.	ECKERT, 200.
COLLET-MEYGRET (Le capitaine), 182.	EDIMBOURG (Le duc d'), 108.
	EDIMBOURG (La Société royale d'), 88.
COMBERMERE (L'abbaye de), 24.	271. EGERTON CASTLE, 281, 316.
COMILLAS (La marquise de), 78.	EHRENBERG (Château d'), 32.
COMMELLE (Les étangs de), 97.	EISENERZ, 16.
COMTESSE, 96.	ELISABETH, 32.
CONCHA (La), 76.	ELISABETH DE WIED (La princesse), 123.
CONCHOGNATUS GRIMALDII, 89.	
COPENHAGUE, 30.	ELSLOO (Le comte d'), 205.
233. CORTHEY (Ad), 233.	EMINEH (S. A. la princesse), 180.
COTTES BROKE-LODGE, 24.	EMINEH (La princesse), 81.
COUBERTIN (Le baron de), 186.	EMMA (La reine), 65.
COUZA (Le prince), 125.	35-39-44. EMPEREUR D'ALLEMAGNE (S. M. l'), 35, 37, 38, 39, 40, 41, 42, 43, 45, 314.
CROABBON, 291.	
CROIX (Le marquis de), 214.	13-20. EMPEREUR D'AUTRICHE (S. M. l'), 13, 15, 19, 20.
CROIX DE LORRAINE, 91.	
CURFURST, 39.	EMPEREUR DU BRÉSIL (L'), 99.
207. CURLING (M.), 210.	27. EMPEREUR DE RUSSIE (L'), 12, 27, 29, 30, 31, 32, 33.
CUVILLIER (Eugène), 189.	
DANILO, 72.	ERDODY (Le comte), 208.

ESCORCIÈRE (Le château de l'), 173.
ESCRIME, DUEL ET SPORT (par Croabbon), 133.
ESTERHAZY (Le comte), 208.
ETOILE POLAIRE (L'), 30, 31.
EUGÉNIE (L'impératrice), 147.
103. EULALIE (S. A. R. l'infante), 103.
EXTASE, 39.
FALAISE (Le capitaine de la), 189.
FANFARO, 96.
9. FAURE (Félix, président de la République), 9.
193. FAURE (Maurice), 193.
FAVORITE (La), 50.
FECHT-CLUBB, 305, 323.
FELCOURT (de), 189.
FEODOROWNA (Marie), 33.
FERRA (La), 112.
317. FISCHER (Mlle Marie), 317.
FITZ-JAMES (La duchesse de), 62.
FLEURISSANT, 96.
FLEURY (Le général), 17.
161. FLORENCE DIXIE (Lady), 161.
FORESTÈRE, 96.
FORTAMPS, 206.
FORT EN GUEULE, 262.
FORTESCUE (S.), 208.
FOUDRAS (Le marquis de), 95.
FOUILLOUX (du), 93.
FRADIN (Louis), 97.
FRANÇOIS-FERDINAND (L'archiduc), 15.
13-20. FRANÇOIS-JOSEPH (L'empereur), 147.
FRANCONI, 127.
FRÉDÉRIC-GUILLAUME IV, 40.
FRÉQUELIN (Auguste), 97.
FRITZ (Mlle), 319.
FROST (Georges), 105.
GABRIEL (L'adjudant), 189.
GALERIE 1812 (La), 32.
GALFON, 205.
107. GALLES (Le prince de), 107.
GALETTI, 209.
GALPIN (J.), 276.
GARDIEL, 285.
GASTINE-RENETTE, 55, 311.
GANDERAX, 242.
GAYOLI, 209.
GÊNES (Le duc de), 49.
GÊNES (La duchesse de), 49.

GEORGES DE GRÈCE (Le prince), 27.
GEORGES III, 108.
GEORGES (Le prince), 108, 109.
GERALE (Le prince de), 209.
201. GERVAIS (Paul), 201.
237. GERVEX (Henri), 237.
GHIKA (La princesse), 311.
GINOT, 206.
GIRAUD D'AGAY (Mlle de), 176.
GODOLLO, 19, 23.
GOFFINET (Le baron), 58.
GOURGAUD (Le baron), 202, 205.
GRADANELLAS, 268.
GRAFTON (Lord), 24.
GRAMMONT - CADEROUSSE (Le duc de), 262.
GRANDE CATHERINE (La), 32.
GRANDE-CHARTREUSE (La), 183.
GRAND PRIX DE SPA (Lauréats du), 215.
305. GRANVILLE (Le comte de), 305, 306.
295. GREGURICH (Le lieutenant Amon von), 295.
GRÉVY (Jules), 128.
169. GREY (Lord de), 143, 169.
GRIMALDUS Ier, 83.
GRISIER, 321.
GUELL Y RENTE (Don José), 277.
GUERNE (Le baron de), 90.
GUIDICINI, 209.
GUIDO MALFETANI, 209.
GUIGNARD, 264.
35-39-44. GUILLAUME II (Empereur d'Allemagne), 35, 37, 38, 39, 40, 41, 42, 43, 45.
GUILLAUME DE WURTEMBERG (Le prince), 83.
GUZMANN, 96.
HABSBOURG (Le château des), 26.
HALFORT, 208.
HALL, 208.
HARRACH (Le comte), 17.
HARRISSON, 208.
HASSAM, 101.
HASSELMANS, 62.
HAUTERIVE (Le vicomte d'), 189.
HAVRE (H. van), 214.
HAVRINCOURT (Le comte Henri d'), 189.
HAY (Lord Charles), 278.

TABLE ALPHABÉTIQUE DES MATIÈRES, Etc.

HEALY (Tom), 24.
HÉBRARD DE VILLENEUVE, 187.
HÉLÈNE DE FRANCE (La princesse), 117.
HELIOS, 40.
HENRIETTE DE FRANCE, 31.
289. HERGSELL (Gustave), 289.
245. HERMET (Le D^r), 245.
HEROS, 40.
218. HERRFELDT (M. A. Barry), 218.
HESSE (Le duc de), 32.
HESSE (La princesse Alice de), 27, 31.
HEYGAR, 208.
HIRONDELLE (L'), 84.
HOHENZOLLERN, 41.
HOHENZOLLERN (Charles de), 125.
HORTON, 208.
HORY, 207.
HOTTELET, 268.
HOOBROUCK (Idès von), 214.
217. HOPWOOD (Sir), 217.
HOUDETOT (Le marquis d'), 212.
45. HUMBERT Ier (S. M. le roi), 45, 46, 47, 48, 49, 117.
HURLINGHAM-CLUB, 166.
HUSSARDS ROUGES DE LA GARDE, 38
21. IMPÉRATRICE D'AUTRICHE (S. M. l'), 21, 22, 23, 24, 25, 26.
INSTITUTION LIVET (L'), 196.
230. INVERNIZZI (Peppa), 230.
IRA PAYNE, 169.
IRVING (Sir Henry), 273.
ISABELLE, 324.
ISABELLE (La reine), 277.
ISCHL, 18.
IVAN DE DONEA (Le chevalier), 124.
JACOB (Le professeur), 322.
JACOBY, 300.
JAUBERT (Le baron), 189.
JEAN (L'archiduc), 122.
JEAN LOUIS (Mlle), 319.
JOHNSTON (John William), 58.
JOINVILLE (Le prince de), 98, 99.
JOSEPHA (L'infante), 277.
JOSÉPHINE (La princesse), 123.
165. JOURNU (Henri), 165.
241. JUDET (Ernest), 241.
KABARDA, 28.
KARLSRUHE, 38.

299. KAY (Charles de), 299.
79. KHÉDIVE (S. A. le), 79.
KILDARE (Équipage de), 24.
KNIFF (de), 206.
KOENIGSEG (Le comte de), 17.
KOHN (Georges), 189.
KOUBBEH, 82.
KRASNOIÉ-SELO, 28.
LABADIE-LAGRAVE, 108.
LABBÉ (Joseph), 189.
255. LABORIE (E. Bruneau de), 255.
LAËKEN, 60.
LAFOND, 318.
173. LAFONT (Le comte A. de), 173.
267. LAFOURCADE CORTINA, 267-189.
LAMBERT, 194.
LAMBERT (Georges), 189.
LAMBERTYE (Le comte de), 202.
LANGFORD (Lord), 24.
LARCANGER (Le baron), 189.
LAROZE (G.), 264.
LAURÉATS DU GRAND PRIX, 210.
LAURENT, 241.
LAVERTUJON (H.), 189.
LAXENBOURG, 19.
LECOUR, 279.
LECUYER (Léon), 189.
LEFORT (Gabriel), 97.
LEGRAND (Gaston), 189.
LESLIE (Jack), 316.
LÉON XIII, 243.
LÉONARDI, 258.
LÉONTIEFF (Le comte), 119.
57. LÉOPOLD (S. M. le roi), 57, 58, 59.
LO, 206.
LOO (Château de), 67.
LONDON FENCING-CLUB, 316.
LONGBATH, 18.
127. LOUBET (M.), 127.
LOUHIENNE, 206.
LOUIS XIV, 62.
LONSDALE (Earl of), 313.
314. LOWTHER (Miss), 313, 314.
LOWTHER (Honorable James), 313.
LUCCHENI, 26.
220. LUNDEN (F.), 220.
LUSERNA (de), 206.
LYTTON (Lord), 150.
MAC-PHERSON, 316.
MAC-PHERSON fils, 316.

221. MACKINTOSCH, 221.
MAHARAJAH DE KOOCH-CEHAR (Le), 150.
MAMHOUD PACHA, 71.
149. MAILLY-CHALON (Le comte de), 149.
209. MAINETTO GUIDO, 209.
MANDCHOURIE (La), 150.
MANOURY (Paul), 189.
MARCHAND (Édouard), 59.
MARGRAF, 40.
MARGUERITE (La reine), 117.
MARIALVA (Le marquis de), 114.
MARIE-AMÉLIE (La reine), 324.
MARIE-THÉRÈSE, 21, 22.
MARIE-THÉRÈSE (L'impératrice), 79.
MARIE-THÉRÈSE (L'archiduchesse), 122.
MARINONI, 241.
MARQUIS (Manège), 72.
MARY (Jules), 127.
MASSA (Le marquis de), 145.
MAUPIN (Renée), 268.
MAY (Albert), 10.
MEATH (Équipage de), 24.
MÉGYER (Équipage de), 23.
MEHMMET-ALI, 180.
MEHEMED-TEWFIK, 81.
MELITA D'ÉDIMBOURG (La princesse), 32.
MERIGNAC (Louis), 257.
MÉRILLON (M.), 187.
145. METTERNICH (La princesse de), 145.
MIDDLETON (Le capitaine), 24, 25.
MIDELAIRE, 229.
MIMIAGUE, 226.
MIRABAL (Le comte de), 201.
MIRAMAR, 77.
MIRKO PETROWITCH, 71.
MITCHELL (Robert), 262.
MOLIER, 230.
MOLINIER Y ALPHONSO, 268.
83. MONACO, (S. A. S. le prince de), 83.
MONCALIERI, 49.
219. MONCORGÉ (R), 219.
MONSKES (Lucien), 214.
MONTESQUIOU (Le comte de), 202, 206.
MONTPELLIER (de), 206.
MONTPENSIER (Le duc de), 163.

MONTPENSIER (La duchesse de), 324.
MONZA, 49, 50.
MORODEN GOBB, 208.
MOREAU (Paul), 189.
285. MORIAUD (William), 285.
MORNY (La duchesse de), 104.
MOSCOU, 28.
MOUCHEZ (L'amiral), 10.
MOUKTAR, 71.
MOURICHON, 120.
MUETTE (La), 97.
MULLER, 258.
MURAT (Le prince Joachim), 200.
MURAT (La princesse), 124.
NAPLES (La reine de), 24.
NAPOLÉON (L'empereur), 17.
NAPOLÉON (Le prince), 47.
NAPOLÉON Ier, 123.
NAPOLÉON III, 124.
NAPOLÉON, 53.
NAPOLÉON (Louis), 70.
NEUBERG (Les varennes de), 16, 19.
71. NICOLAS DE MONTÉNÉGRO (S. A. le prince), 71.
NICOLES, 300.
NOBLEMAN, 96.
OATLANDES PARK, 31.
OIVA, 209.
ORANGE (Le prince d'), 69.
ORCHARDSON, 208.
ORLÉANS (Le prince Henri d'), 119.
ORLOFF, 32.
PAGE (Adèle), 311.
PAINE (John-B.), 194.
PAMIAT-AZOWA (Le), 27.
PEDRO LURO (Le D^r), 267.
PELAPRAT (Mlle), 308.
PENSA (René), 189.
PERIER (Pierre), 189.
PERIVIER, 127.
PERLO, 96.
PÉRU, 206.
317. PETERSEN (Mlle Marguerite Dorph), 317.
PETIOT (Étienne), 97.
PETIT (Georges), 264.
PEZOLD (Elisa), 22.
PHILIPPE, 96.
PIERRE II, 32.

TABLE ALPHABÉTIQUE DES MATIÈRES, Etc. 333

  Pini (Le chevalier), 11.
  Pini Thomegueux (Duel), 231.
  Pinson, 214.
  Pitti (Palais), 49.
  Plantagenets (Les), 109.
  Plevna, 126.
191. Poidatz (M.), 191.
  Poniatowsky (Le prince), 202.
  Potocki (Le comte Nicolas), 12.
257. Pouget (André), 257.
153. Pourtalès (La comtesse Mélanie de), 153.
  Poutz, 207.
  Prater (Le), 23.
  Préface d'Armand Silvestre, 1.
  Préobrajensky, 28.
9. Président de la République (M. le), 9, 10.
127. Président de la République (M. le), 127.
  Pret (Arnold de), 214.
  Prévost, 141.
  Prince de Galles (S. A. R. le), 316.
  Priola, 322.
  Queirolo, 209.
  Quelen (Le comte R. de), 189.
  Quickslow, 25.
  Rachel (Mlle), 321.
  Rainer (S. A. l'archiduc), 296.
  Ramsès, 40.
  Reine d'Angleterre, 31.
61. Reine des Belges (S. M. la), 61.
75. Reine d'Espagne (S. M. la), 75.
65. Reine de Hollande (S. M. la), 65.
  Reine de Naples (La), 24.
  Renaud (Joseph), 189.
  Renaudes (Le comte des), 212.
  Renevier, 287.
  Ribeaucourt (Le comte de), 214.
  Richard (Jules), 90, 92.
  Richefeu, 189.
  Riquet (Pierre-Paul de), 308.
  Rivers-Bulkeley (Major), 25.
  Rivière (Le général), 243.
  Robert le Fort, 95.
  Roberts, 208.
215. Robiano (Le comte de), 202, 215.
  Robinson, 96.
  Roche, 208.

  Rochefoucault (Le comte de la), 202.
  Rodays (de), 127.
  Roger-Nivière, 189.
57. Roi des Belges (S. M. le), 57, 58, 59.
45. Roi d'Italie (S. M. le), 45, 46, 47, 48, 49.
51. Roi de Portugal (S. M. le), 51, 52, 53, 54, 55.
123. Roi de Roumanie (S. M. le), 123.
  Romanoff, 28.
  Roméo, 96.
  Rominten (Forêt domaniale de), 42.
  Rondelles, 300.
  Roquelaure, 96.
  Rouleau, 226, 307.
  Roulier, 80.
  Rouvière, 264.
  Rubis, 96.
  Rudini (Le marquis di), 209.
  Rue, 229.
  Ruzé (Paul), 264.
  Rutherford, 207.
  Sagan (Le prince de), 200.
  Said (Pacha), 81.
  Saint-Albin (de), 198.
  Sainte-Aldegonde (Le comte de), 202.
  Saint-Georges, 262.
  Saint-Georges (Salle des chevaliers de), 32.
  Saint-Hubert (La), 38.
  Saint-Léonard (Le carrefour), 97.
  Saint Quentin (Le comte de), 202.
  Salle des Chevaliers de Saint-Georges (La), 32.
  Sandor (Le comte), 148.
  San Malato (Le baron de), 142.
  Sans Peur, 96.
  San-Rossore (Haras de), 46.
  Sasse (Marie), 322.
  Satrape, 40.
  Sauze (L'adjudant), 258.
  Say (Mlle), 52.
  Schiep père, 285.
  Schoenbrunn, 14.
  Schonen (Le baron de), 189.
  Schroer (Mme), 323, 324.
  Scott, 208.

SELIGMANN (W.), 189.
SELLE (De la), 206.
SENAC, 300.
SI ALI, 175.
SIBRICK, 208.
SIRIGANO (Le prince), 58.
SNOY (Le baron de), 58.
SPA (Lauréats du grand prix de), 215.
SPA (Liste des tireurs), 217.
SPRING-RICE (de), 301.
STAËL (Mme de), 53.
STEFANIE-YACHT-EGYLET (Le), 121.
STELLATI, 283.
STOURDZA (Le prince), 212.
SUTCLIFFE, 208.
SWELL, 68.
TABLE DU ROI (La), 97.
TAILLIS (Le comte du), 202.
TAILLIEN (Mme), 308.
TAMISE (La), 27.
TARENTE (Le prince de), 194.
TAVERNOST (de), 202, 206.
TECK (La princesse Marie de), 27.
TENTA (La), 112, 113.
THÉRÉSA, 147.
THÉRÉSIANIUM (Le), 79.
THOMAS (R. C), 208.
THRUSH (Le), 110.
TIAN-SHAN (Les monts). 151.
TIMBEY, 96.
TIR AU PIGEON DU BOIS DE BOULOGNE (Le), 199.
TIR AU PIGEON DE MONTE-CARLO (Le), 203.
TIR AU PIGEON DE SPA (Le), 213.
TIR AU PIGEON DE SPA (Liste des Tireurs), 217.
TOBEQUIN (Louis), 97.
TOM HEALY, 24.
TOURADA (La), 112.
TOWCESTER, 24.
TRAKEHNEN (Haras de), 39.
TRAUTTMANSDORFF (Le comte), 208.
TRÉDERN (La vicomtesse de), 52.
TRIOMPHANT, 96.
TURBULENT, 96.

115. TURIN (S. A. R. le comte), 115.
TUSCHER (Le baron), 105.
TYSZKIEWICZ (La comtesse), 311.
UNION NATIONALE DES SOCIÉTÉS DE TIR DE FRANCE, 187.
VAILLANCE, 262.
277. VALCARLOS (Le marquis de), 277.
VALENÇAY (L'équipage de), 144.
VALSAVARANCHE, 48.
VANSITTART, 202.
VELASQUEZ, 250.
VENDAS NOVAS, 55.
VERDAVAINE, 205.
VERNET (Mlle), 321.
VERNET (Horace), 183.
VERNON (Frédéric), 188.
VERRIER DE LA CONTERIE (Le), 93
VIALY, 183.
VICTOR-EMMANUEL (Le roi), 47.
VICTORIA (La reine), 108.
VIDAL-LEBAILLY, 316.
VIDE-BOUTEILLES (L'intrépide), 59.
VISEGRAD, 19.
VIDIGAL, 55.
VIGEANT, 141.
VILLARS (Le comte de), 174.
VILLEFERMOY, 47.
VILLENFAGNE (Le baron de), 214.
VILLE-LE-ROUX (de la), 189.
VISEGRAD, 19.
VOJNISH (Oscar de), 209.
205. VOSS (Le comte), 208.
185. VOULQUIN (Gustave), 185.
WALKER (Johnny), 276.
WALTON, 27.
WARD (Équipage de), 24.
WASA (Gustave), 104.
WATKIN WYNN, 24-25.
WAUTERS (E.), 214.
WIENERWALD, 19.
WYNN (Sir Watkin), 24, 25.
WEDELL (Le comte de), 38.
WILHELMINE (La reine), 65.
WINDSOR, 31.
WOESTYNE (Yvan de), 258.
YORK (Duc d'), 27, 31, 107.
ZETA (La vallée de la), 74.

27-6-8. — Tours, imp. Arrault et Cie.

25 avril 8

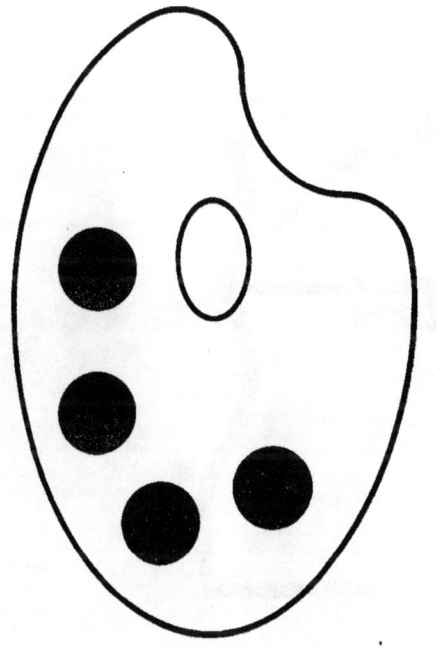

Original en couleur
NF Z 43-120-8

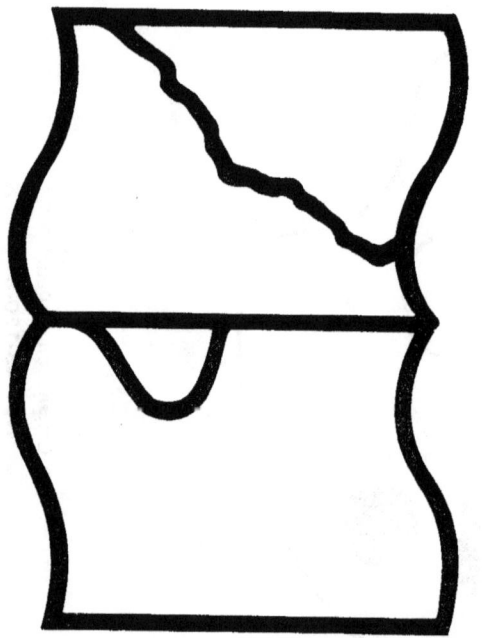

Texte détérioré — reliure défectueuse

NF Z 43-120-11

www.ingramcontent.com/pod-product-compliance
Lightning Source LLC
Chambersburg PA
CBHW050803170426
43202CB00013B/2535